H. V. Morton ist ein bekannter englischer Journalist und Reiseschriftsteller, von dessen Werk einiges in deutscher Sprache erschienen ist. Sein oberster Grundsatz, sich nur auf den eigenen Augenschein und nicht auf Darstellungen aus zweiter Hand zu verlassen, verleiht seinem Stil jene unmittelbare Frische, die ihm einen weiten Leserkreis sicherte. Sein Buch »Rom – Wanderungen durch Vergangenheit und Gegenwart« wurde vom Oberbürgermeister der Stadt Rom als eine der besten Beschreibungen der Ewigen Stadt mit einer Ehrenmedaille ausgezeichnet.

Ebenso wie »Rom« ist auch der umfangreiche Band »Wanderungen in Italien«, der im Taschenbuch in die drei Bände »Toskana und Umbrien«, »Venetien und die Emilia Romagna« und »Die Lombardei« aufgeteilt wurde, als »Klassiker« für Reise-Individualisten zu sehen. Aus diesem Grund hat der Verlag darauf verzichtet, in der vorliegenden Taschenbuchausgabe Änderungen vorzunehmen. Diese Taschenbuchausgabe beruht auf der dritten Auflage der Originalausgabe von 1974.

Von H. V. Morton erschienen ebenfalls in der Knaur-Taschenbuchreihe *Reisen und Entdeckungen:*

»Rom« (Band 3655)
»Spanien« (Band 3656)
»Toskana und Umbrien« (Band 3681)
»Venetien und die Emilia Romagna« (Band 3682)

Vollständige Textausgabe in 3 Bänden
Droemersche Verlagsanstalt Th. Knaur Nachf.
München/Zürich
Lizenzausgabe mit freundlicher Genehmigung des
Societäts-Verlags, Frankfurt

Titel der Originalausgabe »A Traveller in Italy«

Aus dem Englischen von Alfred Starkmann und Claus Velmeden
Umschlaggestaltung Bine Cordes
Umschlagfoto Fiore/Bavaria
Satz Bauer & Bökeler Filmsatz GmbH, Denkendorf
Druck und Bindung Ebner Ulm
Printed in Germany · 1 · 12 · 482
ISBN 3-426-03683-5

1. Auflage

H. V. Morton: Die Lombardei

Wanderungen durch Vergangenheit und Gegenwart

Knaur®

Inhalt

1. Kapitel

Im ‹Settebello› in die Lombardei – Mailand und sein Dom – Die Gebeine des hl. Ambrosius – Die Bekehrung des Augustinus – Englische Touristen in Mailand – Die Visconti – Chaucer und Mailand – Ein Besuch in der Scala – Verdis Grab

Die Gartenlandschaft glitt im Sonnenlicht vorbei. Von den Kuppen der in Terrassen abfallenden Hügel grüßten Burg zu Burg und Dorf zu Dorf hinüber. Zuweilen sah ich an Bahnübergängen einen Moment lang Karren halten, die von riesigen weißen Ochsen gezogen wurden. Vergil hätte sie angeschirrt haben können. Mögen diese schönen Tiere noch lange wiegenden Schrittes über die Straßen der Toskana ziehen. Ihre Hörner gleichen dem Neumond, aus ihren Augen blickt unendliche Milde. Sie sind dem Jupiter heilig, und die römischen Dichter glaubten, die Wasser des Clitumnus hätten sie gebleicht.

Der Zug, in dem ich reiste, ist der eleganteste Europas, vielleicht sollte ich sagen: der Welt. Er hat einen Namen und eine Stimme. Sein Name – *Settebello*, «Schöne Sieben» – ist der eines italienischen Kartenspiels, dessen Trumpfkarte die Karo Sieben ist. Die kultivierte Sprache des Zuges, die das Englische, das Französische und das Deutsche ebenso vollkommen beherrscht wie das heimische Italienische, beschreibt die sieben mit Klimaanlagen ausgestatteten Wagen, die Rom so bequem mit Mailand verbinden. Die Stimme erinnert ein wenig an die Art eines italienischen Edelmannes, der einem Gast beiläufig die Schätze seines Palastes zeigt. Ich lauschte ihr, die sanft aus verborgenen Lautsprechern tönte, und schaute mich um in dem kühlen Salon, in dem ich saß und wo das Gepäck, selbst die unscheinbaren Bündel, die man in Italien mitzuschleppen pflegt, hinter Holzverkleidungen versteckt war. Dabei dachte ich mir, daß dies gewiß die aristokratischste Fortbewegungsweise seit jenen Tagen sei, da die Wagen der vornehmen Leute auf ihrer großen Bildungsreise durch Europa rollten. Hätte man elektrische Lokomotiven schon in der Renaissancezeit gekannt, sie wären just die richtige Sorte von Zügen für Lodovico Sforza und Beatrice d'Este gewesen. Den Speisewagen hätte wohl Leonardo da Vinci ausgemalt.

Meine Begleiter bis Florenz, wo sie den Zug verließen, waren fröhliche kanadische Eheleute, die mir erzählten, daß sie ihre erste Europareise machten. Als ich mich nach ihrem stärksten Eindruck in Rom erkundigte, antworteten sie: die Geister. Ich stimmte zu, weil ich glaubte, sie meinten

damit die vielen Ereignisse und Gestalten der Geschichte. Aber nein, sie meinten tatsächlich Geister, Gespenster, Phantome. In ihrem Hotel mitten in Rom hatte es gespukt.
Das Kolosseum hatten sie ebenso voller Gespenster angetroffen wie Cellini, der ja dort eine Nacht mit einem Zauberer verbracht hatte. Nicht daß sie sich wirklich über die Geister beklagt hätten – sie erwähnten sie amüsiert und mit Nachsicht, so wie gutmütige Touristen auf den Mangel an heißem Wasser oder auf einen andern kleinen Ärger zu sprechen kommen. Dabei wirkten sie so, als hätten sie sich nichts gefallen lassen: Sie ließen die Schatten Cäsars und der Borgias dort, wohin sie gehörten. Ich kann mich mit bleichen, nervösen Spiritisten abfinden, denen man anmerkt, daß sie mit schrecklichen Geheimnissen beschäftigt sind, aber lustige Jünger des Okkulten, die etwas Geschäftsmäßiges in ihre Beziehungen zur andern Welt bringen, sind für mich so schreckenerregend wie Gespenster selbst. Ich winkte den beiden also in Florenz nach und sah sie zwischen Portiers und Koffern untertauchen (und weiß der Himmel was noch allem, das nicht genau auszumachen war). Ich fragte mich, welchen der Medici sie sich jetzt wohl vorknöpfen mochten.
Hinter Florenz kam ich mit einem wohlhabend aussehenden Geschäftsmann ins Gespräch. Er duftete angenehm nach Rasierwasser und war die lateinische Ausgabe eines amerikanischen Wirtschaftskapitäns. Er führte ein schlaffes Aktenköfferchen bei sich, und nachdem er zuerst seine grauen Handschuhe abgestreift hatte, zog er Briefschaften und Papiere hervor, die er lustlos hin- und herschob. Dann wandte er sich zur Seite, um die toskanische Landschaft zu betrachten, deren Chausseen in der Ferne verdämmerten und Erinnerungen an den Zug der Heiligen Drei Könige und an die Achte Armee heraufbeschworen.
Danach erzählte er mir, er sei Direktor eines Mailänder Unternehmens und müsse häufig nach Rom, um Ämter und Regierungsstellen aufzusuchen. Das liebe er gar nicht. Erstens verabscheue er die behördliche Engstirnigkeit, und zweitens sei er aus politischer Überzeugung dafür, Mailand zur Hauptstadt Italiens zu machen; Parlament und Regierung müßten dort ihren Sitz haben. Rom sollte man seiner Meinung nach dem Papst abtreten. Aus rein egoistischen Gründen war ich bereit, ihm beizupflichten: Es wäre freilich wunderbar, wenn die Bürokraten aus den Renaissancepalästen verdrängt werden könnten, und wenn Rom dadurch weniger überfüllt und weniger laut würde.
Mittlerweile glitten wir von den toskanischen Hügeln hinab in die norditalienische Ebene, jene «wellenlose Ebene der Lombardei», wie Shelley sie nannte. Der Ochsenkarren mit dem Bauern bei der Arbeit auf seinem winzigen Stückchen terrassenförmiger Erde verschwand. Statt dessen sah ich nun über weite bebaute Felder, die durch Pappelreihen als Wind-

schutz unterteilt waren. Die Pappel ist für die Lombardei, was die Zypresse für die Toskana ist. Als wir über die Bahnübergänge donnerten, bemerkte ich vor den Schlagbäumen anstelle von Karren wartende Traktoren. Gleich darauf überquerten wir den Po. Zum erstenmal erblickte ich den großen Fluß, der die Wasser der Alpen zur Adria leitet. Es war ein breiter, dunkler Strom, der schnell dahinfloß, zuweilen gelassen gegen langgestreckte Sandbänke schlug. Seit den Tagen der alten Römer ist er sozusagen das Rückgrat der komplizierten Wasserversorgung Norditaliens.

Wir fuhren in sanften Kurven durch das seit langem besiedelte Land, das so alt und voller Leben ist, und als die Dämmerung hereinbrach, vertauschten wir das gemäßigte Klima des *Settebello* mit der Wärme eines Mailänder Abends.

Rom, Mailand und Neapel sind die einzigen italienischen Städte, die mehr als eine Million Einwohner haben. Als ich in Mailand ankam, hatte ich den Eindruck, als seien die meisten von ihnen in Zügen, Trambahnen und Bussen zusammengedrängt oder in den Straßen rund um den Dom versammelt. Es war die Stunde am Abend, da jedermann entweder nach Hause eilt oder sich nach irgendeinem Vergnügen umsieht. Mailand war mir von Freunden, die auf der Messe gewesen waren, stets als ein italienisches Manchester geschildert worden. Der erste Blick schon zeigte mir, daß dies nicht stimmte.

Was mir sofort auffiel: Die Mailänder eilen doppelt so schnell wie die Römer, und sie erzählen einander beim Laufen irgendeine Geschichte oder tratschen ein Skandälchen weiter, ohne haltzumachen und den Bürgersteig zu versperren. Aber der Stimmenklang war ein anderer. Die Mailänder sprechen ein gemesseneres, ein weniger ungestümes Italienisch. Es gab auch eine Menge blondhaariger Frauen. Vielleicht hat wirklich noch etwas Germanisches mit diesen hellen Köpfen zu tun – wenn nicht, dann liegt vielleicht die Ursache darin, daß Mailand und Venedig während der Renaissance für ihre Haarwäsche, für das Bleichen und Färben berühmt waren. In einem Brief fragte nämlich Isabella d'Este ihren Mailänder Schwager Lodovico Sforza, wie er es denn fertigbringe, die Farbe seines Haares so schnell zu wechseln.

Da wir gerade bei den Haaren sind: Das Verschwinden der Hüte ist eine der merkwürdigsten soziologischen Wandlungen unserer Tage. Ich kann mich an eine konservativere Zeit erinnern, als barhäuptige Leute auf der Straße angestarrt und von frechen Buben ausgelacht wurden. Ob die Hutlosigkeit der Menschheit – denn alle Länder gleichen nun einander in ihren bloßköpfigen Massen – das erfolgreiche Werk einer Ohne-Hut-Kolonne ist, oder ob es mit andern, komplizierteren Formen der Emanzipa-

tion zusammenhängt, das weiß ich nicht. Auf alle Fälle ist die Hutlosigkeit jetzt so allgemein verbreitet, daß die ehrwürdige Zunft der Hutmacher eines Tages womöglich ausgestorben sein wird.
Der Mailänder mag zwar von seinem Hut Abschied genommen haben, es gibt statt dessen eine größere Auswahl an Krawatten und Hemden, als in jeder anderen Stadt, die ich kenne. Bald gab ich das Zählen der gepflegten kleinen Läden in den Straßen am Dom auf, die alle zum Wohlergehen der italienischen Männerwelt beitragen, zum *far figura*. Man kann das mit Haarschneiden übersetzen oder, was zutreffender ist, mit: eine gute Figur abgeben, Eindruck schinden. Keine italienische Dame würde mehr als einen Gedanken an einen Mann verschwenden, der darauf keinen Wert legt. Man sieht bereits, wie sie ihm beim Auswählen der Schlipse und Hemden zur Hand geht. Sie ist stolz darauf, beim Herausputzen jener Arroganz behilflich zu sein, die aus den Gesichtern italienischer Porträts der großen Meister herausleuchtet – und sogar aus den Gesichtern demütiger Bettler und einfacher Soldaten. In Italien lassen die Frauen ihre Männer in dem Glauben, sie seien stark und gebieterisch. Es gehört zu dieser Verstellung, daß ihre eigenen Läden an versteckten Orten gelegen sind. Abseits der großen Schaufenster ist jedenfalls kaum ein Hinweis darauf zu finden, daß die Frauen Mailands überhaupt Kleider brauchen.
Es war ein heißer und feuchter Abend. Freunde berichteten mir, in Mailand sei es gewöhnlich entweder zu heiß oder zu kalt. Sie fügten jedoch schnell hinzu, auf der Welt sei kein anderer Platz zu finden, wo sie sonst leben könnten. Die Menge flanierte vor strahlend erhellten Geschäften auf einer Piazza im Zentrum, wo sich die größte Kathedrale befindet, die es außer der römischen Peterskirche gibt. Dieses Ungetüm jenseits der Alpen ist denn auch eine Kuriosität besonderer Art. Mit seinem Bau wurde im späten Mittelalter begonnen, als der gotische Stil in Mode war, und die Arbeiten wurden noch Jahrhunderte danach fortgesetzt, als alle Gotik längst altmodisch geworden war. Nachdem man sich aber nun einmal auf so riesige Ausmaße festgelegt hatte, waren die Bauherren – Generation um Generation – genötigt, im selben altväterlichen Geiste fortzufahren. Natürlich übertrieben sie auch dabei. Wenn immer Zweifel sie befielen, fügten sie dem Bauwerk ein paar neue Heilige hinzu. Ihre Zahl verblüffte selbst den Baedeker, der mehr als 2000 Marmorstatuen feststellte. Spitztürme ragen überall empor, und ein jeder trägt seinen Heiligen. Diese fromme Überladung gipfelt in einer in Flutlicht getauchten goldenen Madonna – Mailands geliebte *Madonnina*. Als ich sie zum erstenmal erblickte, stand sie vor einem dunklen Himmel und schaute auf die Piazza in der Tiefe, wo Viktor Emanuel II. auf bronzenem Schlachtroß dahinreitet.
Einer meiner Freunde, ein italienischer Journalist, nahm mich in die *Gal-*

leria auf halbem Weg zwischen Dom und Scala mit. Vermutlich ist es die schönste Arkade der Welt. Einige der besten Mailänder Geschäfte sind dort zu finden, Kaffeehäuser, Restaurants, Reisebüros und sogar ein *Albergo Diurno*, in dem ein Mensch, dessen *far figura* ein bißchen heruntergekommen ist, sich in einem Salon niederlassen und fernsehen kann, dieweil sein Anzug geplättet wird. Er kann sich die Haare schneiden und sich maniküren lassen, eine Theaterkarte kaufen (und eine Schiffskarte nach New York, wenn er das Geld dazu hat), und er kann sich sogar einen Regenschirm entleihen. Mein Freund erzählte mir, daß diese Tageshotels, die es in den meisten großen italienischen Städten gibt und die in der Regel etwas verborgen liegen und Touristen kaum bekannt sind, von einem gewissen Cleopatro Cobianchi erfunden wurden.
Wir setzten uns an einen Kaffeehaustisch und nahmen teil am beliebtesten italienischen Zeitvertreib: dem Betrachten der Leute. Die Galleria erschien mir wie eine moderne Abart des römischen Forums. Es gibt dort keinen Fahrzeugverkehr, die Leute kaufen ein oder bummeln, machen ein Schwätzchen und studieren eifrig die Börsenberichte. Alle Typen des antiken Forums sind anzutreffen: Liebespaare, die am Treffpunkt aufeinander warten, Politiker mit der neuesten Ausgabe des *Corriere della Sera*, die Modedame, der reiche Mann und seine Klienten und natürlich, was nicht fehlen darf, die an den Fersen klebenden lästigen Burschen. Niemals werde ich der Galleria überdrüssig, wo die Leute fern vom Lärm und Wirrwarr der Straßen sich wie auf einer Bühne bewegen, auf der jedermann Schauspieler und gleichzeitig Zuschauer ist.
Wir speisten in einem Restaurant hinter der Galleria. Mailand liegt im Herzen des reichen Buttergebietes, das sich über die lombardische Ebene bis zur Adria erstreckt, während die Toskana und die südlicheren Gegenden dem Olivenöl gehören. Butter ist natürlich dort barbarischer Luxus, und selbst heute noch, wenn Sie in einem kleinen Lokal in Rom – besonders in den weniger kultivierten von Trastevere – danach fragen, betrachtet man Sie, als hätten Sie um Haaröl zum Essen gebeten. Butter, sagte Plinius der Ältere, wird «bei den barbarischen Völkern als die feinste Nahrung angesehen, und man erkennt den Reichtum an der Menge, die einer zu sich nimmt».
Wir begannen unser Mahl mit einem *Risotto Milanese*. Der Reis war mit Butter und Hühnerbrühe gekocht, mit Safran gewürzt und mit Parmesankäse bestreut. Serviert wurde mit weiterer Butter. Dann gab es *Ossobuco Milanese*, das ich köstlich fand. Der Wirt sagte uns, daß das Kalbfleisch mit Knochenmark, Wein und Tomaten gekocht worden sei, dann habe man es mit Petersilie überstreut und am Ende eine Prise Knoblauch sowie ein wenig zerriebene Zitronenschale hinzugegeben. Danach brachte er Spargel an, der heute morgen aus Turin eingetroffen sei. Er wurde

mit zerlassener Butter und Zitronensaft gereicht. Wir tranken einen ausgezeichneten Rotwein aus Sondrino, rund hundert Kilometer im Norden Mailands im Alpenhochland, ein Gebiet, das von der Etsch bewässert wird, dem Veltlin.
Beim Kaffee sagte mein Freund: «Wissen Sie, daß es in den Alpen noch ein schottisches Dorf gibt? Es liegt nördlich vom Lago Maggiore, im Tal von Cannobio. Gerade habe ich eine Geschichte darüber in die Vereinigten Staaten geschickt. Ich war vor etwa einer Woche mit einem Freund im Auto dort. Von Cannobio fuhren wir auf einer Gebirgsstraße an die unteren Hänge des Zedaberges. Dort fanden wir einen malerischen Flecken mit großen Häusern, die überstehende Stockwerke haben. Die Häuser stehen in engen Gassen nebeneinander. Das ist das Dorf Gurro. Als ich meine Kamera in die Hand nahm, verschwanden alle Leute. Es war unmöglich, jemanden zu fotografieren, auch nicht mit Hilfe des Gemeindepfarrers.
Die Geschichte ist, schlicht erzählt, die folgende: Als Franz I. 1525 bei Pavia geschlagen wurde, flohen die Überlebenden der königlichen Leibwache, schottische Bogenschützen, nach Norden. Sie hofften, nach Frankreich zurückzufinden, vielleicht sogar nach Schottland. Aber sie kamen nicht weiter als bis nach Gurro. Schnee fiel und sperrte den Simplon, und sie blieben dort. Im Frühling durchstreiften sie die Gebirgsdörfer auf der Suche nach Bräuten. Sie gründeten eine Gemeinde, die heute noch besteht. Das Dorf und die Leute unterscheiden sich von allem, was es sonst in den Bergen gibt: Die Häuser sind ungewöhnlich, die meisten Dorfbewohner haben helles Haar, und die Frauen tragen gestreifte Unterröcke, die wie Schottenröcke aussehen. Alle tragen eine besondere Art von Schuhen mit einer Quaste an der Kappe. Ein Fachmann hat in ihrem Dialekt 800 schottische Wörter entdeckt. Der Pfarrer zeigte mir das Kirchenregister. Aus dem Namen Macdonald ist Donaldi geworden, aus Patrick Patritti, und Desmond heißt nun Dresti. Man hat mir gesagt, die Männer hätten noch vor fünfzig Jahren den Kilt getragen.»
Darüber stellten wir überrascht fest, daß es schon weit nach Mitternacht war.

Am nächsten Tag führte mich mein Freund zum höchsten und am meisten bewunderten Wolkenkratzer Mailands, einem dünnen Betonkeil, dem Werk bautechnisch begabter Termiten. Vom Dach schauten wir in die schwindelnde Tiefe der Straßen der Metropole und auf die grüne Ebene der Lombardei. In den dichtbesiedelten Zonen, die sich meilenweit rund um die Stadt ausdehnen, stellen die Männer Autos, Radioapparate und – was weniger interessant ist – Waffen nebst Munition her: eine Mailänder Industrie, die zurückreicht bis in jene Epochen, als die Legionen der Lanzen und Brustharnische, die Ritter des Mittelalters, der stählernen Rüstungen bedurften. Ich glaube, solange die Stadt besteht, war der Klang von gehämmertem Metall nur in Zeiten der Not und Gefahr nicht zu vernehmen. Man blickt auf soviel menschlichen Fleiß herab und muß daran denken, daß an derselben Stelle, wo heute Flugzeuge und Fernsehgeräte gebaut werden, die mittelalterlichen Ahnen dieser Arbeiter ein wenig Silber mit dem Metall ihrer Falkenglocken mischten.

Mich dünkt, die Glocken Mailands tönen zu voll
Und stören den Aufbruch deiner Falken,

schrieb Thomas Heywood – obwohl Juliana Berners, die sportliche Nonne von St. Albans, entgegengesetzter Meinung war: Sie liebte die zweitönigen Glocken von Mailand und hielt sie für die allerbesten, freilich auch für die aufwendigsten.

Solche Orte, an denen das Leben im Angesicht vergangener Katastrophen pulsiert, sind staunenswert. Mailand wurde vierundvierzigmal belagert und achtunddreißigmal erobert, zweimal hat man es dem Erdboden gleichgemacht. Immer wieder aber zogen die Einwohner aufs neue die Mauern hoch, bauten ihre Häuser und Werkstätten wieder auf.

Meilenweit reiht sich Straße an Straße, Fabrik an Fabrik. Dahinter dehnt sich die fruchtbare Ebene aus Schwemmland, Bewässerungskanäle und Windbrüche von Akazien und Pappeln durchschneiden sie. Nachkömmlinge von Maulbeerbäumen, die vor Jahrhunderten gesetzt wurden, nähren die Seidenraupen – diese alte Leidenschaft der Lombarden. Felder voll Mais, Weizen, Gerste und Reis reichen so weit, wie ich sehen konnte. Im Norden zeichnete sich die Silhouette der Alpen ab. Aus ihren Pässen brachen vor Jahrhunderten die Barbaren in die helle Welt der Romanen ein.

Mein Begleiter interessierte sich nur für neue Vorstädte und die Stadtplanung. Nach einer Weile begannen wir uns gegenseitig zu langweilen, weil jeder von uns sich für ein anderes Mailand begeisterte – und beide waren unsichtbar. Sein Mailand war noch gar nicht geboren, das meine vor vielen Generationen untergegangen.

Meines Wissens ist die Geschichte von Mediolanum, dem alten Mailand, bis heute nicht ausführlich geschrieben worden – und was für eine Geschichte ist das! Als die Kaiser aus militärischen Gründen um das Jahr 300 n. Chr. Rom verließen, machten sie Mailand zur Hauptstadt. Fast ein Jahrhundert lang – während die kaiserlichen Paläste verlassen auf dem Palatin in Rom standen – war Mailand die bedeutendste Stadt des weströmischen Reiches. Das Provinzielle verschwand, da neue und prächtige Bauten errichtet wurden, Händler aus Ost und West herbeiströmten und

der Luxushandel dem Hof folgte. Der Dichter Ausonius, der einen der beiden kaiserlichen Söhne unterrichtete und im ‹Goldenen Haus› wohnte, hat die Stadt beschrieben: Hinter den Wällen leuchteten die Paläste und Marmorkolonnaden, auf denen sich die Statuen reckten, und die Bürger konnten wie in Rom sommers im Schatten und an Wintertagen geschützt einherspazieren. Er schildert ein ganzes Stadtviertel, das nur dem Bade diente – die Herkulesbäder –, nach dem Kaiser Maximianus benannt. Die Geldstücke der kaiserlichen Münze trugen die Zeichen MD oder MED – Mediolanum. Sie tauchen öfters bei Münzauktionen auf: außer den Spuren von Marmorbauten der einzige sichtbare Überrest der versunkenen Hauptstadt des weströmischen Reiches.
Ich blickte vom Wolkenkratzer hinab auf die geschäftige Stadt und konnte nicht das geringste mehr von der römischen Anlage erkennen, denn es gibt keinen Plan der alten Stadt. Ich stellte mir aber vor, daß in einer ähnlich wimmelnden Szenerie die letzten Kaiser des Westens ihren Hof gehalten und ihre Armeen über die Alpen geführt haben, um die Angriffe der Germanenhorden abzuwehren.
Das Mailand des Jahres 313 n. Chr. erlebte einige der bedeutsamsten Ereignisse der Geschichte. Der siegreiche Kaiser Konstantin der Große erließ im ‹Goldenen Haus› das berühmte Edikt von Mailand, das den Christen Glaubensfreiheit zusicherte und die erschöpften Verfechter des Christentums aus Gefängnissen und Bergwerken befreite. Während des ersten Konzils, das nachfolgte, erschienen viele Bischöfe an Krücken. Manche waren in den Folterkammern verstümmelt worden, andere trugen das Brandzeichen. Diese Männer setzten die Glaubensformel von Nicäa auf. Es wird berichtet, Konstantin habe einen von ihnen durch einen Kuß auf die leere Augenhöhle geehrt – eine der außergewöhnlichsten Handlungen, die von dem römischen Kaiser überliefert ist. Falls sich das Vorkommnis tatsächlich zugetragen haben sollte, wäre Konstantin doch nicht – wie manche Historiker meinen – ein gar so zynischer Konvertit gewesen.
Man erinnert sich auch, daß Mailand Schauplatz des Entscheidungskampfes zwischen Christentum und Heidentum war. Irgendwo in der Stadt, an einer Stelle, wo sich vielleicht ein massiver Bau aus Stahl und Beton erhebt, in dem die Schreibmaschinen rattern, schrieb Ambrosius, der Bischof von Mailand, jene berühmten Briefe, die zur Entfernung der ‹Goldenen Siegesgöttin von Tarent› aus dem Senat führten. Vielleicht wurde Augustinus durch den hl. Ambrosius in jener Kirche getauft, die dort stand, wo jetzt der Dom aufragt. An einem andern Platz, irgendwo unter den Kuppeln und Kampanilen der Kirchen, die man im Dächermeer erspäht, hielt Ambrosius die Grabreden auf vier Kaiser. Überall in Mailand trifft man auf die Spuren des Ambrosius. Selbst die Mitglieder

der kommunistischen Partei bezeichnen sich gern als ‹Ambrosiani›, und man liest keine Zeitung, die im Gebiet der Diözese gedruckt wird, ohne auf einen Hinweis zu stoßen, der Mailand die ‹Ambrosianische Stadt› nennt. Soviel sich auch in den fast siebzehn Jahrhunderten ereignet hat, seit Ambrosius Bischof der Stadt war – Belagerungen, Feuersbrünste und zwei vollständige Verwüstungen –, die gemeinsame Erinnerung der Mailänder reicht noch immer bei jeder Gelegenheit durch die Zeiten zurück zu jenem römischen Juristen und Kirchenfürsten. Er ist Mailands Romulus, Remus und Wölfin in einer Person. Die Anhänglichkeit der Mailänder an ihr Vorbild ist etwas Einzigartiges in Europa.
Mein Freund kam herüber und stieß mich an. Ohne Zweifel fühlte er, daß ich nicht bei der Sache war. Er schwenkte seine Arme vor dem Horizont und wies auf neue Verschiebebahnhöfe, neue Fabriken, auf neue Vorstädte. Er erschien mir wie der Geist Mailands: dieser rastlose, auf Erwerb gerichtete Geist, der die große Stadt durch so viele Abenteuer zur geschäftigen Gegenwart begleitet hat. Wir gingen zu den Fahrstühlen und wurden lautlos auf die Erde zurückgebracht.

Bei einem meiner Spaziergänge am frühen Morgen kam ich unerwartet zur Kirche Sant' Ambrogio. Ich schaute durch ein Tor auf einen schlicht gepflasterten Vorhof und auf eine alte Kirche, die seit vielen Jahrhunderten unterhalb des heutigen Straßenniveaus steht. Ich erinnerte mich sehr alter Kirchen in Rom, an San Clemente oder an Santa Cecilia, die beide noch ähnlich einfach gepflasterte Höfe haben. Die Kirche Sant' Ambrogio mit ihrem feierlichen römischen Stil, ihrer Stille und ihrem Frieden, vor allem mit ihrer Altertümlichkeit, bildete einen scharfen Kontrast zu dem lebhaften Vormittagsgetriebe in den benachbarten Straßen, wo die Trambahnen und die Busse fuhren, um die erste Welle der Angestellten und Stenotypistinnen zur Arbeit zu bringen.
Ich überquerte den Vorhof und betrat eine dunkle lombardische Kirche, in der es so kalt wie in einem Eisschrank war. Fröstelnd blieb ich stehen. Ich gewahrte einen Lichtschimmer unter dem Hochaltar und ging auf ihn zu. Eine Treppe führte hinab, und ich betrat eine Krypta, worin eine Schar alter Frauen in Schwarz auf den Beginn der Frühmesse wartete. Sie schienen einem Geheimbund oder einer Versammlung der ersten Christen anzugehören. Der Küster kam mit einem Schlüsselbund herbeigeeilt und schloß den Reliquienschrein an vier Stellen mit vier verschiedenen Schlüsseln auf. Man sah vier bemalte Stahltafeln, die er in Schlitzen oder Rillen herabkurbelte. Die alten Frauen stürzten auf die Knie und bekreuzigten sich: Vor ihrem Angesicht befand sich eine der ehrfurchtgebietendsten Reliquien aus alter Zeit, die es auf dieser Welt gibt.
Zuerst konnte ich nur eine Spiegelglasscheibe erkennen, aber als der Kü-

ster das Licht anschaltete, sprang mir ein grausiges und außergewöhnliches Bild entgegen. Drei geschmückte Skelette lagen nebeneinander auf einem Bett oder auf einer Bahre in einem Kristallschrein. Das mittlere Skelett war etwas höher gelegen als die beiden anderen. Ich sah zum erstenmal die Gebeine des hl. Ambrosius. Sie werden seit seinem Tod in Mediolanum im Jahre 397 n. Chr. in der Kirche aufbewahrt. Eine altertümliche Mitra ruhte auf dem Schädel des Heiligen, die Fingerknöchel waren von roten Bischofshandschuhen bedeckt, an den Füßen des Skeletts sah ich goldene Pantoffeln, in der Armbeuge lag der Bischofsstab. Die Skelette neben ihm waren die des hl. Gervasius und des hl. Protasius, zweier Märtyrer, von denen man nur weiß, daß sie römische Soldaten waren. Sie sollen lange vor der Zeit des Ambrosius gelebt haben und für ihren Glauben gestorben sein. Der hl. Ambrosius, der sich über jegliche Konvention hinwegzusetzen pflegte, ließ diese Märtyrer ausgraben und ihre Gebeine in seiner Kirche beisetzen. Dies geschah zu einer Zeit, da die Kurie die Umbettung von Heiligen nicht erlaubte. Diese Überführung war die erste in einer weströmischen Kirche, denn die Sitte wurde erst nach der Entweihung der Katakomben viele Jahre später allgemein üblich.
Kaum war die Messe zu Ende, da kurbelte der Küster die stählernen Läden wieder hoch, und kein Mensch hätte ahnen können, was hinter ihnen verborgen war. Die Gebeine des großen römischen Bischofs sind wohl wirklich zu ehrwürdig, um eine der Sehenswürdigkeiten von Mailand abzugeben. Während der nächsten Tage fand ich in Gesprächen mit Touristen heraus, daß nur wenige von denen, die in der Kirche gewesen waren, eine Ahnung von der Gegenwart der Überreste des hl. Ambrosius hatten.
Natürlich fragt man sich nach der Geschichte einer so erstaunlichen Reliquie. Sind die Gebeine echt? Weshalb wissen wir, daß es die Überreste des hl. Ambrosius sind?
Der Heilige starb am Abend des Karfreitags des Jahres 397. Am folgenden Tag wurde sein Leichnam in Santa Maria Maggiore, der Vorgängerin des Mailänder Doms, aufgebahrt. Am Ostersonntag wurde er in einen Sarkophag aus Porphyr gebettet und unter dem Altar seiner eigenen Kathedralkirche Sant' Ambrogio beigesetzt, seinem Wunsch gemäß inmitten der Reste der Märtyrer Gervasius und Protasius. Dort blieb er während aller Germaneneinfälle fast 450 Jahre lang unberührt bestattet. Im Jahre 835 wurde der goldene Altaraufbau, der noch heute in der Kirche zu sehen ist, eingefügt. Bei den Arbeiten fand man die drei Begrabenen in der Tiefe liegen. Die Gebeine des hl. Ambrosius wurden zusammen mit denen der beiden anderen Heiligen in den Porphyrsarkophag eingesenkt und wiederum unter dem – jetzt neuen, dem goldenen – Altar bestattet. Dort

ruhten sie alsdann ungestört 1029 Jahre lang. Dann schrieb man bereits 1864.
Damals sollte die Kirche renoviert werden. Man entdeckte den Sarkophag – umgeben von den beiden leeren *loculi* – mit den drei Skeletten. Nach Abheben des Deckels wurde eine sorgfältige Zeichnung angefertigt, die in den Archiven der Kirche zu sehen ist. (Auch in «Il Nostro Sommo Padre» von E. Bernasconi findet sich eine Reproduktion; jede Mailänder Buchhandlung führt das Werk.) Es war damals keine leichte Zeit für die Kirche in Italien. Erst nach Gründung des italienischen Staates im Jahre 1870 konnte eine wissenschaftliche Untersuchung der Gebeine stattfinden. Man nahm sie 1872 vor, und im Jahr darauf bestätigte Pius IX. die Echtheit. Während der Untersuchung war ein Engländer zugegen. Er hielt seine Eindrücke in einem Brief an Kardinal Newman fest. Soweit ich weiß, wurde dieser Brief nur von Edward Hutton in «The Cities of the Lombardy» abgedruckt. Das Original befindet sich in der Birminghamer Oratory. Der Schreiber, ein Freund Newmans, war ein gewisser St. John.
«Zufällig wurde mir gestattet, einer privaten Besichtigung der Überreste des hl. Ambrosius und der Heiligen Gervasius und Protasius beizuwohnen. Ich habe jeden Knochen vom Leichnam des hl. Ambrosius gesehen. Viele Geistliche waren anwesend, drei Ärzte und Pater Secchi, der aufgrund seiner großen Kenntnisse der Katakomben hinzugezogen worden war, um über das Alter der Gebeine usw. auszusagen. Auf einem Tisch, den Kleriker und Mediziner umstanden, lagen drei Skelette. Zwei waren sehr groß und ähnelten einander. Sie trugen die Zeichen eines gewaltsamen Todes. Ihr Alter wurde auf etwa sechsundzwanzig Jahre geschätzt. Als ich den Raum betrat, untersuchte Pater Secchi die Märtyrermale. Man hatte ihre Kehlen mit großer Gewalt durchschnitten. Die Wirbelsäulen trugen innere Verletzungen. Der Adamsapfel fehlte entweder ganz, oder er war gebrochen: Ich kann mich nicht mehr genau erinnern. Dieser Knochen war beim hl. Ambrosius unversehrt. Sein Gebein war ganz heil. Der Unterkiefer (der bei dem einen der Märtyrer gebrochen war) war bei ihm unverletzt, gutgeformt, und jeder Zahn, außer einem Backenzahn im Unterkiefer, in Ordnung, weiß und regelmäßig. Sein Gesicht muß lang, schmal und oval gewesen sein, die Stirn hochgewölbt. Seine Gebeine waren beinahe weiß, die der andern sehr dunkel. Seine Finger waren lang und sehr zart. Sein Skelett bildete einen starken Gegensatz zu denen der beiden Märtyrer.»
Der Briefschreiber erwähnt eine Besonderheit am Schädel des hl. Ambrosius nicht, die den Ärzten ein Rätsel aufgab. Der rechte obere Augenzahn saß tiefer, und zwar so, daß man auf eine leichte Gesichtsverzerrung schließen konnte. Es blieb Achille Ratti, dem späteren Papst Pius XI., vorbehalten, im Jahre 1897 – als er Bibliothekar und Präfekt der Ambrosiani-

schen Bibliothek in Mailand war –, darauf hinzuweisen, daß das rechte Auge des hl. Ambrosius etwas tiefer als das andere lag. Um diese Theorie zu bekräftigen, widmete er seine Aufmerksamkeit dem frühesten Porträt des Heiligen, dem Mosaik aus dem fünften Jahrhundert in der Kirche Sant' Ambrogio: Dort ist diese Abweichung deutlich zu erkennen. Bislang hatte man an eine Nachlässigkeit des Malers geglaubt. Das Mosaik wird demnach ein echtes Porträt sein, das nach Angaben von Menschen geschaffen wurde, die sich seiner noch hatten erinnern können. Er trägt darauf eine Tunika und eine Dalmatika und gleicht einem typischen Römer des vierten Jahrhunderts: dunkeläugig und dunkelhaarig, mit ovalem Gesicht und einem kurzgeschnittenen Bart, der Wangen und Kinn bedeckt . . .

Ich ging jeden Morgen in die Kirche und war der einzige Mann unter all den alten Frauen. Der Priester – falls er mich überhaupt bemerkt hat – muß mich für den frömmsten Mann Mailands gehalten haben. Das Skelett des hl. Ambrosius hatte es mir angetan. Nie wurde ich es müde, dem Herunterkurbeln der Stahltafeln zuzuschauen und das Erscheinen dessen zu erwarten, was ich zum Eindrucksvollsten zähle, das in Europa zu sehen ist.

Der hl. Hieronymus erzählt in einem seiner Briefe, daß er als kleiner Junge während der Ferien zuweilen mit anderen Buben in die Katakomben Roms zum Spielen gegangen sei. Das war etwa ums Jahr 350 n. Chr., nur siebenunddreißig Jahre nach dem Edikt von Mailand, nach der Duldung des Christentums. Aber die jüngere Generation nahm die Glaubensfreiheit wie etwas Selbstverständliches hin. Sie spielte Verstecken in diesen Tunnels, zwischen den Gräbern jener Heiligen und Märtyrer, denen sich ihre Großväter auf Knien genähert hatten.

Einem Christen über vierzig müssen die Zeitläufe höchst sonderbar vorgekommen sein. Das Christentum wurde Mode. Der Bischof von Rom lebte im kaiserlichen Lateranpalast, den Konstantin der Kirche überlassen hatte. Dieser Kaiser hatte auch eine Basilika über dem Grab des Petrus erbaut und eine andere über dem des hl. Paulus. Überall in Rom standen die heidnischen römischen Tempel und die geöffneten Kirchen friedlich nebeneinander. Jedermann hatte das Recht, einem Opfer für Jupiter Capitolinus beizuwohnen oder, wenn er dazu Lust hatte, zur neuen Peterskirche auf dem Vatikanhügel zu pilgern, um ein Tuch über dem Apostelgrab herabzulassen.

Ältere Christen, die sich an die Folterungen erinnerten, müssen diese veränderte Welt mit gemischten Gefühlen betrachtet haben. Vielleicht fanden sie, daß mit der Toleranz etwas Nobles verschwunden sei. Das Christentum war populär geworden. Man sah reiche Frauen, die auf Seidenkissen ruhten, derweil sie kostbare Übersetzungen der Evangelien lasen. Niemand hätte voraussagen können, daß Rom selbst im nächsten Jahrhundert den Germanen anheimfallen sollte und daß viele der reichen Konvertiten Mönche oder Nonnen werden und ihre Paläste in Klöster verwandeln würden.

Vorläufig aber war Rom noch die reiche und glänzende Stadt der Kaiser. Die Straßen strotzten von Statuen, es gab Marmorbauten in Mengen, obwohl die Kaiser die Stadt verlassen hatten und entweder von Mailand oder von Konstantinopel aus regierten. Ein anderer römischer Schuljunge jener Zeit, von dem es heißt, er sei im selben Jahr wie Hieronymus geboren, war Ambrosius. Er kam aus guter Familie. Seine Mutter, eine Witwe, hatte ihn aus der Provinz nach Rom gebracht, damit er dort zusammen mit seinem Bruder und seiner Schwester unterrichtet werde. Sie verkehrten offenbar in den höchsten christlichen Kreisen, denn seine Schwester Marcellina soll in zartem Alter aus der Hand des Papstes Liberius (der von 352 bis 366 n. Chr. regierte) höchstpersönlich den Schleier empfangen haben. Ambrosius dagegen wurde nicht Christ. Er studierte die Rechte und gedachte in den Staatsdienst einzutreten. Nichts deutet darauf hin, daß er jemals Hieronymus begegnete, aber sie müssen wohl manchmal unter demselben Dach gesessen haben: Beide studierten die Rechte und besuchten die Gerichtshöfe. Es ist interessant, sich diese beiden Jungen vorzustellen, die zwei der vier römischen Kirchenväter werden sollten, wie sie in der ersten Zeit des legalisierten Christentums durch Rom spazierten. Ambrosius sollte die geistige Kraft hinter den kaiserlichen Erlassen werden, die das Heidentum auslöschten und die Tempel schlossen. Hieronymus war es bestimmt, in Bethlehem zu leben, die Bibel ins Lateinische zu übersetzen und eines Tages als alter Mann im Jahre 410 mit Schrecken hören zu müssen, daß die Goten Rom geplündert hatten.

Aber solche Tage lagen noch in weiter Zukunft, als die beiden Jungen durch das Forum Romanum strichen und dem Rauch zuschauten, der aus kleinen weißen Tempeln stieg, in denen die Vestalischen Jungfrauen die heilige Flamme nährten. Niemand konnte lange durch die Straßen Roms gehen, ohne auf einem der zahllosen Altäre heidnischen Opfern zu begegnen. Die Knaben mögen die fremdartige Zeremonie der Auguren beobachtet haben, die den heiligen Vögeln Futter streuten. Oftmals – vielleicht bei der Heimkehr von einer Vorlesung – müssen sie das Gebrüll der Tausende vernommen haben, die den Spielen im Kolosseum zuschauten. Vielleicht ist es gar nicht so phantastisch, wenn man sich ausmalt, wie sie auf den Marmorsitzen des Circus Maximus den Streitwagen nachblickten, die durch das Rund rasten. Rom im Jahre 350 n. Chr. war schließlich immer noch Rom.

Ambrosius war offiziell ein Heide – jedenfalls hatte er sich nicht zur Taufe angeboten, als er im Alter von dreißig Jahren den Höhepunkt seiner beruflichen Laufbahn erreichte. Viele ehrgeizige Männer wurden schneller befördert, wenn sie Heiden blieben, wenn auch nur dem Namen nach; sie fühlten sich deshalb den Interessen des Staates verbunden. Das Leben war viel einfacher, besonders in konservativen Kreisen, wenn ein Mann bereit war, ein wenig Weihrauch vor einer Jupiterstatue zu streuen, oder wenn es ihm nichts ausmachte, daß der Braten in seiner Küche von einem Altar stammte. Wegen solcher Bagatellen waren die älteren Generationen in Ketten in die Bergwerke geschickt worden.

Nichts zeugte dafür, daß Ambrosius Interesse für die Kirche hatte oder dem Christentum zuneigte, als er zum kaiserlichen Gouverneur der Bezirke Emilia und Ligurien mit dem Sitz in Mailand ernannt wurde. Er war ein bedeutender Mann. Wenn er mit seinen Liktoren in der Öffentlichkeit erschien, erheischte es die Sitte, daß jedermann das Haupt entblößte. Wenn er durch die Straßen schritt, mußte die Menge ihm ausweichen. Wenn er den Zirkus, das Theater oder einen Versammlungssaal betrat, pflegte sich das Auditorium zu erheben und so lange stehenzubleiben, bis er sich niedergelassen hatte.

Einer der Unruheherde in seiner Region war die Kirche in Mailand. Oft fanden Krawalle zwischen Orthodoxen und Arianern statt. Die Arianer machten seit Konstantins Tagen Schwierigkeiten. Ihre Ketzerei – eines der Hauptthemen beim Konzil von Nicäa – war der Glaube, den Arius, Presbyter in Alexandrien, gepredigt hatte. Einfach ausgedrückt besagte er: Gottes Sohn war Gott untertan; Gott hatte Christus geschaffen, der bis dahin nicht vorhanden gewesen war. Diese Ketzerei leuchtete den Barbaren ein, die noch jahrhundertelang Arianer blieben. Der Gedanke, das Oberhaupt sei wichtiger als sein Sohn, war ihnen begreiflicher als der orthodoxe Glaubenssatz von der Dreieinigkeit.

Im Jahr 375 erwarteten die Behörden während der Wahl des neuen Mailänder Bischofs einen Zusammenstoß zwischen Orthodoxen und Arianern. Ambrosius sagte sich, seine offizielle Anwesenheit in Begleitung von Liktoren und Wachen wirke vielleicht beruhigend und entschloß sich zur Teilnahme. Die Wahl wurde in Santa Maria Maggiore vorgenommen und gestaltete sich zu einem lärmenden Treffen. Als der Tumult am ärgsten war, wurde Ambrosius durch die Worte «Macht Ambrosius zu unserem Bischof!» erschreckt. Der Ruf wurde immer lauter. Schließlich kam er einer Forderung gleich.

Wahl durch Zuruf war in jener Zeit keine Seltenheit. Auch andere waren ungetauft auf ähnliche Weise in hohe Kirchenämter gewählt worden. Ambrosius protestierte: Er wolle kein Bischof werden, er sei ja nicht einmal getauft. Er verließ Mailand und begab sich in ein Versteck, seine Bewunderer entdeckten ihn jedoch und führten ihn im Triumph zurück.

Schließlich gab er nach. Zehn Tage nach seiner Taufe wurde er zum Bischof geweiht. Der Staat verlor einen ausgezeichneten Gouverneur, und die Kirche gewann ihren ersten Staatsmann.

Während des zweiundzwanzigjährigen Episkopats von Ambrosius ging das Heidentum offiziell zu Ende. Die Hand des Skeletts im scharlachfarbenen Handschuh, die Sie in der Krypta von Sant' Ambrogio sehen können, schrieb nicht nur die berühmten Briefe an Symmachus über den Aberglauben; sie entwarf auch die kaiserlichen Edikte, die endlich die Tempel schlossen, die Vestalischen Jungfrauen zerstreuten und die Verehrung der alten Götter für ungesetzlich erklärten. Aber leider begannen nach diesem Sieg die triumphierenden Christen die Heiden zu verfolgen, so wie in früheren Tagen sie selbst verfolgt worden waren.

Ambrosius stand recht gut mit Valentinian I., einem der größten der letzten Kaiser, und mit seinen Söhnen Gratian und Valentinian II. sowie mit Theodosius dem Großen. Ambrosius starb verhältnismäßig früh, mit siebenundfünfzig Jahren, die Sterblichkeitsrate der Kaiser war aber damals so hoch, daß er die Totenrede auf alle vier Imperatoren hielt. Valentinian I. verschied ein Jahr nach der Wahl des Ambrosius. Er hatte gegen die Stämme an der Donau Krieg geführt. Sein Temperament war äußerst hitzig. Beim Anblick störrischer Rebellen, die mit ihm verhandeln wollten, packte ihn eine solche Wut, daß ihn der Schlag traf und er im Atrium seines Palastes verschied. Vielleicht wäre die Geschichte des zusammenbrechenden Imperiums eine andere geworden, wenn dieser vorzügliche Soldat länger gelebt hätte.

Der neue Kaiser war Valentinians sechzehn Jahre alter Sohn Gratian, der mit seinem vierjährigen Stiefbruder Valentinian II. die Macht zu teilen hatte. Die kaiserlichen Streifzüge ins Land der Barbaren müssen gewissermaßen etwas Ferienhaftes an sich gehabt haben, denn die Kaiserin Justina, eine schöne Sizilianerin, war mit dem Kind Valentinian zugegen, als der Kaiser starb. Auf der Stelle reiste sie mit dem Knaben nach Mailand und trat dort als Kaiserin auf. Sie sollte Ambrosius mehr Ärger bereiten als irgend jemand sonst im Laufe seiner Amtszeit.

Gratian, der nun das Heer befehligte, war einer jener Fürstensöhne, die für Großes bestimmt waren. Ausonius hatte ihn unterrichtet, und sein geistiger Vater war Ambrosius. Er war intelligent, belesen, fromm und klug, aber seine Regierungszeit bedeutete ein Unglück. Zuweilen geschieht es freilich, daß ein Herrscher, der ein Versager ist, es fertigbringt, die Fackel des Erfolgs einem andern weiterzureichen. Dies tat Gratian, als er Theodosius den Großen zum Kaiser des oströmischen Reiches machte, und zwar anstelle seines unfähigen Onkels Valens, der im Kampf gegen die Goten gefallen war. Nach ein paar Jahren war der hübsche, junge Fürst selber tot. Es gibt verschiedene Berichte über sein Ende; alle wei-

chen voneinander ab. In den acht Jahren seiner Regierung rebellierte in Britannien ein gewaltiger General namens Maximus. Er führte seine Truppen über den Kanal und schlug Gratian in der Nähe von Paris. Der vierundzwanzigjährige Kaiser floh. Er wollte Mailand erreichen, aber bei Lyon fing man ihn und machte ihn nieder. Einem zweiten Bericht zufolge wurde er zu einem Gastmahl gelockt und dort umgebracht. Eine andere Legende will schließlich wissen, daß er eine verschleierte Sänfte habe auf sich zukommen sehen. Ihm sei bedeutet worden, seine Frau befände sich darinnen, und als der Kaiser die Vorhänge teilte, habe ihn ein verborgener Attentäter erstochen.
Der Tod seines geistigen Sohnes war ein schwerer Schlag für Ambrosius, der jetzt im Namen des jungen Valentinian II. und seiner Mutter Justina zweimal die Alpen überschritt, um sich in Trier mit Maximus zu treffen. Man machte aus, der Usurpator solle Kaiser von Gallien werden, dürfe jedoch die Alpen nicht überqueren. Jetzt gab es drei Kaiser: Maximus in Trier, Valentinian II. in Mailand und Theodosius in Konstantinopel. Nach vier Jahren scherte sich Maximus jedoch nicht mehr um die Abmachung, kam über die Alpen und eroberte Italien ohne einen Schwertstreich. Justina, der nun zwölfjährige Valentinian II. und drei Töchter – unter ihnen eine blendende Schönheit namens Galla – flohen zu Theodosius in den Osten, um seine Hilfe zu erflehen. Es wird berichtet, daß Justina eine dramatische Szene aufführte. In Tränen aufgelöst habe sie sich und ihre Töchter dem Theodosius präsentiert. Der Auftritt hatte Erfolg. Theodosius erklärte sich nicht nur zur Rückeroberung des weströmischen Reiches bereit, er verliebte sich obendrein in Galla und heiratete sie. Sie hatten eine Tochter, die sie Galla Placidia nannten, und deren Grab eine der Sehenswürdigkeiten von Ravenna ist. Sie war Königin der Goten und zuletzt Kaiserin des weströmischen Reiches.
Theodosius schlug Maximus und setzte Valentinian II. wieder auf den Mailänder Thron. Justina war inzwischen gestorben. Der junge Kaiser stand auf gutem Fuß mit Ambrosius und erbat seinen Rat, wie sein Stiefbruder Gratian es früher getan hatte. Vier Jahre nach seiner Wiedereinsetzung schrieb Valentinian aus Wien an Ambrosius und bat ihn um sein Kommen: Er wolle getauft werden. Bevor der Bischof ihn jedoch erreicht hatte, fand man den jungen Kaiser erwürgt in seinem Palast. Sein Tod blieb ein Geheimnis. Man erzählte sich aber, er habe Streit mit einem germanischen General bekommen, und der habe sich gerächt, indem er seinen Herrn umbrachte. Valentinians Leichnam wurde zur Beisetzung nach Mailand überführt, und zum drittenmal innerhalb von siebzehn Jahren hielt Ambrosius einem Kaiser die Totenrede. Drei Jahre darauf tat er ein Gleiches zum viertenmal: Während eines Besuchs in Mailand starb Theodosius der Große. Zwei Jahre später folgte Ambrosius ihm ins Grab.

Ich hoffe, nach diesem knappen historischen Abriß wird jeder, der in der Mailänder Krypta steht, imstande sein, dem großen Bischof den würdigen Platz in der Geschichte seiner Zeit zuzuweisen. Wenn man an diese vier Kaiser denkt, glaubt man den Lärm der Waffen von den Grenzen in Ost und West zu vernehmen, aber das Leben in den Marmorpalästen des Kaiserreichs ging weiter wie immer: Theologen stürzten sich in erbitterte Diskussionen, Greise – wie Ausonius – zogen sich auf ihre Güter zurück und priesen in Versen das ländliche Leben, enttäuschte junger Männer – wie Augustinus – waren auf der Suche nach einer Dozentur an Universitäten, und der Mob ballte sich in den Theatern zusammen – wie er es einmal in Thessalonica tat, weil der Star unter den Wagenfahrern wegen Sittenlosigkeit eingesperrt worden war. Nur wenige Menschen schienen zu fühlen, daß der Puls der Zivilisation langsamer schlug. In der Tat finden sich in den vielen Predigten, Briefen und Eingaben des Ambrosius nur ein oder zwei Stellen, die erkennen lassen, daß er sich der Gefahr eines Germanenüberfalls bewußt war. Immer noch glaubten die Leute, Rom wäre ewig, und Kaiser und Armee könnten die Grenzen halten. Aber dreizehn Jahre nach dem Tode des Ambrosius stürmten die Goten Rom. Wir Heutigen, die mit zusehen mußten, wie ein Weltreich sich in kurzer Zeit auflöste, und die wir in Gedanken die Revolutionen mitgemacht haben, die solche Umwälzungen bewirken, verstehen wohl besser als unsere gelasseneren Vorfahren jene ferne Zeit.

Die beiden bekanntesten Vorkommnisse im Leben des hl. Ambrosius trugen sich in der unruhigen Zeit Mailands nach der Ermordung Gratians und während der unsicheren Regierung des Usurpators Maximus in Gallien zu. Es waren der Konflikt zwischen Ambrosius und der Kaiserin Justina sowie die Bekehrung und Taufe des Augustin. Im Todesjahr Gratians, 383 n. Chr., kam ein Mann von neunundzwanzig Jahren mit einem illegitimen Sohn namens Adeodatus und einem Freund, der Alypius hieß, nach Mailand. Der junge Mann war Augustin und wollte Lehrer der Rhetorik werden. Die verschiedenen Glaubenslehren interessierten ihn sehr: Heidentum und Christentum, Orthodoxie und Ketzerei. Er hoffte etwas zu finden, an das er glauben könne. Mit Kind und Freund richtete er sich in einem kleinen Mietshaus nebst Garten ein. Wenn er nichts zu tun hatte, vermutlich an den Abenden, suchte er religiöse Erbauung. Bei einer solchen Gelegenheit hörte er zum erstenmal Ambrosius, «aber in keiner so guten Gemütsverfassung, wie es hätte sein sollen», wie er gestand. Mit der Zeit wurde er von Ambrosius angezogen, der stets von allerlei Leuten umgeben und immer zugänglich war. Augustin aber zögerte zuerst noch, sich dem Bischof zu nähern, der regelmäßig so eifrig las, daß Augustin ihn nicht zu stören wagte.

Zu dieser Zeit artete der Konflikt zwischen der Kaiserin Justina und Ambrosius in offenen Kampf aus. Während ihrer Ehe mit Valentinian I. war die Kaiserin imstande gewesen, ihren arianischen Glauben zu verbergen. Kaum aber war sie Witwe, da setzte sie sich an die Spitze der arianischen Partei am Hof. Dies war eine zahlreiche und einflußreiche Gesellschaft. Unter Ambrosius waren jedoch alle arianischen Kultstätten entweder geschlossen oder orthodox geworden; diese Ketzer besaßen demnach keine Kirchen. Die Kaiserin heischte, man möge den Arianern den Gebrauch zweier Kirchen gestatten, eine innerhalb, die andere außerhalb der Stadtmauern. Ambrosius lehnte ab. Eines Tages, als er in der Kirche war, wurde ihm berichtet, Liktoren aus dem Palast befänden sich draußen und hefteten die kaiserlichen Embleme an. Dies hätte zu bedeuten, daß das Gebäude vom Schatzamt übernommen worden war. Palastbeamte legten dem Bischof nahe, er solle doch nachgeben. Truppen umzingelten die Kirche. Als die Soldaten jedoch hörten, der Bischof gedenke sie zu exkommunizieren, strömten sie herein und erklärten, sie seien zum Beten gekommen, nicht zum Kämpfen. Ein paar Tage lang war die Kirche von zaghaften Truppen umringt. Ambrosius aber, der befürchtete, das Haus könne über Nacht in kaiserlichen Besitz genommen werden, organisierte einen Tag-und-Nacht-Dienst. Um die Langeweile dieser Nachtwachen zu vertreiben, lehrte er die Gemeinde den Gesang von Hymnen, die er selbst komponiert hatte: Es war das erstemal, daß in einer weströmischen Kirche Hymnen vernommen wurden.
Unter den Sängern befand sich auch Augustinus. Er hörte *Deus, Creator omnium* und schrieb sich die Texte auf. Andere Hymnen, die damals gesungen wurden, waren vermutlich *Eterne rerum Conditor, Veni redemptor gentium, O Lux beata Trinitas* und *Jam surgit hora tertia.* Zuweilen wird behauptet, auch noch andere, darunter das *Te Deum*, seien von Ambrosius komponiert worden, aber die fünf genannten gelten als gesichert. Sie verbreiteten sich im Laufe des vierten Jahrhunderts von Mailand aus in jeden Winkel der Christenheit.
In seinen «Bekenntnissen» erzählt Augustinus viele Einzelheiten über seinen vierjährigen Mailänder Aufenthalt. Bei ihm hielt sich eine der anziehendsten Heiligen jener Zeit, seine liebevolle Mutter Monika, auf. Sie sorgte sich um das Seelenheil ihres Sohns und hatte nur ein Verlangen: Er möge getauft werden. Man fühlt, daß es Augenblicke gab, in denen Augustinus den Eifer seiner Mutter ziemlich strapazierend fand. In seinem Bericht über ihre Ankunft in Mailand entdeckt man einen lebhaften Hinweis darauf. Sie kam aus einer schlichten Landpfarre, wo es bei ernsthaften Kirchgängern noch immer Sitte war, einen Korb voller Lebensmittel zur *agape*, dem Liebesmahl, mitzubringen, die nach der Kommunion unter den ärmeren Glaubensbrüdern verteilt wurden. Sie wußte nicht,

daß in den großen Städten wie Mailand (wo es scharenweise Konvertiten gab, die zwar in die Kirche eintraten, im Herzen aber noch Heiden waren) dieser Brauch so etwas Ähnliches wie eine heutige *«bottle-party»* geworden war. Die Bischöfe unterdrückten ihn streng. Monika packte also nach ihrer Ankunft einen Korb mit Käsekuchen, mit Speisen und Wein und begab sich zur Kirche. Augustin berichtet, es sei ihre Gewohnheit gewesen, von diesen Schmausereien hin und wieder etwas zu essen und den Rest zu verschenken. Für ihren eigenen anspruchslosen Gaumen trug sie «einen kleinen Krug Wein bei sich, der stark mit Wasser verdünnt war, und daraus schlürfte sie zuweilen ein Schlückchen in Ehren». Aber auch von diesem Getränk gab sie andern ab, obwohl der Wein längst durch das Herumschleppen lauwarm geworden war. Als sie jedoch an der Kirchenpforte anlangte, blickte der Küster sie scharf an und machte sie darauf aufmerksam, daß sie keine Getränke mit hineinnehmen dürfe. Augustinus, der das Dilemma seiner Mutter amüsant fand, war überrascht, wie sie (eine entschlossene und streitbare Person wie viele Heilige) aus Respekt vor dem hl. Ambrosius ohne Protest nachgegeben haben soll.

Als ich durch Mailand spazierte, fragte ich mich oft, wo das Haus mit dem Garten wohl gestanden haben mag, in dem Augustin und Monika mit dem Kind Adeodatus und dem Freund Alypius lebten. Welcher riesige Wolkenkratzer, welche Mietskaserne, welche Haltestelle mag sich dort befinden? In welchem Keller unterhalb des heutigen Niveaus der Stadt ist die Stelle, die einst ein Garten war, darinnen ein Mann, der Gott suchte und von Christus heimgesucht wurde, schließlich seine Bekehrung fand? Augustinus erzählte uns, wie er eines Tages in den Garten hinausging und sich in Seelenangst unter einem Feigenbaum niederwarf. Plötzlich «hörte ich eine Stimme aus einem Nachbarhaus. Ob es die Stimme eines Knaben oder eines Mädchens war, weiß ich nicht. Sie rief in einem singenden Tonfall und wiederholte es immer wieder: ‹Nimm und lies! Nimm und lies›. » Er fragte sich, ob es wohl ein Kind gewesen sein mochte, das beim Spiel gesungen hatte. Er ging ins Haus zurück und schlug die Evangelien auf. Sein Geist hatte sich gewandelt: Er konnte jetzt glauben. Als er seiner Mutter davon Kunde gab, sprang sie vor Freude in die Höhe. Augustinus, sein Sohn und Alypius wurden an Ostern 387 gemeinsam von Ambrosius getauft. Augustinus war damals dreiunddreißig Jahre alt. Bald danach bewog die Kaiserin Justina den Ambrosius ein zweites Mal zu einer Reise über die Alpen, um sich wieder mit Maximus zu treffen. Zur gleichen Zeit beschlossen Augustinus und sein kleiner Haushalt, Mailand zu verlassen und nach Tagaste in Numidien zurückzukehren, das heute die Stadt Souk Ahras an der algerisch-tunesischen Grenze ist. Während sie in Ostia auf ein Schiff warteten, wurde Monika vom Fieber ergriffen, und sie starb dort. Auf einigen der zärtlichsten Seiten der frü-

hen christlichen Literatur beschrieb Augustinus, wie er einige Tage vor dem Ende Hand in Hand mit seiner Mutter am Fenster der Herberge stand. Sie schauten in den Garten hinab und sprachen vom Königreich des Himmels und dem ewigen Leben der Heiligen. Wer dies liest, meint, es müsse am Abend gewesen sein, die Geräusche des Hafens ringsum verstummten, als Mutter und Sohn – zwei Schwalben gleich – mit ihren Gedanken in das Reich des Glaubens flogen. Sie hatte eine Vorahnung ihres Todes. Gott hatte ihren liebsten Wunsch erfüllt: Augustinus war Christ geworden. «Was soll ich dann noch länger hier tun?» fragte sie. Kurz darauf bekam sie Fieber, und nach wenigen Tagen war sie nicht mehr am Leben. Bevor sie verschied, bat sie ihren Sohn, er möge ihren Leib nicht mit zurück nach Numidien nehmen, sondern ihn irgendwo verscharren, «denn niemand ist weit von Gott entfernt».
Tränenlos übergab Augustinus ihren Leib der Erde. Dann aber wühlten die Gedanken an seine ergebene Mutter, die sich nie wieder seinetwegen sorgen würde, sein Herz auf. Als echter Römer ging er daraufhin ins Bad. Er hoffte, sein Schmerz werde vielleicht gelindert, aber er mußte einsehen, daß «die Bitterkeit meiner Sorgen nicht aus meinem Herzen geschwitzt werden konnte». Er versank in tiefen Schlaf. Beim Erwachen gingen ihm die Worte durch den Sinn, die er und seine Mutter in Mailand gesungen hatten, als sie die Kirche vor der Kaiserin Justina schützten: *Deus, Creator omnium*. Mit den Worten des Ambrosius auf den Lippen schied der große Augustinus aus der Geschichte Mailands, wo er Gott gefunden hatte.

Der hl. Ambrosius lebte noch zehn Jahre nach der Taufe des hl. Augustinus. In dieser Zeit war Theodosius der Große Kaiser, der vierte, dem er gedient, den er beraten und belehrt hatte. Beide Männer waren bedeutende Herrscher und große Kämpfer gewesen, und beide standen fast im gleichen Alter. Die bekannteste Geschichte über Ambrosius ist vielleicht die von der öffentlichen Buße, die er dem Kaiser nach dem Gemetzel von Thessalonica aufgezwungen hatte. Der Bischof verwehrte Theodosius acht Monate lang die Kirche, bis der Kaiser demütig bereut und versprochen hatte, ein Gesetz zu erlassen, wonach ein Verbrecher erst dreißig Tage nach dem Urteil hingerichtet werden dürfe.
Ambrosius hatte kaum die Totenrede über dem Leichnam des Theodosius gehalten, als seine Gesundheit nachließ. Bald folgte er dem Kaiser ins Grab. Er starb am 4. April des Jahres 397 n. Chr., dem Karfreitag, und er wurde am Ostermorgen in Sant' Ambrogio beigesetzt. Man sah unter der riesigen Menge, die seiner Bestattung beiwohnte, viele Juden und viele Heiden.
Worte vermögen nicht recht die Ehrfurcht auszudrücken, mit der man vor

den Gebeinen dieses großen christlichen Konsuls steht. Sein Einfluß und seine Autorität in jener faszinierenden Epoche vor fünfzehn Jahrhunderten, als die Gesellschaft zur Hälfte aus Heiden, zur andern aus Christen bestand, und es ein Europa noch nicht gab, erinnern an einen der bedeutendsten Päpste des Mittelalters. Um sieben Uhr in der Frühe muß ich oft an den Küster denken, wie er die Stahlläden herunterschraubt und das Skelett des großen Römers vor ein paar alten Frauen in Schwarz enthüllt.

Wenn ich in einer fremden Stadt bin, schlendere ich stets am frühen Morgen durch die Straßen und beobachte ihr Erwachen. Ich bin gern draußen, bevor die Mülltonnen geleert und die Jalousien hochgezogen sind, um den Straßenkehrern und den Hausmeistern zuzusehen, die sich nach und nach einfinden, und der ersten Welle der Arbeiter, die in Bussen und auf Rädern vorüberbraust.

Mailand hat wie London eine Katzenbevölkerung, die vor dem Frühstück verschwindet. Große weibliche Katzen untersuchen die überquellenden Abfalltonnen, zum Kampf bereite Kater tauchen unter den Arkaden und aus Seitengassen auf; sie blinzeln zufrieden in den jungen Tag. Eine Katze sah ich, die leckte sich die Pfoten vor einem geschlossenen Kino, das einen Film anzeigte, der den Mailändern zweifellos eine etwas merkwürdige Vorstellung vom modernen England vermittelte: «Die Forsythe-Saga».

Das uralte römische Rezept, den Marmor mit feuchtem Sägemehl zu reinigen, wird in der Galleria noch ebenso angewendet wie beim Tagesanbruch im Petersdom zu Rom. Wer immer im alten Rom das Haus eines Freundes betrat, ehe die Familie aufgestanden war, konnte die Sklaven beim Ausstreuen des Sägemehls und beim Fegen der Marmorböden sehen – wie die Leute es auch heute noch in ganz Italien tun: Es ist das unveränderte Verfahren in einem Land der Marmorböden.

Die Mülltonnen Mailands werden durch sehr elegante automatische Wagen geleert, die weiß wie die Wände eines Krankenhauses angestrichen sind. Zwei Aufseher (die Bezeichnung «Müllkutscher» gäbe ein falsches Bild) rollen die Tonnen zu den Wagen und legen ihnen einen Ring um, worauf der Wagen auf eine zwar etwas anstößig wirkende Weise vibriert; er saugt dabei jedoch sichtlich vergnügt den Müll in sich hinein. Diese Aufseher gleichen Männern, die einen hungrigen Drachen herumführen. Das Interessante ist, daß jeder Wagen die Aufschrift *Commune di Milano* trägt. Das hat nichts mit der Sowjetunion zu tun, es erinnert aber an das mittelalterliche Italien und den sich dahinschleppenden Krieg zwischen Papst und Kaiser, zwischen Guelfen und Ghibellinen.

Plötzlich stand ich vor dem Hauptbahnhof, wo ich den Arbeiterkolonnen zusah, die aus den Nachbarstädten und Dörfern hereinströmten. Ich fragte einen Passanten nach dem Weg zu der Garage, wo der Mob im Jahre

1945 die Leichen Mussolinis und der Claretta Petacci aufgehängt hatte. Als ich den Piazzale Loreto gefunden hatte, wurde mir erklärt, die Garage sei renoviert und die Erinnerung an jene grausamen Stunden damit ausgelöscht. Heute, da das Ende des Diktators ein historisches Ereignis geworden ist, neigt man dazu, an einen Ausbruch des Volkszorns zu denken, der an das Italien des Mittelalters gemahnt: Es war die gleiche Leichenschändung, der ein Cola di Rienzo einst in Rom ausgesetzt war.

Beim Weitergehen kam ich zu einem kreisförmigen Brunnen, über den ein Mönch in Kutte sich mit großer Aufmerksamkeit beugte. Ich fragte mich schon, wonach er wohl im Wasser suchen mochte, als ich aber näherkam, sah ich, daß der Mönch eine lebensgroße Bronzestatue des Heiligen Franz von Assisi war – die erstaunlichste, die mir je begegnete. Es war reizend, wie einige Frauen, die einen Blumenstand in der Nähe hatten, herbeitraten und ihre Nelken im Wasser auffrischten, wobei der sanfte Heilige der Armen ihnen wohlwollend zuschaute.

Ich werde mich immer gern dieser zeitigen Spaziergänge in einer Stadt entsinnen, die mich in mancher Hinsicht an die City Londons erinnerte. Wie London wurde Mailand auf einer zerstörten römischen Stadt errichtet, und der Grundriß der Straßen dort ist wohl mittelalterlicher als in London. Man erkennt dies, wenn man auf dem Dom steht oder auf einem andern hohen Gebäude. Und wie London verbirgt Mailand die meisten seiner Schätze, so daß ein ganz gewöhnlicher Spaziergang zu einer Forschungsreise werden kann, die manchmal mit einer Entdeckung belohnt wird. Viele reizende Renaissancepaläste sind in der Stadt versteckt, desgleichen eine Anzahl herrlicher Kirchen, die aus dem vierten Jahrhundert stammen und in allen Stilepochen vom elften bis zum sechzehnten Jahrhundert restauriert und wiederaufgebaut wurden. Ein kleiner Winkel Mailands, der mich hell begeisterte, war jener Teil des Corso di Porta Ticinese, wo sich eine Kolonnade von sechzehn korinthischen Säulen entlang der Straßenbahnlinie erhebt: der einzige erhalten gebliebene Überrest von Mediolanum, vielleicht ein Teil der Herkulesbäder oder eine der Kolonnaden, die Ausonius erwähnt. Es ist ein beliebter Aufenthalt der Kunststudenten. Oft habe ich ihnen zugesehen, wenn sie den Platz mit ihren Staffeleien überschwemmten und sich zur Arbeit niederließen.

Ein paar Schritte abseits von diesem ehrwürdigen Relikt entdeckte ich den letzten sichtbaren Beweis dafür, daß Mailand bis ins siebzehnte Jahrhundert ein Binnenhafen war, was Shakespeare wußte, entweder, weil er einmal dort gewesen war oder Bücher über die Lombardei gelesen hatte. Es gibt einen unterirdischen Kanal, der sich für ein paar hundert Meter ans Sonnenlicht wagt und dann wieder verschwindet. Es gibt sogar einen kleinen Kai, Darsena genannt. Während ich mir dieses Überbleibsel einer Wasserstraße betrachtete, die im Mittelalter als Ticinello bekannt war (weil sie zum Ticino führte und weiter nach Pavia) und in späterer Zeit als Naviglio Grande, tauchte ein Kahn, der mit Baumaterialien beladen war, aus der Dunkelheit auf und glitt davon. Es regt auf, jenen Kanal zu sehen, der einst Mailand mit der Adria verbunden hat, und wie sonderbar ist es, wenn man sich vorstellt, daß einige Gelehrte an Shakespeare herumnörgeln, weil er Prospero im «Sturm» sich vor den Toren Mailands einschiffen ließ . . .

Trotz seiner Reize hat Mailand stets zu jenen Städten gehört, die man auf der Reise nach anderswohin besucht. Für die Geistlichen des Mittelalters lag es auf dem Weg nach Rom, für die Scholastiker der Renaissance auf der Straße nach Padua, Bologna und Ferrara, für die feinen jungen Leute des siebzehnten Jahrhunderts, die ihre Ausbildung im Ausland beenden wollten, und für die Amateurbaumeister und Dilettanten des achtzehnten Jahrhunderts war es eine Station auf ihrer Reise nach Venedig, Florenz und Rom. Und auch heute noch wird Mailand mit ähnlichen Augen von all jenen betrachtet, die nach Italien gekommen sind, um die Sehenswürdigkeiten zu besichtigen: Die Touristen verbringen nach der Fahrt über die Alpen gern eine Nacht hier, und wenn sie den Dom und die Scala gesehen haben, machen sie sich davon, um die Schönheiten von Venedig und Florenz in Augenschein zu nehmen.
Chaucer reiste wie viele vor und nach ihm in Geschäften nach Mailand. Er sah die Stadt unter der glänzenden Herrschaft der Visconti. Diese Familie und ihre Nachfolger, die Sforza, beherrschten die Geschichte Mailands vom Mittelalter bis zur Renaissance. Dann fand jenes Ereignis statt, das die italienische Geschichte gewissermaßen zerschnitt: die Überflutung des Landes durch fremde Truppen. Zuerst kam die spanische Besatzung, danach die österreichische. Die Touristen begegneten entweder französischen, spanischen oder österreichischen Soldaten, die Herren der Lombardei waren. Mailand interessierte die Reisenden als ein Stützpunkt, und jeder, der kam, wollte das große Schloß der Sforza sehen, das die Spanier befestigt, mit den besten Truppen Europas belegt und mit der modernsten Artillerie bestückt hatten. Montaigne, dieses denkbar beste Beispiel des glücklichen Touristen, der immer guter Dinge war, trotz seiner Gallensteine, besuchte das spanische Mailand 1581 und verglich es in der Fülle seiner Handwerker und Geschäftsleute mit Paris. Er spazierte rund um das Schloß und nahm auch von den Kanonen Notiz.
Einer der vielen englischen Schriftsteller, die eine spanische Garnison in Mailand antrafen, war Thomas Addison, der 1701 dort weilte. Wer nach ihm bis zum Ende des Jahrhunderts kam, fand die Österreicher vor. Der junge Boswell eilte 1765 nach seinem lächerlichen Versuch, der Liebhaber einer ältlichen Gräfin in Turin zu werden, nach Mailand. Er sah die

Handwerker beim Bau des Doms, an dem seit Jahrhunderten gearbeitet wurde, und er stieg bis aufs Dach. Ein anderer aus dem Kreis um Johnson, Dr. Burney, der sympathische Vater Fannys, verbrachte 1770, während seiner Konzertreise durch Europa neun Tage in Mailand. Er dinierte oft mit bedeutenden Leuten, einschließlich des österreichischen Gouverneurs. Er hörte sich auch den Ambrosianischen Kirchenchor an und stellte fest, daß selbst die Kirchenbehörden ihn reichlich verschwommen fanden. In der Oper saß er in einer Loge, die mit einem Kamin und einem Kartentisch ausgestattet war, und konstatierte, daß das Orchester zu laut und mit zuviel Drum und Dran spielte; nur die Stimme des Baritons kam dagegen auf. «In der ganzen Stadt sieht man nicht eine Lampe», schrieb er. «Jeder Wagen muß einen Leuchter haben und jeder Fußgänger eine Laterne. Die Laterne ist sehr groß und aus weißem Papier. Die Wagen der hohen Herren sind für mehr als einen Diener hintenauf berechnet.»

Dr. Burneys Beschreibung von Mailand ist zwar recht interessant, ich glaube aber, noch viel aufschlußreicher ist der Bericht einer andern Person aus dem Kreis um Johnson, derjenige von Mrs. Thrale nämlich, die – nach ihrer Heirat mit Piozzi – Mailand im Winter 1785 besuchte. Sie kam an einem trüben Novembertag an und bemerkte, gleich andern Touristen, wie sehr die gute Laune der Italiener vom Sonnenschein abhängig ist: Ein regnerischer Tag, und schon bricht die Verzweiflung über sie herein. Während ihres Besuchs war es nicht nur regnerisch, sondern auch kalt, und dann verwandelte sich der Regen in Schnee, aber selbst wenn in der Nacht der Schnee vier Fuß hoch gefallen war, «sieht am Morgen kein Mensch mehr eine einzige Flocke, so vollständig befreien uns die Armen und die Gefangenen von ihm. Sie werfen gewaltige Ladungen in einen schiffbaren Kanal, der rund um die Stadt verläuft». Die Damen führten beim Besuch der Kirche und des Theaters pelzgefütterte und mit goldenen Troddeln geschmückte Fußsäcke bei sich, alldieweil die armen Frauen «mit einem kleinen irdenen Topf durch die Straßen rennen, der mit Glut gefüllt ist». Die Touristen wohnten einigen großartigen Abendgesellschaften bei. «Es gibt elf Gerichte und elf kleine Platten. Der Lohn eines Bedienten beträgt einen Shilling pro Tag, wie bei unseren gewöhnlichen Arbeitern, und sie werden jeden Samstag ausgezahlt.» Die Zahl von acht Dienstboten war nichts Ungewöhnliches, darunter sechs Männer, von denen vier Livreen trugen. «Wenn es Abend wird, gibt es nichts Komischeres, als ihnen zuzusehen, wie sie alle sehr ernst nach Hause gehen. Sie könnten in der Nacht sterben, weil keine Hilfe bei ihnen ist, obwohl Sie den ganzen Tag von gravitätischen Dienern umgeben sind.»

Diese Lakaien waren große Snobs. Eines Tages, als Mrs. Piozzi aus der Kirche kam, fiel ihr eine elegante Frau auf, der zwei Bediente folgten, und sie fragte ihren eigenen Diener nach dem Namen der Dame. «‹Sie ist keine

Dame›, antwortete der Bursche und lächelte verächtlich über meine Einfalt. Ich dachte dann, sie wäre vielleicht eine ausgehaltene Geliebte von irgend jemandem und fragte nach dessen Namen. ‹Dio mi liberi›, versetzte Peter in freundlichem Ton, denn jetzt sprach sein Herz, und er wollte ihrem Charakter nicht zu nahetreten. ‹Gott möge es verzeihen: Sie ist die Frau eines reichen Bankiers. Sie werden sehen›, fügte er hinzu, ‹sie ist keine Dame. Wenn Sie sich umschauen wollen – die Diener tragen keinen Samtschemel, auf den sie sich knien könnte, und sie haben auch kein Wappen an ihren Livreen. Die und eine Dame!› wiederholte er mit unendlicher Verachtung.» Mrs. Piozzi meinte: «Nie im Leben habe ich soviel über Geburt und Familie gehört wie in dieser Stadt.» Das war das Ergebnis von zwei Jahrhunderten spanischer Lebensart. In der Zeit, die zwischen dem Besuch von Dr. Burney und dem der Mrs. Piozzi vergangen war, verschwanden die Leuchter und Laternen aus dem Straßenbild. Als sie in Mailand weilte, wurde ein Mann arretiert, weil er neue Straßenbeleuchtungen zerbrochen hatte, «die kürzlich in der Absicht angebracht worden waren, die Stadt nach Pariser Vorbild zu erhellen». Was ihn dazu veranlaßte, war offenbar der Wunsch, den Erzherzog herauszufordern – vielleicht ein Anzeichen der kommenden politischen Unruhen. Wie vor ihr Dr. Burney, bewunderte auch Mrs. Piozzi die Wagen auf dem Corso, aber sie beschreibt sie besser. «Die Pferde sind langschwänzig, schwer und meist schwarz, sie haben hohe Vorderhände, während die abfallenden Kruppen durch das reich geschmückte Geschirr aus rotem marokkanischem Leder kunstvoll verdeckt werden; die Zügel sind weiß. Zu dieser Pracht kommen noch große Leoparden-, Panther- oder Tigerfelle, die von Natur schön gestreift oder gefleckt sind; sie werden durch leuchtende Goldquasten, gefärbte Schnüre etc., die alle sehr hübsch sind, auf den Pferden festgehalten. Der Kutscher trägt einen scharlachfarbenen Rock, der mit Bärenfell besetzt ist, und macht eine noble Figur auf dem Bock.» Napoleon bestimmte Mailand zur Hauptstadt seiner Cisalpinischen Republik. Siebzehn Jahre lang – von 1797 bis 1814 – blieb sie unter französischer Herrschaft. Damals fanden sich natürlich keine englischen Touristen ein. Stendhal malt in seinen Tagebüchern ein gutes Bild der liebeshungrigen französischen Offiziere, die sich in den roten Logen der Scala drängten. Dann folgte Waterloo und nach ihm die Rückkehr der Österreicher. Dieses Mailand erlebten die Touristen zu Anfang des neunzehnten Jahrhunderts: Samuel Rogers, Lady Morgan, Byron und Shelley. Byrons unmöglicher Dr. Polidori geriet in der Scala mit einem österreichischen Offizier in Streit, was mit der Verbannung des Doktors endete. Aus Mailand schrieb Byron an Thomas Moore und entschuldigte die Länge seines Briefes mit der Feststellung, «ermüdend zu sein, ist das Vorrecht des Alters». (Er war damals noch keine neunundzwanzig!)

Das Mailand der Ära nach Napoleon war die Stadt, die Stendhal bewunderte, der sich selbst an *«une certaine odeur de fumier particulière à ses rues»* erfreute. Hinter den weißen Waffenröcken der österreichischen Offiziere flüsterten sich aristokratische Verschwörer bei Eis und Limonade ihre Geheimnisse in den Plüschlogen der Scala zu. In dieser Operettenluft tauschten die ersten Revolutionäre ihre Zeichen und Gegenzeichen aus, die sie dem Gewerbe der Kohlenbrenner entlehnt hatten. Byron wurde zum *carbonaro*, und die Marchesa Origo, die in den Polizeilisten vieler italienischer Städte stöberte, als sie an ihrem Buch *«The Last Attachment»* schrieb, glaubte, er sei tiefer in diese Machenschaften verstrickt gewesen, als die meisten seiner Biographen sich vorstellten. «Wäre er ein paar Jahre länger in Italien geblieben, und die Kugel eines *Sanfedista* hätte ihn beim Aufstand von 1831 getroffen, dann könnte er der Held des italienischen Freiheitskampfes und nicht des griechischen sein.»

Der Mailänder Dom erstaunt seit Jahrhunderten die Reisenden, selbst solche, denen die größten Kirchen der Welt bekannt sind. Der Dom ist einer der mächtigsten Bauten, die je errichtet wurden, und einer der pompösesten. Die Vielzahl der Heiligen, mit der er überladen ist («mehr als die ganze Bevölkerung eines deutschen Herzogtums», scherzte die Fürstin Lieven), krönt die zahllosen Zinnen wie Bergkraxler oder Dachdekker. Überall strotzt es von ihnen in schwindelerregender Höhe auf nadelspitzem Gestein. Auf den ersten Blick meint man, sie sollten besser – wie ein gar zu üppig wucherndes Lupinenbeet – dezimiert werden. Es ist in der Tat erstaunlich, daß dies nicht schon längst geschehen ist; in jedem Winter peitschen die heftigen Winde von den Alpen in die Po-Ebene. Wenn Sie erst einmal eine Weile in Mailand sind, werden Sie nicht mehr daran denken, die Zinnen abzuzwicken oder die Heiligen zu stutzen. Welcher Zauber diese Steinmassen freundlich, ja fast liebenswert macht, kann ich nicht sagen. Jedenfalls versteht man bald, warum die Einheimischen ihren Dom bewundern. Man gewöhnt sich daran, in den Dom zu treten, wie man in eine Dorfkirche geht. Er ist nicht nur eine stets gegenwärtige Zuflucht, er bietet auch einen sofortigen Übergang vom Lärm und Ärger der modernen Stadt zu Frieden und Stille. Er ist, als erstrecke sich ein großer kühler Wald mitten in Mailand, in den man sich zurückziehen kann, um Schutz vor der Sonne und den Mitmenschen zu finden. Seine Größe, seine geheimnisvolle Schwermut sind einzigartig. Nicht einmal in Spanien, dem Land der weiten dunklen Kirchen, habe ich einen wuchtigeren und dunkleren Schrein gefunden. Die Pfeiler des Mittelschiffs und ihre Höhe sind phantastisch. An trüben, sonnenlosen Tagen tastet man sich wie ein Zwerg vorwärts, der sich im Wald verlaufen hat und nach dem fremden Licht des Försterhauses sucht. Das Zwielicht nördlicher Wälder ist in Stein eingefangen und über die Alpen gebracht worden. Shelley war von dem Bauwerk fasziniert. Er entdeckte eine abgelegene Stelle hinter dem Hochaltar, die er für den idealsten Ort hielt, um Dante zu lesen. Er muß außergewöhnlich gute Augen gehabt haben.

Es gibt nur noch weniges, das die Aufmerksamkeit fesselt, denn Karl Borromäus räumte im siebzehnten Jahrhundert gründlich auf. Dabei fegte er ein paar Jahrhunderte aufgespeicherter Mailänder Geschichte hinweg. Damals müssen viele interessante Überreste aus alter Zeit verlorengegangen sein. Man kann noch die grausige Statue des hl. Bartholomäus sehen, die neben einem Seitenportal ins Licht gestellt wurde, damit einem kein Detail der Tatsache entgeht, daß ihm die Haut abgezogen wurde. Er trägt sie nun etwa so, wie ein schottischer Stammesältester seinen Plaid um sich geschlagen hat. Ein Küster wies auf ein Kreuz, das über dem Altar vom Dach herabhing, und erzählte mir, es enthalte ein Stück Kandare vom Roß des Konstantin, die aus einem Nagel vom Kreuze Christi geschmiedet sei. Ferner berichtete er, das Kreuz werde einmal im Jahr, am 3. Mai, herabgelassen, und zwar mit einer Apparatur, die Leonardo da Vinci erfunden habe. Unglücklicherweise zischte in diesem Augenblick ein gewichtig aussehender Geistlicher dem Küster etwas zu, und der Mann hastete davon. Ich fand ihn nie wieder, ebensowenig fand ich jemanden, der mir Leonardos Apparat gezeigt hätte.

Auch nicht eine Spur ist von dem Mailänder *carroccio* geblieben, der in der alten Kirche von Santa Maria Maggiore aufbewahrt wurde. Dieser Kriegswagen, der schließlich von allen italienischen Gemeinden übernommen und im Jahre 1138 auch in England eingesetzt wurde, entstand in Mailand. Es war eine Idee des Bischofs Aribert, der zur Zeit der normannischen Eroberungszüge die Bevölkerung Mailands zur Rebellion gegen den Kaiser aufrief und den Leuten eine Art von Sammelpunkt in der Schlacht geben wollte. Sechs weiße Ochsen in rotem Geschirr zogen den *carroccio*, Priester lasen die Messe an seinem Altar, ein Kruzifix wurde an einen hohen Mast geheftet, die Standarte wehte von einer Gaffel, und eine Glocke gab der Armee die Signale. Der Wagen wurde von 900 ausgesuchten Reitern und 300 jungen Edelleuten bewacht, die sich den dramatischen Namen «Kompanie des Todes» gegeben hatten. Jeder von ihnen hatte gelobt, lieber zu sterben, als den *carroccio* in Feindeshand fallen zu lassen.

Diese italienische Erfindung büßte anscheinend jenseits des Kanals ihre Wirkung ein, denn soweit ich orientiert bin, wurde ein Kampfwagen in England nie verwendet – mit Ausnahme jener sonderbaren Begebenheit zu Northallerton in Yorkshire im Jahre 1138, die man die Schlacht um die Standarte nennt. Vielleicht hatte Erzbischof Thurston, der die englische Armee gegen die Schotten aufstellte, den Mailänder *carroccio* bei einem seiner Besuche in Rom gesehen; sicher ließ er eine getreue Nachbildung anfertigen. Die Fahne flatterte von einem Schiffsmast, den man auf einen Wagen gepflanzt hatte. Auf dem Wagen standen Priester mit der Monstranz, die das Sakrament enthielt. Am Wagen wehten außerdem die Banner von St. Peter von York, St. John von Beverley und St. Wilfred von Ripon. Hätten die Engländer die Schlacht verloren, dann könnte man verstehen, warum der Schlachtwagen nicht wieder eingesetzt wurde; da sie jedoch siegten, ist es sonderbar, daß der Wagen nie wieder über ein englisches Schlachtfeld rumpelte.

Die Hauptsehenswürdigkeit des Doms ist heute das Grab des hl. Karl Borromäus, eines Angehörigen der vornehmen Familie, deren gegenwärtiger Chef, Fürst Borromeo, Besitzer der zauberhaften Isola Bella im Lago Maggiore ist. Von dem Ahnen heißt es, er sei ein guter Wanderer oder ein Pilger gewesen, was auch im Familienwappen zum Ausdruck kommt: Ein Kamel sitzt auf einem Korb – ein Hinweis auf die Streifzüge nach dem Orient und die Geduld dieses tugendhaften Pilgrims. Der Heilige wurde 1538 geboren (ein paar Jahre zuvor hatte Kaiser Karl V. Mailand zu einer Kolonie der spanischen Krone gemacht), und er verbrachte sein Leben im spanischen Mailand im Dienste seines Volkes. Über seine Tugend schrieb Maria Bellonci, sie sei so unbeugsam gewesen, «daß Frauen in seiner Gegenwart sich ihrer Existenz schämten».

Von morgens bis abends reihen sich die Besucher vor seinem Grab auf, um zu warten, bis ein Priester sie hinabgeleitet. Der Heilige liegt in einem Kristallsarkophag, den der geplagte König Philipp IV. von Spanien gestiftet hat, dessen pflaumenförmiges Gesicht mit dem aufgezwirbelten Schnurrbart Velasquez sicher auch im Schlaf hätte malen können. Ich folgte einer erwartungsvollen Menge in die Dunkelheit. Der Priester führte uns in eine reichverzierte Krypta. Ein paar Leuchter erhellten Silber- und Golddekorationen. Als er auf einen Knopf drückte, hob sich die eine Seite des Schreins lautlos und enthüllte den Leichnam des hl. Karl Borromäus, der in vollem Ornat im illuminierten Sarg ruht. Eine goldene Maske bedeckt das Gesicht, Spitzenhandschuhe umschließen die Finger. Die Katholiken knieten nieder und bekreuzigten sich, die Protestanten räusperten sich und machten überraschte Augen. Die Mailänder haben eine Vorliebe für Gebeine und erfreuen sich am kalten Hauch der Leichenhäuser – sicher noch ein Vermächtnis aus der Spanierzeit. Ich fragte mich, was die lange spanische Besatzung außer steifer Förmlichkeit, Safran in Risotto und einer übertriebenen Leidenschaft für Fragen der Geburt und des Ranges nicht noch alles in Italien hinterlassen hat. General Serbelloni verlor eine Schlacht, weil er sich geweigert hatte, eine Meldung zu öffnen, auf der sein Titel unvollständig angegeben war. Vor allem haben die spanischen Sitten jene lieblichen Damen der Renaissance erstickt, deren edler Sinn und Geist bis nach England ausstrahlten, wo sie sich in Rosalind und Portia und den meisten Heldinnen Shakespeares wiederfanden. Wenn wir wieder nach Italien blicken, haben wir eine strengbehütete Frauengeneration im schwarzen Reifrockkleid vor uns. Die Fröhlichkeit und das Lachen sind verklungen. Ein Jahrhundert, das im Sonnenschein geleuchtet hat, wurde von einem andern abgelöst, das unter einem trüben und verhängnisvollen Himmel dahinlebte.

Dieser gewaltige Dom hat eine außergewöhnliche Geschichte. Er erhebt sich dort, wo früher die antike Basilika von Santa Maria Maggiore stand, vermutlich jene Kirche, die der hl. Ambrosius gegen die Kaiserin Justina und ihre Arianer verteidigte. Falls diese Annahme zutrifft, dann ist hier jener Ort, wo zum erstenmal im weströmischen Reich Hymnen ertönten, wo Sankt Augustinus und die hl. Monika den Ambrosius predigen hörten und sich mit ihm in die Nachtwachen teilten. Es ist mehr als wahrscheinlich, daß Augustinus in der alten Basilika getauft wurde.
Der Mann, der sich 1386 entschloß, das Bauwerk zu schleifen und den Dom zu errichten, war einer der bemerkenswertesten Männer seiner Zeit; Galeazzo Visconti III., der erste Herzog von Mailand. Seine Familie hatte im frühen Mittelalter die Macht ergriffen, und er war ihr reichstes, mächtigstes und scharfsinnigstes Mitglied. Wie viele ehrgeizige Männer träumte er davon, sich zum König von Italien zu machen, und er vertraute so sehr auf seinen Erfolg, daß er schon Krone und Zepter für die Krönungszeremonie in der Kirche bereithielt, die er zum Dom seiner Hauptstadt erheben wollte. In diesem triumphalen Augenblick bekam er zur Erleichterung seiner Feinde die Pest und starb nach einigen Tagen. Sein großer Plan war gewesen, aus der Lombardei ein gewaltiges Staatsgebilde zu formen, und um dieses Ziel zu erreichen, hatte er dem Himmel ein Votivopfer darbringen wollen, damit er – als Gegengabe – mit einem Sohn beschenkt wurde. Die Sache war nämlich die, daß zu jener Zeit Mailands Frauen von einem sonderbaren Unheil heimgesucht wurden: Sie schienen außerstande zu sein, ihren männlichen Nachwuchs großzuziehen. Galeazzos drei Söhne, die er von Isabella von Frankreich hatte, waren allesamt gestorben; er blieb ohne männlichen Erben. Die ungewöhnlichen Worte «Mariae Nascenti» über dem Westportal weihten den Dom der Muttergottes, die den Heiland zur Welt gebracht hatte. Der Bau wurde zwar 1386 begonnen, aber die Kirche war noch zu Napoleons Zeiten unvollendet. Man kann auch sagen, daß sie erst 1927, nach der Anbringung der Bronzetüren, ganz fertig wurde.
Das Dach ist etwas ganz Besonderes. Ich hätte nie geglaubt, daß eine Kletterpartie auf das Dach eines Doms so viel Spaß machen könnte. In den meisten Städten ist das kein Erlebnis, woran man sich mit Vergnügen er-

innert. In der Regel findet man schmale Laufplanken und gefährliche kleine Plattformen, und ständig wird einem gesagt, man solle achtgeben; in der Tat greift man auch nur allzugern nach dem Geländer. Das Dach des Mailänder Doms dagegen wurde so angelegt, daß man bequem darauf spazieren und es wie einen großen Dachgarten durchstreifen kann. Es ist auch wirklich einer. Man tritt auf Steinblöcke und turnt über steinerne Rosetten und kleeblattförmige Ornamente von Terrasse zu Terrasse. Man glaubt durch Blumen zu gehen, während sich die Heiligen auf ihren Zinnen wie riesiger Fingerhut oder Löwenmaul recken. Früher machten sich die meisten Touristen die Mühe, zahllose Stufen bis zum Dach hinanzusteigen, aber heutzutage wird man schnell und schmerzlos in die Höhe getragen. Der Blick über Mailand und Umgebung ist herrlich. Man darf dabei nicht vergessen, sich auch einmal schnell das vielfältige Leben unterhalb der Schornsteine ringsum zu betrachten: Dort hängt ein Mädchen Wäsche auf. Woanders bereiten Kellner Frühstückstische unter den gestreiften Sonnenschirmen eines kostspielig aussehenden Lokals vor. Wieder woanders hantieren Arbeiter an einer verstopften Wasserleitung und haben dabei jenen Zug wilder Erbitterung im Gesicht, der ein Merkmal des Klempnerberufs zu sein scheint. Und dann die Tauben natürlich, die unvermeidlichen Tauben, die aus geringer Höhe Trambahnen und Omnibusse in flatterndem Flug beklecksen, um sich schließlich zu Tausenden auf der Piazza niederzulassen und den paradierenden Viktor Emanuel zu bedecken.
Neben der kleinen Bude auf dem Dach, wo man etwas Kaltes zum Trinken oder einen Rollfilm haben kann, stand ein Mann mit einem Fernrohr, das er auf die Alpen richtete. Jedesmal, wenn ich auf das Dach kam, waren sie unsichtbar.
«Lieber Gott», sagte der Mann mit dem Fernrohr das letztemal, «wenn Sie nur gestern gekommen wären oder vorgestern, oder am vergangenen Freitag! Sie hätten den Montblanc wie einen überzuckerten Kuchen sehen können, und Sie hätten den Großen St. Bernhard so nahe sehen können, daß Sie die Wagen erkannt hätten, wie sie runterfuhren. Und der Splügen, der Splügen erst! Sie hätten die Gesichter Ihrer Freunde erkennen können!»
«Beinahe», sagte ich.
«Ja, beinahe», gab er zurück.

Eines Abends, als ich nach einem auf dem Land verbrachten Tag in die Stadt zurückkehrte, blieb ich entzückt vor einem Bild stehen, das sich in China oder Japan hätte leicht finden lassen. Zu beiden Seiten der Straße waren weite Flächen von seichtem Wasser bedeckt, das im letzten Sonnenlicht silbrig schimmerte. Jedes Schilfrohr und jede Pflanze rund um die Lagune waren in tiefstes Schwarz getaucht. In einer Reihe bewegten sich wie Silhouetten gegen das Wasser barfüßige Frauen. Alle trugen Strohhüte von einer Größe und Form, wie die Kulis sie haben. Immer wieder bückten sie sich, rissen Grasbüschel aus und warfen sie in den Weidekorb, den jede trug. Dabei rieselten die Wassertropfen wie Goldstaub nieder. Um die Szene einem Holzschnitt von Hiroshige noch ähnlicher zu gestalten, sank die Sonne in rotbraunen Streifen, und ein paar Vögel, die auf geheimnisvolle Weise den Nachstellungen der Schützen entgangen waren, flogen aus den Büschen hoch.

Man sagte mir, die Frauen jäteten Unkraut auf einem jener lombardischen Reisfelder, die sich meilenweit um Mailand und in vielen anderen Teilen der Po-Ebene ausdehnen. An diesem Abend – während ich mir ein hervorragendes, mit Safran gewürztes Reisgericht nach Mailänder Art schmecken ließ – fragte ich mich, wie und wann diese fremdländische Saat wohl nach Italien gekommen sein mochte. Jedenfalls war sie, gelinde gesagt, leidenschaftlich aufgenommen worden. Die Vermutung, Marco Polo habe den Reis aus China mitgebracht (vielleicht zusammen mit den Nudeln, aus denen die *pasta* wurden), liegt so nahe, daß man glauben möchte, die Sache lohne eine Frage gar nicht. Ich fragte aber doch und erfuhr zu meiner Überraschung, daß die Geschichte vom Reis und den Mittelmeerländern erst noch geschrieben werden muß. Marco Polo hatte offenbar mit seiner Einführung nichts zu tun. Daß der Reis in Italien auftauchte, war vermutlich das Werk der Araber, und vielleicht kannte man ihn zuerst auf Sizilien. Im mittelalterlichen Italien wurde der Reis nicht vom Koch, sondern vom Arzt und vom Drogisten verwendet. Kleine Prisen waren offenbar mitunter lange unterwegs, denn man baute ihn noch nicht in großen Mengen als Nahrungsmittel an. Erst Galeazzo Maria Sforza, der fünfte Herzog von Mailand, führte ihn in seinem Lande ein. Im Jahr vor seinem Tod, 1475, schickte er zwölf Säcke voll Reis zu Ercole I., damit er bei Ferrara angepflanzt werde.

Die italienische *Pasta* war eine ältere Speise als der Reis. Boccaccio erwähnt sie malerisch in seinem «Decamerone»: «In einer Gegend namens Bengodi, wo sie die Weinreben mit Würsten festbanden und wo man eine Gans für einen Heller kaufen kann und noch ein Gänschen obendrein bekommt, gibt es einen Berg aus zerriebenem Parmesankäse, auf dem jeden Tag Männer arbeiteten, um *pasta* und *ravioli* zu machen. Sie kochten sie in der Soße eines Kapauns und rollten sie hinunter, und wer am häufigsten zugreift, der ißt am meisten.» Bengodi muß sicher irgendwo in der Lombardei oder in Emilia gelegen haben, der Heimat der Würste und des Parmesankäses.

Viele Leute werden von der «Viper von Mailand» gehört, und manche mögen auch einen Roman mit diesem Titel gelesen haben. Einige kennen vielleicht ein Wappen, das eine gewaltige Schlange zeigt, die auf ihrem Schwanz steht und einen kleinen Mann im Maul hält – eher ein Kind – und ihn verschlingt. Das war das wenig schöne Emblem der Visconti, und es hat damit folgende Bewandtnis: Einer aus der Familie erschlug auf einem Kreuzzug einen Sarazenen, der dieses Wappen trug, und übernahm es für sich selbst. Es paßte vortrefflich zu den Visconti, denn sie hatten allerlei von Vipern an sich und verschlangen alles, was ihnen über den Weg lief.

Sie war die begabteste und verschlagenste der Adelsfamilien, die im mittelalterlichen Mailand an die Macht kamen, und sie hielt sich länger als hundert Jahre daran fest. Wenig von der modernen Stadt erinnert an sie, mit Ausnahme des Doms, den sie, wie gesagt, gestiftet hat. Als sie dem Wahnsinn nahe vor leeren Wiegen ausstarb, brachte sie es fertig, sich wiederzugebären – und zwar in den Sforza, die sie ablöste, was immerhin eine genetische Heldentat ist. Die letzte der Sippe, eine illegitime Tochter, gründete das Haus der Sforza mit allen Eigenschaften der Visconti, den guten wie den bösen, und diese zweite Familie ist ein getreues Spiegelbild der ersten, selbst in dem Namen Galeazzo Maria, den die Sforza weiterführten. Dieser ungewöhnliche Name, dem man nirgendwo sonst in Italien begegnet, wurde – wie es heißt – dem Sohn von Matteo il Grande gegeben, weil er in einer Januarnacht des Jahres 1277 geboren wurde, *ad cantum galli*, als die Hähne krähten. Den Namen Maria erhielten nun alle männlichen Visconti, nachdem Galeazzos III. Gebet zur Jungfrau um einen Leibeserben erhört worden war.

Die Visconti hängen auch mit den Plantagenet zusammen. Als ich durch Mailand schlenderte, faszinierte mich nichts mehr als der Gedanke, daß Chaucer einst durch diese Straßen gewandert war, daß Lionel, der Herzog von Clarence, der größte und hübscheste der Söhne von Edward III., hier mit Violante, der Tochter Galeazzos II., verheiratet wurde, und daß Bolingbroke – lange bevor er Henry IV. wurde – den Mailänder Hof besucht und Freundschaft mit Galeazzo III. geschlossen hatte. Henry verdrehte sogar einer jungen Visconti-Erbin den Kopf, sie aber versäumte es, auch den seinen zu verdrehen, sonst wäre sie vielleicht Königin von England geworden.

In welch einer Gemütsverfassung mag Plantagenet gewesen sein, als er Engländer auf die Reise nach der Lombardei schickte – wie die Hochzeitsgesellschaft Lionels im Jahre 1368, eine Kavalkade von fünfhundert Edelleuten mit mehr als tausend Pferden? Sie begaben sich in ein Land der reichen Leute, und die allerreichsten waren die Visconti. Es war außerdem ein Land der aus eigener Kraft Emporgekommenen, der Herrscher, die keine Herren im feudalen Sinne waren und keinen König hatten, sondern lediglich einem abwesenden Kaiser auf verworrene Art anhingen. Reisende werden sie wohl auf ein merkwürdiges Land vorbereitet haben, in dem die Edelleute nicht in ihren Palästen, sondern innerhalb der Stadtmauern wie die Händler lebten – was ja viele in der Tat waren. Sicher würde es ein Land sein, in dem nichts sie überraschen konnte. Doch als sie diese für sie neue Welt sahen, müssen sie erstaunt gewesen sein, Herrscher vorzufinden, die ihre Armeen unter Kontrakt ankauften und selber niemals in den Krieg zogen, statt dessen – wie die Händler – die Schlachten an ihren Schreibtischen austrugen und nicht vom Sattel aus wie Könige. Schon wurde die neue Welt der Renaissance sichtbar, und der verschlagene Fürst hatte die Führung bereits zu einer Zeit inne, da man von Machiavelli noch nie gehört. Die Reichen Mailands verblüfften erlauchte Gäste länger als ein Jahrhundert. Die gepflasterten Straßen, die steinernen Paläste, die betriebsamen Läden und Faktoreien beeindruckten Fremde ungefähr so, wie die Vereinigten Staaten auf Reisende aus der Alten Welt um die Wende des Jahrhunderts wirkten. Alles, was in Mailand hergestellt wurde, war das Beste in seiner Art. Sie züchteten die besten Schlachtrosse, und sie fertigten die besten Rüstungen an. Es wird erzählt, bei feierlichen Anlässen stellten die Waffenschmiede zu beiden Seiten der Straße Figuren auf, die von eingelegtem Stahl umkleidet waren. Die Mailänder Seide war – wie auch heute noch – in ganz Europa berühmt, desgleichen seine Wolle, die in England und Frankreich erzeugt, aber in Mailand gesponnen und gefärbt wurde; und auch die herrlichen Pferde, die auf gutgewässertem Weideland gezüchtet wurden, genossen weithin Ruhm.

Zur Zeit der Hochzeit zwischen den Plantagenet und den Visconti hatte Mailand zwei Schlangen: Galeazzo II. und seinen Bruder Bernabò, die den Staat gemeinsam regierten. Die beiden Männer waren einander sehr unähnlich. Bernabò war ein rauher alter Soldat, der Name seiner Frau – Beatrice della Scala aus Verona – ist noch heute Musikliebhabern vertraut. Er hatte eine große Familie, und trotz seiner sechsunddreißig Bastarde wird behauptet, seine Frau habe ihn zärtlich geliebt. Er war ein ebenso schrecklicher Hundeliebhaber. Fünftausend Hunde gehörten ihm, und er ließ sie auf die unglückliche Bauernschaft los. Männer, denen Finger fehlten oder die nur noch ein Auge besaßen, waren vermutlich einmal zu einem Hund unfreundlich gewesen, oder sie hatten ihn entweder zu dünn oder zu dick werden lassen, so daß er für die Jagd nicht mehr taugte. Bernabòs Sinn für Humor war, wie alles an ihm, robust. Einmal hatte er etwas gegen einen Brief einzuwenden, den der Papst ihm zukommen ließ. Er zwang die Überbringer, zwei Benediktiner-Äbte, das Schreiben hinabzuwürgen. Danach mußten sie die Mahlzeit mit dem Siegel und der Seidenschnur beschließen. Chaucer muß sich für ihn interessiert haben, denn es war Bernabò, mit dem der Dichter seine Mailänder Geschäfte führte.

Der Bruder, Galeazzo II., war ein etwas feinerer Charakter, der auch nicht so ausgesprochen väterliche Neigungen an den Tag legte: Er hatte bloß zwei Kinder, die Tochter Violante und den Sohn Galeazzo III., der sich als der mächtigste und finsterste von allen Visconti entpuppen sollte. Dies stellte sich aber erst zehn Jahre nach jenem Tag heraus, da die englische Hochzeitsgesellschaft vor die Tore Mailands geritten kam und man das Jahr 1368 schrieb.

Sie wurden vom gesamten Hof willkommen geheißen, an dessen Spitze Galeazzo II.mit einem Kranz von Rosen im hellen Haar erschienen war. Die Hochzeit fand vor der Kirche Santa Maria Maggiore statt, und bei der Tafel war selbst das Fleisch vergoldet. Jedesmal, wenn die Trompeten einen der sechzehn Gänge ankündigten, erhielten die Besucher Geschenke. Einige bekamen Rüstungen oder Hunde, die goldene Halsbänder trugen; andere empfingen Ballen von Seide und Brokat; wieder andern wurden Falken geschenkt, die mit Goldketten an Stangen gefesselt waren, von denen Samt und Goldschnüre herabhingen. Petrarca soll unter den Gästen gewesen sein – ein Zeichen dafür, daß eine neue Epoche anbrach. Auch Froissart war zugegen, und vielleicht saß er neben Petrarca – die alte Welt der Romantik und Ritterlichkeit Seite an Seite mit der neuen Welt der platonischen Ideenlehre. Froissart wurde mit einer Tunika aus kostbarem Stoff bedacht, die ihm wie ein Handschuh paßte. Unglücklicherweise war die Ehe zwischen den Plantagenets und den Visconti nur kurz: Lionel, Herzog von Clarence, starb bereits fünf Monate später; wahrscheinlich trug die üppige Gastlichkeit im warmen Klima die Schuld daran. Er wurde in Pavia bestattet, später brachte man seinen Leichnam nach England und setzte ihn zu Clare in Suffolk bei.

Weshalb Chaucer etwa zehn Jahre später nach Mailand reiste, ist nicht bekannt. Jedenfalls war es eine diplomatische Mission, die von Sir Edward de Berkeley geleitet wurde. Für den Fall, daß die Geschäfte mit Bernabò Visconti zu tun hatten, nimmt man an, daß es möglicherweise um die französischen Kriege ging oder vielleicht auch um eine Heirat zwischen Bernabòs Tochter Caterina und dem elfjährigen Richard II. Der Dichter verließ London im Mai und reiste wohl über den Simplon in die Lombardei. Alles, was wir über die Reise wissen, ist deren Kostenrechnung: Er bekam pro Tag dreizehn Shilling und vier Pennies. Chaucer war bei seinem früheren italienischen Aufenthalt im Jahre 1372 in Genua und Florenz gewesen, und er wußte, was er zu erwarten hatte. Wahrscheinlich verglich er das steinerne Mailand mit dem ungepflasterten London, das er gerade verlassen hatte. «Die Rinnsteine waren neu, die Straßen mit Steinen gepflastert, und Diebe gab es beinahe gar nicht», schrieb Marchette Chute in *‹Geoffrey Chaucer of England›*. «Die Herbergen waren für die Kontrolle der Gäste verantwortlich und mußten jede Ankunft den Behörden melden. Der Visconti hatte einen privaten Postdienst, dessen Vorteile manchmal auch Einzelpersonen zugute kamen. Die Briefe wurden auf dem Postamt gestempelt. Geöffnet wurden sie nur, wenn Bernabò ihrem Inhalt mißtraute.»

Chaucer wird im alten Kastell der Visconti gewohnt haben, wo Bernabò mit seiner riesigen legalen und illegalen Brut hauste. Die englischen Abgesandten werden ihre Geschäfte in der großen Halle besprochen haben, deren Wände mit Fresken von Giotto geschmückt waren; leider ist auch sie längst nicht mehr vorhanden.

«Von allem, was den Reisenden im modernen Italien Freude macht», schrieb Dr. Coulton, «war das meiste schon da, als Chaucer dort weilte. Und es gab noch viel mehr, das wir nicht finden werden. Die bleichen Schatten der Fresken, die wir mit Bedauern studieren, waren damals noch ganz frisch – zusammen mit tausend andern, die längst verschwunden sind». Als er durch jenes Florenz schritt, das Boccaccio kannte, sah er dieselben Bäume an den Hängen von Fiesole, unter denen die Liebenden des Decamerone sich niedergelassen hatten, um einander ihre Geschichten zu erzählen. Damals war Chaucer in den Dreißigern und hatte noch nicht eine Zeile seiner *‹Canterbury Tales›* geschrieben. Als er sich daranmachte, entsann er sich Bernabòs, denn in *‹The Monk's Tale›* erwähnt er dessen Tod, der im Jahre 1385 eintrat, sieben Jahre nach des Poeten Abschied von Mailand.

In die dramatischste Episode im mittelalterlichen Mailand war Gian Galeazzo, der einzige Sohn von Galeazzo II., verwickelt. Er war fünfzehn, als seine Schwester Lionel von Clarence heiratete. Der Jüngling erschien zur Trauung prächtig gekleidet an der Spitze einer berittenen Gesellschaft junger Leute, die in Rüstungen der besten Mailänder Waffenschmiede steckten. Galeazzo war ein fleißiger und scheuer Mensch. Er machte den Eindruck eines sanften Bücherwurms, der sich in seiner Bibliothek wohler fühlte als irgendwo sonst. Beim Tod seines Vaters 1378 wurde er im Alter von fünfundzwanzig Jahren Galeazzo III. Sein rauher alter Onkel Bernabò, mit dem zusammen er den Staat regierte, hielt ihn für ein bißchen weich. Sieben Jahre lang war Galeazzo der Märchenprinz, dessen Freundlichkeit und Menschlichkeit ihm in Pavia – wo er lebte – unzählige Freunde machten. Bernabò dagegen, der in Mailand residierte, wurde mit zunehmenden Jahren immer übellauniger und tyrannischer. Eines Tages beschloß Galeazzo, das Madonnenheiligtum in Varese zu besuchen. Er ließ wissen, daß er auf dem Weg dorthin gern seinen zärtlich geliebten Onkel umarmen würde. Bernabò setzte sich aufs Pferd, um seinen Neffen

zu begrüßen und lächelte, als er sah, was für ein ängstlicher Bursche dieser junge Mann war: Auf eine kurze Reise durch das Gebiet der Visconti brachte er vierhundert schwerbewaffnete Reiter mit! Galeazzo raunte einen Befehl – die Truppen umringten Bernabò Visconti und führten ihn als Gefangenen nach Mailand zurück. Ein Aufstand des Volkes und der Garnison brach aus, das Kastell wurde gestürmt, von Bernabòs großer Familie wurden etliche niedergemacht. Galeazzo war der umjubelte alleinige Regent. Sieben Monate danach starb der alte Bernabò hinter Gittern. Natürlich nahm man an, daß Gift eine Rolle gespielt habe.
Die Viper von Mailand herrschte siebzehn Jahre. Obwohl Galeazzo nie ein Schlachtfeld sah, waren seine Waffen überall siegreich. Wenn er durch die Korridore seines Palastes schritt, heckte er den Tod von Freund und Feind aus. In allem hatte er Erfolg, nur nicht in der Vaterschaft. Der Dom von Mailand ist, wie schon gesagt, der kolossale Ausdruck seiner Sehnsucht nach einem Leibeserben. Das war der Visconti, der größte Herrscher seiner Zeit.

Wenn ich am Mailänder Dom vorüberging, mußte ich stets an die Nichtigkeit menschlicher Bemühungen und an die enttäuschten Hoffnungen von Eltern denken: Galeazzo III. glaubte, seine Gabe an den Himmel wäre schnell vergolten worden. Als die Mauern des Doms kaum ein paar Meter hoch waren, gebar Caterina, die zugleich seine Kusine war, einen Sohn und Erben; vier Jahre später kam ein zweiter zur Welt. Voll Freude und Dankbarkeit bestimmte Galeazzo, seine Nachkommen sollten für alle Zeiten den Namen Maria tragen. Er konnte nicht wissen – und das war barmherzig –, daß sein Haus mit der Antwort auf seine Gebete erlöschen würde: mit Giovanni Maria und dessen Bruder Filippo Maria.
Der zweite Herzog, Giovanni Maria, war ein junger Sadist, der mit Vergnügen zusah, wie Verbrecher von Wolfshunden in Stücke gerissen wurden. Diese abwegige Vorliebe für große und wilde Hunde scheint eine Eigentümlichkeit der Visconti gewesen zu sein. Man erinnert sich an die fünftausend Hunde des Bernabò. Von seinem Enkel wird erzählt, er habe sich mit der Jagd auf Wild nicht zufriedengegeben; er pflegte des Nachts mit seinem Jäger Squarcia Giramo und einer wüsten Bande durch die Straßen Mailands zu streifen, um Jagd auf alles zu machen, was da kreuchte und fleuchte. Als der zweite Herzog vierundzwanzig Jahre alt war, ermordeten ihn drei Mailänder Edelleute und warfen seine Leiche in den Dom – in jene Kirche, die von seinem Vater als Weihopfer für ihn gestiftet worden war.
Der dritte und letzte Herzog Visconti, Filippo Maria, war ein anderer Charakter: ein brillanter, einfallsreicher, listiger Menschenkenner. Er hielt sich die besten Generale und lebte in Furcht vor ihnen. Er brachte

wieder Ordnung in sein beunruhigtes Reich, häufte neue Schätze an und machte den Namen Visconti in Florenz und Venedig gefürchtet. Wie seine Vorväter wirkte er im geheimen; sein Nachrichtendienst war unübertroffen. Er selber war ein übler Bursche. Der Donner erschreckte ihn so sehr, daß er in seinem Kastell ein schalldichtes Gemach bauen ließ, in das er sich bei Unwettern zitternd verkroch, derweilen sein ganzes Volk vor den Edikten zitterte, die er erlassen hatte. Er heiratete eine Frau, die doppelt so alt war wie er, doch als sie seinen politischen Zwecken genügt hatte, bezichtigte er sie des Ehebruchs und ließ sie hinrichten. In mittleren Jahren wurde er fett und seines Aussehens wegen so empfindlich, daß er sich niemals malen ließ und auch nicht mehr in der Öffentlichkeit erschien. Er umgab sich mit Astrologen und Magiern. Seine Untertanen, die ihn zufällig zu Gesicht bekamen, wenn er bei Nacht herumschlich und verstohlen auf dem Kanal spazierenfuhr, meinten, es sei etwas Teuflisches an ihm. Widerwillig heiratete er ein zweites Mal. Als jedoch in der Hochzeitsnacht ein Hund kläglich heulte (wieder ein Visconti-Hund!), wollte er mit seiner Braut nichts mehr zu schaffen haben und sperrte sie mit ihren Frauen und Spitzeln ein. Merkwürdigerweise hatte Filippo Maria ein paar ergebene Freunde, und die Zuneigung, die er jahrelang einer talentvollen Mätresse einflößte, Agnese del Maino, veranlaßt einen zu der Frage, ob denn all die Geschichten wahr sein mögen, die man sich über ihn erzählte. Ein Scheusal konnte sicherlich nicht die Ergebenheit einer Frau gewinnen, die so gut war, wie Agnese del Maino gewesen sein soll. Sie hatten eine Tochter, die uneheliche Bianca Maria, die ein liebes, reizendes und begabtes Kind war. Das junge Ding verliebte sich in den grauköpfigen General ihres Vaters, einen gewissen Francesco Sforza, und gründete eine Familie, mit der die Visconti – wie schon gesagt – aufs neue in die Welt traten.

Die Scala steht auf einem Platz im Zentrum Mailands, wo vor 600 Jahren Beatrice della Scala aus der großen Veroneser Familie der Scalageri eine Kirche bauen ließ, um Gott dafür zu danken, daß er ihr einen Erben geschenkt hatte. Sie war die Frau Bernabòs. Im achtzehnten Jahrhundert wurde Santa Maria della Scala baufällig, und das Grundstück ging für wenig Geld an die Pächter des alten herzoglichen Theaters über, die ein neues Opernhaus bauen wollten. Mrs. Piozzi besuchte die neue Scala und schrieb, viele Familien würden das Haus nie betreten, weil sie entsetzt darüber seien, daß auf geweihter Erde ein Theater errichtet worden war. Eines Abends kaufte ich mir eine Sperrsitzkarte und ging in die Scala. Die «Bohème» wurde gegeben. Niemand würde glauben, daß das Haus bei Kriegsende eine völlige Ruine war, so vollkommen hat man es wieder aufgebaut. Noch bemerkenswerter und auch für jemanden erkennbar, der früher nie dagewesen ist, ist der Umstand, daß die Premierenatmosphäre von zweihundert Jahren auf geheimnisvolle Weise zurückgekehrt und in dem neuen Haus wieder heimisch geworden ist. Das Foyer mit seinen glitzernden Lichtern und den Büsten berühmter Komponisten, die schwatzende Menge, die so angeregt ist, als sei die «Bohème» zum erstenmal zu hören, und die ernsten Logenschließer, deren Gehabe an das von Meßdienern oder Priestern feierlicher Kulte gemahnt, schaffen eine Atmosphäre der Erwartung, die auch alte Theaterbesucher nur selten antreffen.

Ein Kammerherr in Schwarz mit einer goldenen Kette um den Hals (auch ein Relikt aus spanischen Tagen?) geleitete mich zu meinem Platz. Als er sich verbeugte, meinte ich Malvolio vor mir zu haben. Ich sah mich in dem eleganten Halbkreis der roten und goldenen Logen um und wurde aufs neue von der italienischen Begabung für den Wiederaufbau fasziniert. Alles war liebevoll neu geschaffen worden: die Kristall-Lüster, die geschickt verteilten Gaskugeln, die fremdartige Uhr über dem Proszenium, die in arabischen Ziffern alle fünf Minuten die Zeit angibt (als ob dies in der Scala eine Rolle spielte oder überhaupt in Italien!). Jedermann würde glauben, daß diese Logen jene seien, in denen Byron gesessen hat, in denen Stendhal sich an eisgekühltem Sherry gütlich tat, und aus denen Samuel Rogers einmal Pferden zuschaute, die inmitten eines Balletts auf der Bühne paradierten. Rogers und Lady Morgan vermerkten, die Scala sei nur von der Bühne her beleuchtet gewesen, und Rogers meinte, daß «die Italiener gern im Dunkeln sitzen, manche, weil sie dann in unordentlicher Kleidung kommen können, andere vermutlich aus anderen Gründen».

Es war unterhaltsam, das Publikum zu beobachten: Italiener, die die «Bohème» auswendig kannten, Besucher gleich mir, Matronen, die nach ihrer Rückkehr in New York oder Chicago jedes Gespräch über Musik durch den Satz «Als ich dies und das in der Scala hörte . . .» verstummen lassen würden. Dann begann das Orchester, das unsichtbar war, wie alle Orchester es sein sollten, mit dem Trillern und Flöten, das der Melodie vorauszugehen pflegt, und schließlich schritt der Dirigent mit der Miene eines Obersten, der eine Parade abnimmt, aufs Podium. Es wurde still. Langsam wurden die Lichter trübe und erloschen schließlich, bis der große Raum von einem rosafarbenen Schein erfüllt war: die Spiegelung der roten und goldenen Logen. Es war ein eindrucksvoller und zauberhafter Augenblick, gesättigt von Tradition.

Ich war von dieser Aufführung bezaubert. Eine bessere «Bohème» hatte ich nie zuvor erlebt. Die Bühne ist so groß, daß Massenszenen geradezu erforderlich sind, damit die Sänger nicht verloren wirken – und bessere habe ich nie gehört. Die Szene vor dem Café Momus im Quartier Latin mit dem Auftritt von viel Volk aus dem neunzehnten Jahrhundert, einschließlich einer Infanteriekompanie, war ein großartiges Schauspiel, das den ersten Vorhang brachte. In der Pause traf ich zufällig einen alten Freund, der viel über Musik und Musiker geschrieben hat. Ich sagte ihm, die Scala sollte sich auf Darbietungen spezialisieren, wie sie das Casino de Paris nicht besser zuwege bringe. Er entgegnete, dies werde von jeher getan und empfahl mir, einmal die Berichte über den Eröffnungsabend im Jahr 1778 zu lesen, als «Europa Riconosciuta» gegeben wurde. Das machte ich auch. Jener Abend muß wunderbar gewesen sein. Der Vorhang hob sich über einem stürmischen Meer, Blitze zuckten, die Bäume an der Küste wurden vom Wind geschüttelt, Schiffe trieben gegen Felsen, schließlich gingen die Schauspieler von Bord, eine bewaffnete Bande jagte auf sechsunddreißig Pferden über die Bühne, es gab Gefechte, Kämpfe mit wilden Tieren, Schüsse fielen, und Phaeton wurde von einem Blitzstrahl zur Erde geschleudert.

Ich fragte meinen Freund, wie die Oper entstanden sei und erhielt eine überraschende Antwort: Sie habe mit Galileos Vater begonnen, der gern vor interessierten Renaissancekünstlern im Bardi-Haus zu Florenz zur Laute sang. Diese Kunstfreunde glaubten weit eher, daß sie die griechische Tragödie wieder zum Leben erweckten, als an die Entwicklung der italienischen Oper.

Die Sitten in der Scala haben sich in den letzten hundertfünfzig Jahren gewandelt. Einst waren sie so herzhaft wie in den alten Music Halls in London. Lalande erwähnt in seiner «Voyage en Italie» das Treiben im alten herzoglichen Opernhaus in Mailand. Die Opernliebhaber pflegten mit ihren Dienern und ihren Diners zu erscheinen. Das Essen wurde im Restaurant an der Ecke aufgewärmt. Die Logen waren mit Kaminen und Kartentischen ausgestattet – wie auch Dr. Burney bemerkte –, und die Loge des Großherzogs enthielt sogar ein Schlafgemach. Berlioz schreibt in seinen «Mémoires», er habe dem Geschehen auf der Bühne wegen des Geschirrklapperns nicht folgen können. Das war jedoch nichts im Vergleich zu den Gelagen bei der Uraufführung von «La Cannobiana» im Jahre 1779. Damals wurden den Herrschaften dampfende Platten mit enormen Mengen Kalbfleisch serviert, das während der Vorstellung vertilgt wurde. Nur bei einer bekannten Arie hörte das Geklirr von Messern und Gabeln auf, um einer ehrfürchtigen Stille Platz zu machen. Mrs. Piozzi berichtet über den kuriosen Anblick von Frauenzimmern, die wie Männer gekleidet waren. «Es gibt hier einen Grad von Frechheit unter den Frauen, der mich verblüfft. Ich hatte davon keine Ahnung, bis mir ein Freund eines Abends in der Scala fünfzig oder hundert gemeine Krämerweiber zeigte, die über das Parkett verstreut in Männerkleidern saßen, *per disimpegno*, wie sie das nennen, damit sie mehr Freiheit haben, um zu klatschen und zu zischeln und zu zanken und sich gegenseitig anzupuffen usw. Ich war schockiert!»

In der nächsten Pause sah ich, daß das Museum der Scala geöffnet war. Es ist in einem Marmorhaus neben dem Theater untergebracht. Ich fand es bezaubernd und versäumte fast den Rest der Vorstellung, da ich von einem der erlesenen Räume zum nächsten ging und mir all die Dinge betrachtete, die mit dem Theater zu tun haben und die mit viel Geschmack ausgewählt sind. Es gibt ein Zimmer mit griechischen und römischen Bronzen und Terrakottafiguren, die Theatermotive zeigen. Ringkämpfer, Akrobaten und Münzen erinnern an Zirkus und Amphitheater. Ein ganzer Raum ist der Commedia dell'Arte gewidmet, ein anderer enthält sizilianische Puppen, Manuskripte Donizettis, einen Abdruck der zarten Hand Chopins und einen von der schweren Arbeiterhand Verdis. Auf jemanden wie mich, für den Musiker ein Geheimnis haben, das Schriftsteller und Maler nicht umgibt, wirkte die Sammlung ergreifend. Ich fand an ihr so viel Gefallen, daß ich am nächsten Morgen wiederkam. Während ich durch die Säle wanderte, hörte ich den Anschlag eines Klaviers aus der Scala. Ich ging durch einen engen Korridor, der das Museum mit dem Opernhaus verbindet, und wurde mit einem Mal Zeuge einer Probe. Das Haus war jetzt leer und dunkel, die Bühne bar jeder Illusion. Ein paar Leute in Alltagskleidung waren versammelt. Einige flüsterten in Winkeln, andere probierten Gebärden und Texte, während mitten auf der Bühne zwei fürchterlich aussehende Frauen in Röcken und Blusen sangen, um die einige graziöse junge Tänzerinnen im Kreis herumschwebten und Pirouetten drehten. Ein nüchterner Mann in braunem Nadelstreifenanzug saß am Klavier, aber jedesmal, wenn die Sängerinnen an einer bestimmten Stelle angelangt waren, sprang der Regisseur aus dem Dunkel hervor, gebot ihnen Einhalt und ließ sie von vorn beginnen. Nichts nimmt der Rampe so sehr ihren Zauber wie eine Probe, die unerbittlich an das eigene Unvermögen erinnert, an das drohende Versagen und an das Streben nach einem unerreichbaren Ideal. Schriftsteller und Maler leiden wenigstens im verborgenen.

Ein Herr der Direktion erzählte mir, die Scala bringe in jeder Saison sechzehn Opern heraus, sechs seien stets aus einer Liste erfolgssicherer Stücke ausgewählt. Die Tradition verlangt, daß wenigstens ein Werk von Rossini, Bellini, Donizetti, Verdi oder Puccini aufgeführt wird. Die Saison fängt im Dezember an und endet im Juni, eine Vorstellungsreihe zu ermäßigten Preisen folgt im Juli.

Das Orchester hat hundertsieben, der Chor hundert und das technische Personal ebenfalls hundert Mitglieder. Bis zur Zeit Toscaninis galt die Scala als eine Oper der Sänger, seit ihm aber ist der Dirigent der absolute Herrscher. Das Theater faßt dreitausend Zuschauer, und im Durchschnitt werden 500000 Karten im Jahr verkauft. Ich finde es durchaus richtig, daß jedes Defizit der Scala durch die Steuerabgaben der Kinos und anderer Unterhaltungsstätten ausgeglichen wird.

Obwohl Verdi vor rund sechzig Jahren in einem Mailänder Hotel starb, konnte ich sein Grab in keiner Kirche finden. Küster und Priester, die ich danach fragte, seufzten, schürzten die Lippen, zuckten mit den Achseln und breiteten die Arme in der typisch italienischen Geste der Verzweiflung aus: Er müsse irgendwo bei Parma begraben sein, meinten sie dann. Ich erwähnte dies beim Frühstück im Gespräch mit einem Verleger, der Musikwerke herausbringt. Er war entsetzt darüber, daß seine Landsleute nicht wußten, wo ihr beliebtester Komponist begraben liegt.
«Das ist phantastisch!» rief er. «Wenn mir das ein anderer als Sie gesagt hätte», fügte er höflich hinzu, «dann hätte ich ihm nicht geglaubt. Natürlich muß jedermann in Mailand wissen, daß Verdi nicht in einer Kirche beigesetzt ist, sondern an der Piazza Buonarrotti.»
Nach dem Essen meinte er: «Wir wollen hingehen.»
Es war eine ziemlich lange Fahrt in das westliche Mailand. Wir brausten über breite Boulevards, die ein merkwürdiges historisches Mischmasch sind: Via Elba, Via dei Gracchi, Via Vespri Siciliani, Via Giorgio Washington. Mitten auf der Piazza Buonarotti fanden wir ein Denkmal Verdis, das von einer ungewöhnlichen Gruppe allegorischer Figuren umgeben ist: dem Frieden des Landlebens, der Poesie der Vaterlandsliebe und der Tragödie des Hasses. Mein Begleiter wies auf eine gegenüberliegende Pforte: «Dort ist Verdi begraben.» Wir gingen hin und betraten die «Casa di Riposo per i Musicisti».
Zwei Jahre vor seinem Tod, 1899, verfügte Verdi, daß die Tantiemen seiner Opern nach seinem Ableben einem Heim für hundert arme Musiker, Männer und Frauen, zufließen sollten. Das Haus, in dem die alten Männer leben, ist durch einen schönen Hof von einem anderen Gebäude getrennt, das von den alten Frauen bewohnt wird. Über den Hof verläuft der Weg zu einem Gewölbe, dessen Front mit Mosaiken geschmückt ist. Wir blickten von einer marmornen Balustrade hinab auf Verdis Grab. Er ruht an der Seite seiner zweiten Frau Giuseppina Strepponi. Eine Wandtafel erinnert an die kurze, unglückliche Ehe, die er in jungen Jahren mit Margherita Barezzi führte. Sein Grabspruch, der über den bronzenen Mälern eingelassen ist, lautet: «Pianse ed amò tutti – Er beweinte und liebte alle».
Der Pförtner erzählte uns, daß sechzig Greise und vierzig Greisinnen in den hübschen kleinen Wohnungen leben. Leider aber liefen Verdis Urheberrechte ab, und es werde bald nötig sein, eine andere Einkommensquelle zu finden.

Es war die Stunde der Siesta, und niemand von den alten Musikern war zu sehen oder zu hören. Gäbe es unter ihnen einen Achtzigjährigen, er hätte in seiner Jugend den Maestro vielleicht noch gekannt. Es ist schön zu wissen, daß nach jeder Aufführung einer Verdi-Oper seit dem Tode des Komponisten ein bißchen Geld armen Musikern zugute kam, die weder Verdis Genie und Glück, noch sein bemerkenswertes geschäftliches Talent besaßen.

2. Kapitel

Das Kastell der Sforza – Lodovico il Moro und Beatrice d'Este – Mord im Dom – Das «Abendmahl» – Leonardos Erfindungen – Byron in der Ambrosianischen Bibliothek – Das Haar der Lucrezia Borgia – Pavia und seine Universität – Die Kartause und die Geschichte eines Grabes

Das rote Backsteinschloß der Sforza erhebt sich in einem gewaltigen Quadrat, an dessen Ecken Busse nach so schönen Orten wie etwa Bergamo abfahren. Der Bau drohte in Stücke zu zerfallen, als die Stadt ihn vor etwa einem Jahrhundert erbte, aber anstatt ihn zu schleifen, was ja durchaus denkbar gewesen wäre, da er immerhin ein Symbol früherer Unterdrükkung darstellte, wurde er mit liebevoller Sorgfalt restauriert. Es ist heute schwer zu glauben, daß einmal weit aufregendere Ereignisse als Gemeinderatssitzungen darin stattfanden. Als ich die Brücke zum Hauptportal überquerte, sah ich Gärtner, die am Burggraben mähten, und im Innern, wo sich einst eine Menge säbelrasselnder spanischer Landsknechte drängte, bemerkte ich parkähnliche Rasen und Blumenbeete. Und doch war dies jenes Kastell, das die Reisenden des siebzehnten Jahrhunderts als eines der mächtigsten Bollwerke Europas bezeichneten.
Eine hohe Marmorhalle folgte der nächsten. Den Restauratoren ist es gelungen, die Spuren der französischen, spanischen und österreichischen Besatzung zu tilgen und das Schloß wieder in jenen Zustand zu versetzen, in dem es die Sforza gekannt haben. Als ich durch diese Hallen schritt, die nun das Städtische Museum beherbergen, wurde ich von zungenfertigen und wohlunterrichteten Fremdenführern begleitet, die sich an der Schwelle ihres Herrschaftsbereichs höflich verbeugten und mich einem ihrer Landsleute weiterreichten. Es scheint für einen gebildeten Italiener unmöglich zu sein, ein Leben im Museum zu verbringen, ohne aus Liebhaberei Historiker oder Kunstkritiker zu werden. Ich mußte diese Fremdenführer unwillkürlich mit gewissen englischen Aufsehern vergleichen, die ich gekannt habe und die so starrsinnig waren, daß sie selbst den Lockungen des Britischen Museums widerstanden.
Ich erfreute einen dieser Mailänder Fremdenführer durch die Bemerkung, Francesco Sforza sei mein bevorzugter *condottiere.* Zur Belohnung führte er mich zu einem Fenster, von dem man auf den Platz hinabschauen konnte, wo eines der größten Meisterwerke aller Zeiten durch gelangweilte französische Bogenschützen in Scherben geschossen wurde. Es war das Tonmodell des riesigen Reiterstandbildes von Francesco Sforza, das

sein Sohn Lodovico bei Leonardo da Vinci bestellt hatte und das in Bronze gegossen werden sollte. Die französische Besatzung und der Sturz Lodovicos verhinderten die Vollendung. Wer zweifelt daran, daß es das schönste Reiterstandbild überhaupt geworden wäre?
Die Geschichte dieser Statue war das Lieblingsthema des Fremdenführers, und während wir uns aus dem Fenster beugten, dachten wir darüber nach, wie wenig vom Werk Leonardos auf die Nachwelt überkommen ist. Er erzählte mir, der Meister habe im Bestreben, Verrochios Statue von Colleoni in Venedig und Donatellos Gattamelata in Padua zu übertreffen, Francesco zuerst auf einem Schlachtroß darstellen wollen, das sich im Kampfgetümmel aufbäumt – ein Wurf, der noch keinem Bildhauer gelungen war. In der Royal Collection zu Windsor befindet sich eine Skizze dieses Rosses. Die Schwierigkeiten einer solchen Arbeit waren indessen zu groß, und Leonardos Tonmodell – das eine der Sehenswürdigkeiten Mailands war – zeigte ein auf gewöhnliche Weise trabendes Pferd. Leonardo arbeitete daran, als er das «Abendmahl» schuf. Während der französischen Besatzung wurden die Tonnen Metall, die zur Bronzestatue erforderlich gewesen wären, von Lodovico Sforza an dessen Schwager in Ferrara geschickt, damit aus ihnen Kanonen gegossen werden konnten. Ich glaube, die Welt mußte hundert Jahre warten, ehe die Statue eines Reiters auf einem sich bäumenden Roß gelang – und es bäumt sich noch heute unter Philipp III. von Spanien im Sattel inmitten der Gärten des Königlichen Palastes von Madrid.
«Und als die Franzosen dieses Schloß besetzten, benutzten die Bogenschützen aus der Gascogne dieses unsterbliche Pferd des Leonardo als Zielscheibe!» sagte der Fremdenführer empört. «Was für Barbaren!»
«Wären Sie gern ein *condottiere* gewesen?» fragte ich.
«Als Junge, ja», entgegnete er. «Aber jetzt nicht mehr. Ich habe zuviel vom Krieg gesehen.» Er erzählte mir, daß er als Kriegsgefangener in Pretoria gewesen sei.
Söldnerführer zu sein, das war bis zum sechzehnten Jahrhundert der schnellste Weg zu Ruhm und Reichtum in Italien. Viele dieser *condottieri* waren alte Soldaten, manche von edler, manche von geringer Geburt. Sie betrachteten die Welt als ihr Eigentum. Sie drillten einen Haufen von Soldaten und verpflichteten sich für die Dauer eines Krieges einem der Stadtstaaten. Da dieses System mit Bestechung gehandhabt wurde, konnten einige dazu überredet werden, im kritischen Augenblick zum Feind überzulaufen. Der Ruf, verhältnismäßig ehrlich zu sein, galt demnach viel, und diese seltene Tugend soll einige Söldnerführer wie Hawkwood, Colleoni und Sforza ausgezeichnet haben. Für uns Heutige, die alles über die Schrecken der Kriege wissen, besteht der Reiz dieses Systems in seiner Harmlosigkeit. Nie zuvor und auch nie wieder war der Krieg eine so si-

chere Sache. Man braucht sich nur die Statuen von Colleoni und Gattamelata anzusehen, um zu wissen, daß sie allen Pomp und Kriegsschmuck hoch in Ehren hielten, während sie gleichzeitig ihr Bestes taten, um den Krieg so gefahrlos wie ein Hindernisrennen oder ein Rugbyspiel zu machen. Die Leute, die am meisten zu leiden hatten, waren die unglücklichen Bauern auf dem flachen Lande, deren Häuser zerstört, deren Ernten geplündert und deren Vieh weggetrieben wurden.

Das Ziel der Söldnerführer war es, die Kriege solange wie möglich andauern zu lassen und das Leben ihrer Soldaten zu schonen; denn der Anführer, der durch seine Dummheit Soldaten in der Schlacht verlor, büßte sein Kapital ein und sah sich dem Bankrott gegenüber. Das System eignete sich für alle geheimen Abmachungen und Geschäfte, und wenn man Soldaten jemals eine Bruderschaft bezeichnen konnte, dann trifft dies auf diese Söldnerführer zu. Ihre Beziehungen zueinander waren nicht unähnlich denen heutiger Anwälte: Sie vollführten einen lautstarken Kampf und gingen hinterher einträchtig zum Frühstück. Man muß sich zwei Männer vorstellen, die als notorische Feinde gelten, im Privatleben aber so ergebene Freunde sind, daß jeder den andern in seinem Testament als Vormund seiner Familie einsetzt.

Ich durchforschte die Hallen des Sforza-Kastells und dachte mir dabei, dieses Gebäude dürfe vielleicht das eindrucksvollste Condottieri-Monument genannt werden. Ausgestattet mit nichts anderem als seinem Roß und seinem Schwert sowie dem Segen seines Vaters, brachte es Francesco Sforza in mittleren Jahren fertig, sich zum Herzog von Mailand zu machen und eine der größten italienischen Familien zu gründen. Der Rat seines Vaters, eines rauhen Soldaten, war gewesen: nie das Weib eines andern Mannes begehren, nie einen Diener schlagen (und – sollte er dazu gezwungen sein – sich seiner sofort entledigen) und nie ein widerspenstiges Pferd reiten.

Man könnte meinen, solch simpler Ratschlag hätte wohl kaum in die Welt der schurkischen Intrigen und hohen Politik gepaßt, in der sich der junge Francesco fand. Es war die Zeit der großen Söldnerführer, die, als fühlten sie beim Eindringen der französischen Armeen das Ende ihrer Vorherrschaft nahen, Italien in ständigem Aufruhr hielten, indem sie die Staaten gegeneinander aufwiegelten und für sich selber Fürstentümer schufen. Es war natürlich ein gefährliches Spiel, und selbst die geschicktesten Diplomaten mußten manchmal daran glauben, wie zum Beispiel der mächtige Francesco Bussone aus Carmagnola, der – einer höflichen Einladung seiner venezianischen Herren folgend – eines schönen Morgens in Scharlach gekleidet und mit einem Knebel im Mund tot an einem Bein zwischen den Säulen auf der Piazetta von San Marco baumelte.

Der Fürst, mit dem der junge Sforza seine Geschicke verknüpfte, war der letzte Visconti, Filippo Maria, der dritte Herzog von Mailand. Ich habe bereits einige seiner Eigentümlichkeiten erwähnt: seine Menschenscheu, seine Gewohnheit, des Nachts auf den stillen Kanälen spazierenzufahren, seine Furcht vor dem Donner, bei dessen Rollen er sich in einem schalldichten Gemach verkroch, sein Mißtrauen gegenüber jedermann, das es ratsam erscheinen ließ, sich den Fenstern fernzuhalten, wenn man zur Audienz befohlen war. (Der harmloseste Mensch, der sich zufällig ans Fensterbrett lehnte, von wo aus er einem Untenstehenden ein Signal hätte geben können, hatte alle Aussichten, von den Wachen niedergesäbelt zu werden.) Sein Argwohn erstreckte sich aus gutem Grund auch auf seine Hauptleute. Der scharfsinnige Paranoiker wußte sehr wohl, daß es in der Laufbahn von Soldaten einen Augenblick gab, wo sie nicht mehr länger Untergebene bleiben mochten. Kein Wunder, daß er sich als leichte Zielscheibe vorkam, denn er war der letzte seiner Sippe. Sein einziger Sproß war die illegitime Tochter Bianca. Noch als Kind hatte Filippo sie mehr als einem bedeutenden Mann versprochen, wobei ihn die Hoffnung leitete, er könne sie sich dadurch seinen Interessen verpflichten. Unter diesen mutmaßlichen Schwiegersöhnen befand sich auch Francesco Sforza. Er war einunddreißig, Bianca war acht Jahre alt. Man erzählt sich – und das ist möglicherweise wahr –, sie habe sich als Halbwüchsige in den gutaussehenden und mächtigen General ihres Vaters romantisch verliebt. Neun Jahre später, als Bianca siebzehn und Francesco vierzig war, wurden sie miteinander verheiratet, und zu jener Zeit galt Francesco als der Vater von zweiundzwanzig Bastarden. Während der Renaissance überraschte es jedoch keine junge Frau, die das Leben kannte, wenn sie sich plötzlich von einer Schar Stiefkinder umgeben fand, die älter als sie selbst waren. Die Partie sollte sich als recht glücklich erweisen.

Als Filippo Maria 1447 starb, rissen die Mailänder das Kastell der Visconti nieder und riefen eine Republik aus, die drei Jahre lang einen schwankenden Kurs einschlug. Der Staat war von feindseligen Nachbarn umringt, und die Bürger hießen am Ende Francesco Sforza und Bianca Visconti (die von Cosimo de' Medici finanziell unterstützt wurden) mit Freuden als ihren vierten Herzog und ihre vierte Herzogin willkommen. Und so ritt der alte Mietsoldat im Jahre 1450 als Fürst an der Spitze seiner Truppen in Mailand ein. Statt mit Girlanden waren die Soldaten mit Brotlaiben bekränzt, denn nach langer Belagerung hungerte Mailand.

Nach der zügellosen Herrschaft der Visconti war es vermutlich besser, von Leuten beherrscht zu werden, die sich maßvoll verhielten. Im Anfang hatte Bianca nur vier Hofdamen, und bei einer Gelegenheit schlug Francesco dem Markgrafen von Mantua vor, er möge doch nicht an einem Samstag in Mailand einziehen, weil an diesem Tag die Frauen ihr Haar wüschen und die Truppen beschäftigt seien. Ungleich den Visconti, die sich allesamt dem Spruch der Astrologen beugten, spottete Francesco in aller Öffentlichkeit über die Wahrsager und weigerte sich, die Sterne zu befragen, wenn eine Unternehmung bevorstand. Einmal erklärte er jemandem, der ihm das Horoskop stellen wollte, er habe den Tag seiner Geburt vergessen. Er war zugänglich, derb und gutmütig und hatte ein gutes Gedächtnis für Namen und Gesichter, was man ja für eine Gabe der Fürsten hält. Er entsann sich nicht nur der Namen seiner alten Soldaten, sondern obendrein der seiner Pferde – eine Fähigkeit, die man auch Hernando Cortes nachrühmte.

Das Kastell von Mailand war zur Ruine geworden. Die Bürger hatten versucht, alle Erinnerungen an die Visconti auszulöschen. Francesco gewann ihre Herzen durch seine Leutseligkeit und seinen soldatischen Sinn für Humor und Gerechtigkeit, gleichzeitig aber beschäftigte er dreitausend Arbeiter mit dem Wiederaufbau des Schlosses. Eine neue Dynastie war am Zuge. Er und Bianca lebten nie im Kastell, sondern in einem kleinen Palast, der Corte d'Arego genannt wurde, und der leider verschwunden ist. Er muß schön gewesen sein, denn Künstler wie Foppa und Moretti hatten ihn ausgemalt, und in einem Hof befanden sich Fresken antiker Heroen, in einem andern die Porträts zeitgenössischer Heerführer, Freunde sowohl als auch Feinde.

Die junge Herzogin und ihr älterer Mann hatten eine große Familie, und er überließ ihr die Erziehung der Kinder. Sie berief den berühmten, aber unbequemen Gelehrten Filelfo, der seit Jahren in Mailand lebte, und er brachte den Kindern, den Mädchen und den Buben, ein elegantes Latein bei. Kaiser Friedrich III. sagte einmal, zu dem Bemerkenswertesten, das ihm in Italien begegnet sei, habe der Willkommensgruß gehört, den Francescos Ältester, Galeazzo Maria Sforza, ihm entbot, der damals erst acht Jahre alt gewesen war. Den Gelehrten bereitet es noch immer einige Schwierigkeiten, den Beginn der Renaissance zu bestimmen, aber wir können wohl annehmen, daß sie bereits angebrochen war, als solche kindlichen Redner ihre Hexameter vor Kaiser und Papst stammelten. Man mag ein gewisses Gähnen bei derartigen Anlässen unterstellen, aber dem war nicht so: Solche belesenen Kinder erregten stets Erstaunen und Bewunderung. Mancher Brief nach Hause enthielt altkluge Wendungen, beispielsweise jener in fehlerlosem Latein, den einer der Sforzasöhne seiner Mutter schickte und in dem er berichtete, er sei auf der Beize gewesen und habe siebzig Wachteln, zwei Rebhühner und einen Fasan als Beute heimgebracht. Zum Schluß hieß es, die hochverehrte Frau Mutter möge aber nicht glauben, der Sohn vergesse darüber seine Arbeit, die ihm weit größeren Gewinn bringe als die Jagd. Man hört dabei förmlich den Atem Filelfos im Nacken seines Schülers.

Man kann einen Blick auf einen dieser reizenden kleinen Studenten in der Wallace Collection in London werfen: auf dem bekannten Fresko, das Bramantino zugeschrieben wurde und von dem man neuerdings glaubt, es stamme von Foppa – das Bild «Gian Galeazzo Sforza beim Lesen des Cicero». Es hat schon viele Beschauer entzückt und amüsiert. Wir sehen einen kleinen Jungen von sechs oder sieben Jahren in seinem Schulzimmer. Er sitzt auf einer harten Bank, wie sie noch heute in Dorfschulen benutzt werden, mit dem Rücken vor einem offenstehenden Fenster. Das eine der kurzen Beine ruht auf einem Fenstersitz, während der Knabe nachdenklich liest. In der Nähe liegt ein zweites aufgeschlagenes Buch, vielleicht ein lateinisches Wörterbuch. Es gibt wohl keine hübschere Studie dieser Art aus jener stürmischen Epoche.

Francesco überließ seiner Frau zwar die Erziehung der Familie; er machte jedoch von seinem väterlichen Vorrecht Gebrauch, gewisse Richtlinien für seinen ältesten Sohn, Galeazzo Maria, festzulegen. Vielleicht entsann er sich dabei des Rats, der ihm einst, als er noch ein Jüngling gewesen, von seinem Vater erteilt worden war. Seine «Suggerimenti di Buon Vivere» beginnt mit den bezaubernden und entwaffnenden Worten: «Galeazzo, Du weißt, daß wir bis jetzt nie Sorgen Deinetwegen hatten und Dich nicht ein einziges Mal geschlagen haben», und dann folgen Lebensregeln: Er müsse Gott und die Kirche ehren, respektvoll und gehorsam gegenüber seinen Eltern sein; er müsse sich höflich im Gespräch mit jedermann zeigen und zu seinen Dienern freundlich sein; Kleinigkeiten wegen dürfe er nie die Geduld verlieren; er müsse sich um Gerechtigkeit und Gnade bemühen; er dürfe nichts besitzen wollen, was er gerade sehe, und er müsse lernen, ohne jene Dinge auszukommen, die er auf ehrliche Weise nicht erwerben könne; auch dürfe er nicht falsch sein, keine Lügen erzählen, keiner Verleumdung sein Ohr leihen, und er müsse – gute Pferde wählen.

Ratschläge, die von Eltern zum Besten ihres Nachwuchses erteilt wurden, stimmen oft traurig, wenn man weiß, was später geschah; oft haben sie etwas Ergreifendes, ja Ironisches. Die «Suggerimenti di Buon Vivere», wenn sie auch auf taube Ohren stießen, zeigen den Verfasser zumindest als einen guten, freundlichen und schlichten Mann, der sich trotz seiner Macht und seines Glanzes als Fürst aus eigener Kraft noch manches von jener geriebenen bäurischen Art bewahrt hatte, aus der er hervorgegangen war. Gewiß hätte keiner seiner Söhne, die in einer üppigeren und verfeinerten Welt lebten, einen solch schmucklosen Führer durchs Leben schreiben können. Und dieses Dokument, das erste seiner Art aus der Renaissance, kündet den Anbruch einer neuen Ära. Es enthüllt das Wesen eines gewöhnlichen Mannes, der sich ängstlich scheute, seinen Hoffnungen, Sehnsüchten und Befürchtungen Ausdruck zu geben.

Der letzte große Staatsakt Francescos war sein Auftritt beim Kongreß zu

Mantua im Jahre 1459, als Papst Pius II. die Herrscher Europas zu einem Kreuzzug gegen die Türken aufzurufen versuchte. Die Mailänder Delegation brach mit einer Flotte von siebenundvierzig Schiffen auf, segelte den Po hinab und den Mincio hinauf, um unter großer Prachtentfaltung in Mantua einzulaufen. Pius sagte von den Mailändern, keiner habe Rüstungen getragen, die nicht von Gold oder Silber geglänzt hätten. Das beste Gold war indessen der Rat, den Francesco dem Papst gab: Der geplante Kreuzzug sei unzeitgemäß und unmöglich. Andere Fürstlichkeiten schlossen sich dieser Meinung weniger höflich an – sie waren gar nicht erst gekommen.

Dem Tod Francescos ging ein schwerer Anfall von Wassersucht voraus. Im Jahre 1466 starb er unerwartet im Alter von fünfundsechzig Jahren. Die verzweifelte Bianca sandte Boten nach Frankreich, um ihren ältesten Sohn Galeazzo Maria zurückzurufen. Er kehrte als Händler verkleidet heim. Der Stadt näherte er sich in Trauerkleidung auf einem schwarzen Pferd. Vor den Toren erwartete ihn eine Abordnung mit den herzoglichen Abzeichen. Er legte eine glänzende Rüstung an und ritt auf einem weißen Roß in die trauernde Stadt ein, um sein Erbe anzutreten. Er war der fünfte Herzog von Mailand, und er zählte zweiundzwanzig Jahre.

Wer teilnahmslos durch das große rote Mailänder Schloß wandert, erfährt vielleicht ganz gern, daß Galeazzo Maria der erste Sforza war, der das wiederaufgebaute Bollwerk bewohnte. Vielleicht entsinnt er sich auch, daß die Sforza – wie ich schon sagte – eine neue Ausgabe der Visconti waren, was Charakter und Temperament anging. Eines der Geheimnisse der Vererbung ist die Tatsache, daß starke Väter so oft schwache Söhne hervorbringen und kluge Männer Dummköpfe in die Welt setzen. Die Nachkommen des Francesco Sforza waren weder schwach noch dumm, ihr großer Vorfahr war jedoch nicht imstande gewesen, ihnen seine Vorzüge zu vererben. Das Blut ihrer Mutter erwies sich als stärker, und statt der soliden Qualitäten des alten Condottiere erkennt man die Verschlagenheit und die Tücke der früheren Dynastie und auch einen Hauch der viscontischen Extravaganz. Die Ähnlichkeit wurde noch größer durch die Beibehaltung der Visconti-Namen Galeazzo und Maria.

Zur Zeit der Machtübernahme von Galeazzo Maria war sein Bruder Lodovico, der interessanteste der Familie, erst fünfzehn Jahre alt. Es gab noch drei andere Brüder; zwei waren Nullen, der dritte, ein gewisser Ascanio, wurde ein recht weltlicher Renaissance-Kardinal. Er führte ein Haus an der Piazza Navona in Rom, wo eine der engen Gassen, die vom Süden auf den Platz stoßen, noch heute den Namen Vicolo d'Ascanio trägt. Die erstaunten Römer pflegten sich auf die Straße zu begeben, wenn sie den Trompetenschall vernahmen, der die Rückkunft des Kardinals von der Jagd ankündigte: Er führte Hunde, Jäger und Fahrzeuge bei sich. In späteren Jahren sollte er den bedeutendsten Einfluß bei der Wahl des Borgiapapstes Alexander VI. haben. Vielleicht wundert man sich unter diesen Umständen auch nicht, daß er einmal hundert Dukaten für einen Papagei zahlte, der das Credo hersagen konnte.

Auf Vorschlag von Ludwig XI. heiratete Galeazzo Maria die Schwägerin des französischen Königs, Bona von Savoyen, die – nach den Worten des Mailänder Botschafters – eine junge Frau von ungewöhnlicher Schönheit war. Der Vertreter sandte den üblichen vertraulichen Bericht und führte mit diplomatischer Vorsicht die Bemerkung hinzu, er habe nur eine Vorderansicht von ihr gesehen. Eine detailliertere Schilderung gab Galeazzos Bruder Tristano, der nach Frankreich geschickt wurde, um Bona stellvertretend zu ehelichen. «Erstens und vor allem scheint sie mir eine schöne Figur zu haben, die gut zum Kindergebären geeignet sein dürfte», berichtete er. «Dann hat sie ein Gesicht, das weder zu lang noch zu breit ist, schöne Augen, obwohl sie etwas dunkler sein könnten, eine gute Nase und einen guten Mund, einen lieblichen Hals, gute Zähne und ebensolche Hände. Obendrein hat sie die sanftesten und einnehmendsten Manieren.» Er teilte mit, nach der Zeremonie habe er der Sitte entsprechend den Oberschenkel der Braut mit seinem Bein berührt.

Nach ihrem Eintreffen in Mailand verlebte Bona ihre Flitterwochen mit Galeazzo Maria in einem kleinen Haus auf einer Insel im Park, während die Baumeister und Innenarchitekten noch an dem riesigen Kastell arbeiteten. Wie groß es war und ist, entnimmt man am besten der Schilderung eines zeitgenössischen Schriftstellers. Um einen Vorfall anschaulich zu machen, verlegte er ihn in einen jener Räume «oberhalb einer Treppe, die man zu Pferd hinaufreitet». Es war in der Tat ein schöner Hintergrund für die Herrschaft der Extravaganz, die nun anhub. Die Schatzkammern Mailands flossen wieder einmal über, und man staunt über die Spannkraft dieser Stadt, die während ihrer ganzen Geschichte abwechselnd Unheil erdulden mußte, um gleich darauf im Geld zu schwimmen.

Es ist natürlich nie gerecht, einen Mann mit seinem Vater zu vergleichen, so als atmeten beide dieselbe geistige Luft. Francescos Welt war die genügsame seines Freundes Cosimo de'Medici gewesen; Galeazzo Marias Welt dagegen war die von Lorenzo dem Prächtigen. Der Reichtum, den vorsichtige Väter aufgehäuft hatten, wurde von ihren Söhnen vertan. Die Verschwendung und das Vergnügen lagen sozusagen in der Luft, und der Herzog von Mailand und seine Gemahlin waren reich.

In den Uffizien in Florenz hängt ein Porträt von Galeazzo Maria, das Pollaiuolo gemalt hat. Es zeigt, welch ein sonderbarer Mann er war: elegant, hager, neurotisch, mit einer großen Hakennase, die man «römisch» nennt, tiefliegenden dunklen Augen und schlanken Händen mit langen, nervösen Fingern. Vom robusten Gleichmut und inneren Gleichgewicht seines Vaters ist keine Spur mehr zu ahnen. Er war ein Visconti, der von den Toten auferstanden schien. Als seine Mutter plötzlich starb, wisperte man, er habe sie vergiftet, und obwohl dies sicher unwahr ist, sagt ein derartiges Gerücht doch schon genug. In Gesellschaft seiner jungen Frau hastete er durch sein Herzogtum. Gekleidet war er in grelle, verschiedenfarbene Gewänder, die bei den Sforza beliebt waren: das eine Hosenbein rot, das andere zur Hälfte weiß, zur Hälfte blau, und der Wams war aus Goldbrokat gefertigt. Das lange Haar fiel ihm auf die Schultern. Und zum erstenmal seit den längst vergangenen Tagen des hl. Ambrosius hören wir wieder einmal von jemandem in Mailand, der dem Gesang und der Musik ergeben war. Der Herzog ließ sich Sänger aus Flandern kommen, die damals als die besten galten, und er fand viel Vergnügen an einem teuren und großen Orchester nebst Chor. Eine Anweisung ist erhalten geblieben, in der es heißt, daß seine Musikanten so betrunken sein könnten, wie sie wollten – nur an Konzertabenden nicht. Er brüstete sich, sein Hof sei der glänzendste in Europa. Seine Falken waren – wie einst bei den Visconti – mit Gold- und Silberketten an Stangen gefesselt, die mit Samt überzogen waren. Er vergrößerte die Bibliotheken; er förderte die Drukkereien zu einer Zeit, da mancher Bücherfreund ein mechanisch hergestelltes Buch noch über die Schulter ansah. Das erste griechische Buch, das in Italien gedruckt wurde, erschien in seinen Tagen: Es war die Grammatik von Lascaris aus dem Jahre 1476.

Seine zehnjährige Herrschaft endete mit seiner Ermordung. Es war eines der dümmsten und sinnlosesten Verbrechen in der Geschichte Mailands, aber es erweckt Interesse, weil es sich um ein Verbrechen der Renaissance nach klassischem Muster handelte. Unter den Schülern eines Humanisten namens Cola Montana, eines Mannes, der einen Groll gegen den Herzog hegte, befanden sich zwei üble Charaktere und ein junger Fanatiker, der sich für einen zweiten Brutus hielt. Montana bearbeitete die Gefühle dieser drei jungen Leute so lange, bis sie sich entschlossen, die Ermordung Cäsars noch einmal in Szene zu setzen.

Es war in der Weihnachtszeit 1476, und der Herzog, der außerhalb Mailands geweilt hatte, ritt zu den Feierlichkeiten nach Hause. Eine böse Vorahnung quälte ihn. Der Bericht liest sich wie ein Kapitel der Visconti-Geschichte, das ins Zeitalter der Sforza übertragen wurde. Auf seinem Weg nach Mailand beunruhigten verschiedene schlimme Vorzeichen den Herzog: Er sah einen Kometen, in einem Zimmer brach Feuer aus, Raben flogen ihm über den Weg. Sein argwöhnisches Viscontiblut warnte ihn: Er wollte umkehren. Aber er ritt weiter, und seine Befürchtungen steigerten sich in grausiger Form. Er ließ seinen Chor Trauerkleidung anlegen und befahl jeden Morgen Lobgesänge für die Toten. Obwohl das Fest dadurch einen abschreckenden Charakter angenommen haben muß, verging Weihnachten in fröhlicher Stimmung, und Galeazzo Maria war so aufgeheitert, daß er beschloß, seine Falken aufsteigen zu lassen. Am folgenden Morgen wollte er feierlich der Messe in San Stefano beiwohnen. Er wies einen Brustpanzer zurück, weil er durch ihn zu dick ausgesehen hätte; statt dessen legte er einen roten, mit Hermelin besetzten Rock über der Kniehose an und setzte einen braunen Hut auf. Eine ungeheure Menschenmenge hatte sich an dem bitterkalten Morgen eingefunden, um ihm beim Betreten der Kirche zuzusehen. Als er die Schwelle überschritten hatte, hörte das Volk den Chorus «Sic transit gloria mundi» anstimmen. Die Mörder lagen auf der Lauer.

Sie hatten eine frühere Messe besucht, um den Segen des Himmels für ihr Unternehmen zu erbitten und den hl. Stefan um Verzeihung dafür anzuflehen, daß sie in seiner Kirche Blut vergießen wollten. Sie trugen Dolche unter ihren karmesinroten Gewändern. Als der Herzog zwischen den Botschaftern von Ferrara und Mantua näherkam, trat einer der Attentäter vor und kniete nieder, als wolle er eine Bittschrift überreichen; er spielte die Rolle des Tullius Cimber. Der Herzog verhielt den Schritt. Im nächsten Moment fuhren drei Dolche in seinen Leib, und er stürzte fast augenblicklich tot zur Erde. Die Mörder wurden schnell gefaßt, gehängt, von Pferden geschleift, gevierteilt, und die kleinen Buben zerrten das wenige, das von ihnen übriggeblieben war, durch die kalten Straßen Mailands.

Der Mailänder Chronist Bernardino Corio war zugegen und sah die Mörder. Auch das Geständnis eines der Verbrecher, das in der dramatischen Stunde nach der Tat aufgenommen wurde, blieb erhalten. Über Galeazzo Maria wurden harte Worte gesagt, aber er war ein intelligenter und gebildeter Herrscher, vielleicht – wie sein Großvater mütterlicherseits – ein bißchen verrückt, aber er hat drei Spuren hinterlassen, deren man sich erinnern sollte: Seine illegitime Tochter, Caterina Sforza, wurde eine der großen Amazonen der Renaissance und eine der schönsten Frauen überhaupt. (Ihre Verschönerungskünste waren berühmt, und es war ihr Wunsch, daß ihr Rezeptbüchlein – das uns überliefert ist – zum Wohle ihres ganzen Geschlechts bekanntwerden sollte.) Zweitens belebte er die Seidenindustrie, indem er Anweisungen gab, jeweils fünf Maulbeerbäume auf hundert Ruten Land zu pflanzen. Und als drittes und wichtigstes soll er den Reis in die Lombardei eingeführt haben.

Mit dem Mord an Galeazzo Maria beginnt das letzte Kapitel der Sforza. Im Schatten der Hörsäle, wo der elende Montano die Gehirne seiner Studenten umnebelte, lauerten drei Jahrhunderte der Knechtschaft für Italien. Von allen Dolchen, die je in Italien aufblitzten, vergifteten keine die Zukunft so sehr wie jene, die den fünften Herzog von Mailand niederstreckten. Nur noch sechzehn Jahre blieben, dann wußte die italienische

Geschichte von nichts anderem mehr zu berichten als von ausländischen Heeren, die das Land überschwemmten. Drei Dolche lösten eine Tragödie aus, die jahrhundertelang währte. «Heute ist der Frieden Italiens gestorben», sagte Sixtus IV., als er von dem Mord erfuhr. Er hatte recht.
Erbe des Herzogtums war Galeazzo Marias siebenjähriger Sohn Gian Galeazzo, der reizende kleine Junge, den wir von seinem Bildnis aus der Wallace Collection kennen. Seine Mutter, Bona von Savoyen, wurde zur Regentin ernannt. Sie war schön, lustig, leichten Herzens, aber – wie Philipp de Commines, der sie kannte, sich ausdrückte – «une dame de petit sens». Bald verlor sie den Kopf wegen eines hübschen Bildhauers, der in ihrem Haus lebte, und den sie mit Geschenken und Vorrechten überhäufte. Ihre Feinde sahen mit Vergnügen zu, wie sie mit Tassino (so hieß der junge Mann) im Soziussitz gemeinsam durch Mailand ritt. Niemand hatte ein größeres Interesse an der Entwicklung der Verhältnisse als ihr Schwager Lodovico Sforza, «il Moro», der damals fünfundzwanzig Jahre alt war. Er war ein Mann von großem Charme und Talent, aber die Geschichte besteht darauf, er sei ein Schurke gewesen.
«Il Moro» – der Mohr – wurde er nicht etwa deshalb genannt, weil er von dunkler Hautfarbe gewesen wäre, sondern weil er sich – da er Ludovicus Maurus hieß – in Anspielung auf seinen zweiten Vornamen als Wappen eines Mohrenkopfes und eines Maulbeerbaums bediente. Außerdem beschäftigte er afrikanische Dienstboten, die daraufhin Mode in Mailand wurden, desgleichen wurde die Farbe der Maulbeeren bei den Damen schick, die Kleider in solchen Tönungen zu haben wünschten. Eines der besten Porträts von Lodovico ist ein Altarbild, das von Zenale stammen soll und in der Pinacoteca di Brera in Mailand hängt. Es zeigt ein kultivierteres Abbild seines großen Vaters, denn der derbe Humor des alten Vaters ist durch höfische Anmut, einen berechnenden Charme ersetzt: all das, was die Italiener mit dem Wort *amabilità* ausdrücken. Dieser Typus ist noch nicht ausgestorben. Männer, die «il Moro» nicht unähnlich sehen, sieht man zuweilen aus Autos steigen, die von Chauffeuren gesteuert werden, während sie ein teures Mailänder Restaurant betreten.
Es gibt keine Anzeichen dafür, daß er versucht hätte, seinen jungen Neffen zu Beginn der Tassino-Affäre zu verdrängen. Als jedoch der Günstling der Regentin herzöglicher als jeder Herzog wurde und bei diesem Treiben die Unterstützung seiner Mätresse fand, bedeutete man ihm, daß es besser wäre, wenn er ginge. Dies war ein recht ungewöhnlicher Vorgang, denn in der italienischen Geschichte entledigte man sich solcher junger Leute weit häufiger mittels eines Messers. Tassino sagte sich das anscheinend auch, denn er verstand den Wink augenblicklich und machte sich davon – nicht ohne ein Vermögen an Juwelen mitzunehmen. Bona setzte ihm wie eine Verrückte nach, aber sie kamen nie wieder zusam-

men, und sie lebte fortan das ärmliche Leben, das solchen Frauen am französischen Hof zugestanden wurde. Jetzt übernahm Lodovico il Moro die Vormundschaft über seinen Neffen. Als der Knabe zehn Jahre alt war, kleidete man ihn in weißen Samt und krönte ihn im Mailänder Dom zum sechsten Herzog. Sein liebevoller Onkel stand wie eine Säule an seiner Seite, und der Knabe bekundete seinem Onkel jene Zuneigung, die er wohl für seinen toten Vater gehabt hätte.

In Norditalien schüttelte das Schicksal nach dem Tode jedes großen Regenten das politische Kaleidoskop durcheinander, und die Mächte gruppierten sich neu. Alte Freunde entdeckten plötzlich, daß sie ja eigentlich Feinde seien; alte Gegner wurden zeitweilig Verbündete; das Gleichgewicht der Kräfte, das zu jener Zeit zum Begriff wurde, war ein empfindsamer Mechanismus, der auf Furcht ebenso reagierte wie ein Seismograph bei Erdbeben. Während des dreijährigen Krieges, in dessen Verlauf Mailand, Florenz und Neapel gemeinsam Ferrara von der Abhängigkeit von Venedig und dem Papst befreiten, tauchte in Mailand ein Fremdling auf, ein Genie, dessen Empfehlungsbrief von Lorenzo de' Medici ihn als Erfinder von Kriegsmaschinen, als Konstrukteur von Kanonen, Brücken und Kanälen, als Architekten, Bildhauer und – ganz nebenbei – als Maler auswies. Leonardo da Vinci stand damals im dreißigsten Lebensjahr.

Lodovico hatte für die Kriegsmaschinen Leonardos keine Verwendung, denn der Krieg war zu Ende, und es sollten zwölf der glanzvollsten und verschwenderischsten Jahre in der Mailänder Geschichte folgen. Daß Leonardo, der nicht gerade zu den umgänglichsten Leuten gehörte, in Lodovico einen geistesverwandten Herrn fand, in dessen Diensten er sechzehn Jahre verblieb, spricht meiner Meinung nach sehr für Il Moro. Zwischen der Arbeit an unsterblichen Gemälden und am «Colossus» (so nannte man das Reiterstandbild Francesco Sforzas) entwarf Leonardo Apparaturen zum Bau von Masken, Kostüme für Maskeraden, ja sogar den Plan für ein türkisches Bad. Die Vorstellung, die man sich im allgemeinen von diesem geistreichen Künstler macht, wonach er in Luxus und Reichtum gelebt habe, ist wahrscheinlich falsch. Er war ein geistesabwesender, unkaufmännischer Genius und einer jener nach Vollkommenheit Trachtenden, die niemals etwas zur eigenen Zufriedenheit zu Ende bringen. Der Besuch in seinem Mailänder Atelier muß höchst interessant gewesen sein. Unter den unvollendeten Gemälden, an denen er gelegentlich arbeitete, wenn sich die Schaffenskraft in ihm regte, waren die «Mona Lisa», die «Jungfrau auf den Felsen» und die «Jungfrau und das Kind mit der hl. Anna», die sich nun alle im Louvre befinden. Obwohl man in Mailand anscheinend jeden Tag Vermögen verschwendete, wurde Leonardos Honorar oft nicht gezahlt, und die säumigsten seiner Schuldner waren die Mönche.

Im Alter von zwanzig Jahren wurde der Herzog Gian Galeazzo mit Isabella von Aragon verheiratet, der Tochter Alfons' von Kalabrien, der Lodovico verabscheute. Der junge Herzog hatte sich zu einer vergnügungssüchtigen Null entwickelt. Er blieb gern im Hintergrund, solange sein geliebter Onkel die Arbeit tat. Die Hochzeit war glänzend, und, wie jemand notierte, trugen selbst die Köche Satin und Seide. Im Jahr darauf, 1491, entschloß sich Lodovico Sforza, der Mann hinter dem Thron, schließlich selbst zur Heirat. Seine Wahl war auf die ältere Tochter des Herzogs von Ferrara gefallen, Isabella d'Este, die indessen bereits mit dem Erben des Markgrafen von Mantua, Francesco Gonzaga, verlobt war. Man bot deshalb Lodovico die jüngere Tochter, Beatrice d'Este an, die er auch akzeptierte. Man fragt sich, ob die Geschichte Italiens wohl anders verlaufen wäre, wenn Lodovico statt der fröhlichen und lachenden Beatrice deren zähe, berechnende und steife Schwester geheiratet hätte.
Auf alle Fälle fuhr an einem eisigen Januartag des Jahres 1491 eine Flotte von arg mitgenommenen Schiffen, die der vergoldeten Staatsbarke Ferraras das Geleit gaben, in den Ticino ein und ging in Pavia vor Anker. An Bord befanden sich junge Frauen, die den Verheerungen des Hungers und der Krankheit getrotzt hatten und nun in ihren schönsten Kleidern eifrig Ausschau hielten nach den Kavalieren am Ufer, und die lebhafteste unter ihnen war die junge Braut selbst, die sechzehnjährige Beatrice d'Este. Wie gern hätte man dieser Ankunft, dem ersten Treffen der Beatrice mit ihrem vierzigjährigen Mann, zugeschaut. Es war ihr Schicksal, schon sechs Jahre darauf zu sterben, aber in dieser kurzen Zeit wurde sie eine der berühmtesten Frauen der Renaissance.
Ihr Leben an der Seite Lodovicos wiederholte in einer andern Epoche die Glückseligkeit der Ehe des Francesco Sforza mit Bianca Visconti, und zwischen beiden bestand auch fast der gleiche Altersunterschied. Sie lebten im größten Wohlstand und Glanz, den Mailand je gekannt hatte. Der Reichtum des Herzogtums war unvorstellbar. Die Goldschmiede der Stadt waren berühmt, und die Waffenschmiede waren imstande, wie in den Tagen der Visconti Hunderte von Modellen in den Straßen auszustellen, die – Mann und Roß – in den denkbar prunkvollsten Rüstungen staken. Überall wurde gebaut. Der weiße Dom, mehr denn je ein sonderbarer Rückfall in die Gotik, wuchs langsam immer höher, doch die Kartause von Pavia machte diesen architektonischen Anachronismus wett. Breite Kanäle und Wasserwerke waren in Betrieb. Zu jener Zeit konnte man Bramante beim Bau der Kuppel von Santa Maria delle Grazie antreffen und Leonardo beim Zeichnen von Gesichtern auf dem Markt. Vielleicht träumte er auch gerade davon, eine Flugmaschine zu konstruieren, während er des Morgens nach dem Refektorium von Santa Maria delle Grazie eilte, um seinem «Abendmahl» rasch ein paar Pinselstriche beizufügen.

Und inmitten all dieser Geschäftigkeit war Lodovico il Moro zu finden. Er suchte die Architekten und Künstler auf, er besichtigte die neuen Bewässerungsanlagen, er sah sich die wiederaufgebauten Kirchen an; er vervollständigte die Bibliotheken, er berief Gelehrte an die Universität; er ging mit jener Besessenheit zu Werke, wie sie zuweilen jene überfällt, denen das Leben nicht viel Zeit läßt. Die öffentlichen Einkünfte seines kleinen Staates sollen mehr als die Hälfte aller Einkünfte Frankreichs betragen haben.

Seine Zuneigung für seine junge Frau galt auch deren Familie, und er richtete eine wöchentliche Postverbindung zwischen Mailand und Mantua ein, so daß Beatrice mit ihrer Schwester Isabella, der Markgräfin von Mantua, Neuigkeiten austauschen konnte. Der Bote beförderte neben Briefen auch Geschenke wie Trüffel und in der Jagdsaison Hasen und Wildbret; er kehrte mit Schreiben von Isabella und mit Forellen aus dem Gardasee zurück. Isabella betrachtete ihre Schwester als die reiche Person in der Familie, und zuweilen muß sie neidisch den Mailänder Luxus mit den oft leeren Schatzkammern in Mantua verglichen haben. Beatrice genoß jeden Augenblick ihres großen Glücks.

«Vergnügen und Zeitvertreib hören buchstäblich niemals auf», schrieb Lodovico seiner Schwägerin. «Ich könnte Dir nicht den tausendsten Teil der Streiche und Spiele erzählen, die sich die Herzogin von Mailand und meine Gemahlin erlauben. Auf dem Lande verbringen sie ihre Zeit mit Pferderennen, und sie galoppieren hinter ihren Damen in voller Karriere einher, auf daß diese von ihren Pferden fallen. Und nun, da wir wieder in Mailand sind, erfinden sie ständig neue Lustweil. Gestern gingen sie mit fünf oder sechs ihrer Damen im Regen fort, dabei trugen sie Gewänder und Tücher auf dem Kopf, und so spazierten sie durch die Straßen, um Einkäufe zu machen. Da es jedoch nicht gebräuchlich ist, die Kleider auf den Köpfen zu tragen, lachten ein paar Frauen auf der Straße sie aus und machten freche Bemerkungen, was meine Gemahlin in Zorn versetzte, und sie antwortete ihnen in gleicher Weise, und zwar so heftig, daß sie sich fast geprügelt hätten. Schließlich kamen sie alle schmutzig und durchnäßt nach Hause und boten einen schönen Anblick.»

Im nächsten Brief an Isabella berichtet er, bei einem Aufenthalt in Pavia seien Beatrice und Isabella von Aragon zur Kartause gegangen, um den Tag dort zu verbringen, und er sei am Abend hinausgeritten, um sie abzuholen. Zu seiner Überraschung habe er sie in türkischen Kostümen angetroffen.

«Mein Gespons hatte diese Verkleidung angeregt und alle Kleider über Nacht genäht. Gestern zur Mittagszeit, als sie mit der Arbeit begann, konnte die Herzogin von Mailand ihre Verblüffung darüber nicht verbergen, daß meine Dame mit dem Eifer und der Energie einer alten Frau näht. Und meine Dame erklärte ihr, bei allem, was sie tue, ob Spaß oder Ernst, setze sie sich immer ganz ein und versuche, ihre Sache so gut wie möglich zu machen.»

Diese bemerkenswerte junge Frau wurde, als sie noch keine zwanzig war, nach Venedig entsandt, um ihren Mann an dem verschlagensten und zynischsten Hof der Welt zu vertreten. Sie reiste mit ihrer Mutter, der Herzogin von Ferrara, und einer Gesellschaft von mehr als tausend Personen. Und nun konnte man den ausgelassenen Wildfang als eine kühle, selbstbewußte junge Dame erleben, die nicht im geringsten befangen war, als es galt, das Wort an den Dogen und an seinen versammelten Rat zu richten – eine Nervenprobe, die schon manchen erfahrenen Gesandten knieweich gemacht hatte. Nach sieben festlichen und fröhlichen Tagen waren Beatrice und ihre Mutter Gäste des Großen Rats im Dogenpalast und Beatrice schickte ihrem Mann einen Bericht über das Ereignis.

«Mitten in der Halle fanden wir den Dogen, der aus seinen Räumen heruntergekommen war, um uns zu sehen. Er geleitete uns zur Tribüne, wo wir uns in der gewohnten Reihenfolge niederließen, und der Rat begann mit Stimmzetteln über zwei Angelegenheiten abzustimmen. Als dies vorüber war, dankte meine Mutter dem Dogen für all die Ehren, die uns zuteil geworden waren, und verabschiedete sich. Als sie ihre Rede beendet hatte, tat ich das gleiche. Danach handelte ich den Instruktionen in Deinem letzten Brief gemäß und erklärte, als gehorsame Tochter wolle ich die Anordnungen des Dogen befolgen.»

Ihre früheren Briefe haben einen eigentümlich modernen Klang. Sie schildert ihre Spaziergänge in der Stadt: «Wir legten an der Rialtobrücke an und gingen zu Fuß in jene Straßen, die man Merceria nennt. Dort schauten wir uns die Läden mit Gewürzen, Seiden und anderen Waren an. Alle sind sehr ordentlich, die Qualität ist ausgezeichnet, die Auswahl reichhaltig. Auch andere Gewerbe stellen dort viele Dinge aus. Wir mußten dauernd stehenbleiben, um dies und jenes zu betrachten, und es tat uns leid, als wir schließlich San Marco erreichten. Dort bliesen unsere Trompeten von einer Loggia vor der Kirche.» Von einem andern Ausflug erzählt sie: «Als wir von Laden zu Laden gingen, drehten sich alle Leute um und schauten auf die Juwelen, die ich an der Samtkappe auf meinem Kopf trug, und auf meine Weste, die mit den Türmen des Hafens von Genua bestickt ist, besonders aber nach dem großen Diamanten an meiner Brust. Und ich hörte, wie die Leute zueinander sagten: ‹Das ist die Gemahlin von Signore Lodovico. Schau, was für schöne Juwelen sie trägt! Was für prächtige Rubine und Diamanten sie hat›.» Bei einer andern Gelegenheit berichtet sie Lodovico, wie sie den Bischof von Como gehänselt hatte, der – vom vielen Herumlaufen ganz erschöpft – geklagt habe: «Meine Beine sind todmüde» – wie es jeder Tourist in Italien tut.

Aber ach, das Gelächter und der Glanz von Gold und Diamanten sollten schon nach sechs Jahren erloschen sein. Beatrice hatte zwei Söhne, und man glaubte nun, Lodovico werde den kränklichen jungen Herzog und dessen Familie an die Wand drücken und die Herrschaft über das Herzogtum an sich reißen. In Neapel war man so sicher, dies liege in der Luft (und Isabella von Aragon war deswegen so unglücklich), daß das südliche Königreich bereit war, Mailand zugunsten des Herzogs und seiner neapolitanischen Gemahlin mit Krieg zu überziehen. Lodovico fühlte sich von Feinden umringt. Er forderte die Franzosen auf, nach Italien zu kommen und ihre alten Pläne mit Neapel aufzugreifen.
Vielleicht glaubte er nicht im Ernst, daß sie kommen würden; vielleicht wollte er die Neapolitaner lediglich erschrecken. Vielleicht hoffte er, an neuen Mächtegruppen basteln zu können, aus denen er Nutzen ziehen könnte – wer kann es wissen? Jedenfalls kamen die Franzosen doch, angeführt von einem höflichen und häßlichen kleinen Gnom namens Karl VIII. In diesem gefährlichen Augenblick starb Gian Galeazzo, der Herzog von Mailand. Man vermutete, sein Onkel habe ihn vergiften lassen; die meisten Historiker glauben dies noch heute. Lodovico eilte nach Mailand und bot dem jugendlichen Sohn des Toten seine Gefolgschaft an. Der Rat wollte indessen nichts davon wissen: Lodovico war die ganzen Jahre hindurch Herzog gewesen, nur dem Namen nach nicht, und nun, da der Staat einer starken Hand bedurfte, wollte man keine Regentschaft; man verlangte, daß Lodovico die Herzogswürde annehme. 1494 wurde er der siebte Herzog von Mailand.
Doch Italien, das seit Jahrhunderten an die milde Form einer Kriegführung der *condottieri* gewöhnt war, entsetzte sich über die Grausamkeit der französischen Truppen. Ihr Anblick allein war schon erschreckend. Die Vorhut bestand aus achttausend Schweizern. Die riesigen Bogenschützen aus Schottland machten auf einen Zeitgenossen den Eindruck von wilden Tieren. Und an der Spitze des Heerzuges bewegte sich ein Ungeheuer von Mensch mit einem glänzenden Schwert, das einem Spieß zum Rösten von Schweinefleisch glich. Ihm folgten vier große Trommeln, die mit beiden Händen geschlagen wurden, sowie zwei Pfeifer, die einen infernalischen Lärm veranstalteten, wie man ihn auf dem Jahrmarkt hört. Die Kavallerie war furchteinflößend – schwere Rösser mit beschnittenen Ohren. Die Artillerie wurde nicht von Ochsen, sondern von Pferdegespannen gezogen, so daß die Kanonen so schnell vom Fleck kamen wie die Infanterie. Die Italiener, die soviel Wert auf die äußere Erscheinung legen, waren am meisten über den Herrn dieser Soldateska betroffen, einen kleinen Mann in schwarzem Samt, der eine gewaltige Nase und einen gewaltigen Mund hatte, dazu Beine, die dünn wie Stecken waren. Er thronte auf einem prächtigen Schlachtroß.

Die Franzosen nahmen Neapel ohne Schwertstreich, und Lodovico wechselte in aller Eile sein Hemd: Er versuchte einen Staatenbund gegen die Eindringlinge zu schaffen. Die Franzosen mußten sich ihren Weg durch Italien freikämpfen. Es gab indessen nur eine richtiggehende Schlacht, die fünfzehn Minuten dauerte; sie ist vor allem deshalb bemerkenswert, weil der deformierte kleine König von Frankreich sich plötzlich in einen Helden verwandelte: Er erinnerte sich seiner Ahnen und appellierte an die französischen Ritter, zusammen mit ihm zu sterben; dann führte er sie ins Gefecht. Der Befehlshaber der Italiener, Francesco Gonzaga, der Mann der Isabella d'Este, erbeutete das königliche Zelt, in dem man eine merkwürdige Sammlung von Gegenständen fand, die ein Monarch in jenen Tagen mit aufs Schlachtfeld zu nehmen pflegte. Da waren ein Helm und ein Schwert, die der Überlieferung nach Karl dem Großen gehört hatten, eine Reliquie, die einen Dorn aus der Leidenskrone Christi enthalten sollte, ein Stück vom Kreuze Christi, eines der geheiligten Gliedmaßen aus St. Denis sowie ein Buch voller Bilder von italienischen Frauenschönheiten, die dem königlichen Auge aufgefallen waren.
In dem Jahr, das dem Abzug der Franzosen aus Italien folgte (sie kannten nun dessen Reichtum und Schwäche), führte das Schicksal den ersten Schlag gegen Lodovico. Beatrice fühlte sich nicht wohl. Eines Nachts brachte sie ein totgeborenes Kind zur Welt und verschied. Sie war nur zweiundzwanzig Jahre alt geworden. Tagelang wollte Lodovico niemanden sehen. Es wird berichtet, man habe ihn später in Sackleinen gehüllt in einem dunklen Zimmer gefunden, das mit schwarzem Samt ausgeschlagen war. Er befahl, Beatrice solle vor dem Hochaltar von Santa Maria delle Grazie beigesetzt werden.
Als dem Botschafter von Ferrara der Zutritt gestattet wurde, vertraute Lodovico ihm an, seit Jahren habe er in seinen Gebeten den Herrgott angefleht, ihn vor Beatrice sterben zu lassen. Nun aber, da Gottes Ratschluß ein anderer gewesen sei, flehe er darum, Beatrice noch einmal sehen und sprechen zu dürfen, falls es für einen Lebenden je möglich sei, den Toten zu begegnen. Viele Historiker, die über diese Zeit geschrieben, haben anerkannt, wieviel dieser kultivierte Herrscher von sechsundvierzig Jahren der kühlen Intelligenz seiner jungen Frau verdankt hat. Es gab auch Stimmen, die erklärt haben, er hätte vielleicht nicht alles verloren, was er besaß, wenn sie in den Stürmen, die sich zusammenbrauten, noch an seiner Seite gewesen wäre.
Im nächsten Jahr stieß Karl VIII. von Frankreich auf dem Wege zu einem Ballspiel mit dem Kopf gegen einen Gewölbebogen, und ein paar Stunden danach erlag der Siebenundzwanzigjährige einer Gehirnblutung. Sein Nachfolger, der als Ludwig XII. den Thron bestieg, war ein Todfeind Lodovicos, der Herzog von Orleans. Seine Großmutter war Valentina Vis-

conti gewesen, die Tochter Gian Galeazzos. Ludwig, der sich als der wahre Erbe des Herzogtums betrachtete, entschloß sich, in die Lombardei einzufallen.
Lodovico sah sich verlassen und mußte fliehen. Er beabsichtigte, bald zurückzukehren, wurde aber an die Franzosen verraten, als er sich bei seinen Truppen befand, verkleidet als schweizerischer Händler. Ludwig übte keine Gnade. Der Gefangene wurde nach Frankreich gebracht und in verschiedenen Gefängnissen eingekerkert, zuletzt in Loches. Besucher der Loireschlösser, die ein Stück Weges südlich von Tours gereist sind, werden die grauen Türme und die Burg von Loches gesehen haben, die sich am Fluß Indre erheben. Der Gast wird in das Verließ hinabgeführt, worin der einst so prächtige Lodovico il Moro die letzten Jahre seines Lebens verbrachte. Ein Loch im Gemäuer läßt das einzige Tageslicht in die Zelle. Ein paar rohe Zeichnungen sind an den Wänden zu erkennen: Sie sollen die letzten Zeichen eines Mannes sein, der seinem Zeitalter in so vielem seinen Stempel aufgedrückt hat. Lodovicos Gefangenschaft dauerte acht Jahre. Bei seinem Tod zählte er siebenundfünfzig Jahre.
Seine beiden Söhne traten die Erbfolge im Herzogtum an, doch sie waren nur die Marionetten fremder Regierungen. Als sein zweiter Sohn, Francesco II., im Jahre 1535 starb, waren die Franzosen durch Kaiser Karl V. (der auch König von Spanien war) aus Italien vertrieben. Spanien war nun 178 Jahre lang der Herr von Mailand.

Bei der Besichtigung des Mailänder Schlosses hört der Besucher eine verwirrende Vielfalt von Namen und Daten. Ich glaube aber, die Männer und Frauen, die ich hier dargestellt habe, sind jene, deren Triumph und Unglück uns am meisten bewegen dürften.
Durch Zufall traf ich auf ein ergreifendes Werk, das im gnadenlosen Licht präsentiert wird: Es ist das letzte Werk Michelangelos, die «Pietà Rondanini», ein schrecklicher Sieg des Alters über den Menschen. Der Bildhauer war fast neunzig, als er sich mühte, diese zwei Figuren aus dem Stein zu befreien, indes die alten Hände gehorchten nicht mehr dem noch immer suchenden Geist. «Er hackte den Marmor weg, bis nur noch ein Skelett übrigblieb», schrieb John Pope-Hennessy in «Italian High Renaissance and Baroque Sculpture». Wenn es schon schlimm genug ist, mitansehen zu müssen, wie Kraft und Ruhm nachlassen, so ist die Vorstellung noch viel grausamer, daß der alte Mann darum wußte. Vasari erzählt von einem Besuch bei Michelangelo in Rom kurz vor dessen Tod. Der Meister sah die Blicke seines Besuchers über die ergreifende Skulptur gleiten, an der er arbeitete. Es war Nacht, und Michelangelo hielt eine Laterne in der Hand. «Ich bin so alt», sagte er, «daß der Tod immer häufiger an meinem Mantel zerrt, um mich hinwegzunehmen. Eines Tages werde ich fallen –

wie dies hier.» Und er löschte die Laterne aus und tauchte das Atelier ins Dunkel, damit Vasari nichts mehr sehen konnte.

Eines Tages fiel mir eine Menschenansammlung vor einer Kirche auf, und jemand sagte mir, die Leute warteten, um Leonardos «Abendmahl» zu besichtigen. Schlange zu stehen, damit man ein Bild sieht, von dem ich wußte, daß es nur noch der Schatten eines Bildes ist und das ich so oft in Reproduktionen gesehen habe, schien mir doch etwas zuviel zu sein, und ich schob meinen Besuch auf. Eines Morgens hielt ich dann aber doch ein Taxi an und wies den Fahrer an: «Zum Cenacolo». Der Mann warf seinen Zigarettenstummel fort, nickte zum Zeichen des Verstehens und stieß ohne ein Wort in den Verkehrstrubel vor. Es gibt wohl nur wenige Städte in der Welt, wo es genügt, den Namen eines berühmten Bildes als Fahrtziel anzugeben.

Ich kam zur Kirche Santa Maria delle Grazie, in deren benachbartem Refektorium Leonardo sein großes Gemälde schuf, eines der am meisten vom Unheil verfolgten Meisterwerke der Kunst. Auch heute warteten viele Leute, und das Drehkreuz schnappte hinter mir ein, als ich fast widerstrebend weiterging, um eine Erfahrung zu machen, die gewiß enttäuschend sein würde. Ich betrat eine finstere Halle, darin die Mönche ihre Mahlzeiten einnahmen, als Santa Maria delle Grazie noch ein Dominikanerkloster war. Das Gemälde bedeckt die hintere Wand, so daß die Mönche wohl den Eindruck hatten, die lebensgroßen Figuren speisten an einem Tisch, der etwas höher stand als ihr eigener. Das war natürlich Leonardos Absicht, und es muß in der Tat ein wunderbarer Eindruck gewesen sein, diesen Raum zu betreten, als er noch für seinen Zweck benutzt wurde und die Mönche auf der einen Seite saßen, während der Prior den Tisch vor sich sah, an dem Christus und seine Jünger sich niedergelassen hatten. Die Menge stand flüsternd beisammen. Vermutlich waren die Besucher genauso überrascht wie ich, daß das Gemälde viel größer und weit weniger dunkel ist, als zu erwarten gewesen war.

Ich wußte, daß Leonardo das Bild nicht als Fresko, sondern in Öl auf eine Wand gemalt hatte, die so feucht war, daß schon bald die Farben abbröckelten. Schließlich befand sich das Gemälde in einem so schlechten Zustand, daß man die Wand erwärmte, um sie trocken zu halten. Die Restauratoren frischten in jedem Jahrhundert die Farben auf, bis nur noch wenig vom Original übrig war. Im August 1943 fiel bei einem Luftangriff eine Bombe aufs Dach des Refektoriums und zerstörte eine der Wände, indes das Bild blieb unversehrt. Als der letzte in der langen Reihe der Restauratoren die Sandsäcke beiseite räumte, fand man Leonardos Meisterwerk mit einer dicken Schimmelschicht überzogen. 1947 wurde das «Abendmahl» von wissenschaftlichen Experten unter Leitung einer Regierungskommission restauriert. Da die Hauptaufgabe darin bestand, die Auffrischungen früherer Zeiten zu entfernen, jedes Teilchen von Leonardos Farben jedoch zu erhalten, ist das Gemälde heute wahrscheinlich dem Original ähnlicher als seit Jahrhunderten.

Gegen meinen Willen war ich fasziniert. Dieses Bild kann nicht reproduziert werden. Die Postkarten und auch die ganzseitigen Illustrationen in Kunstbüchern können nur einen verschwommenen Eindruck von diesem gewaltigen Werk vermitteln, das annähernd zwanzig Meter lang und zehn Meter hoch ist. Obwohl die Farben verblaßt sind und das Mienenspiel oft nur noch geahnt werden kann, ist der großartige Entwurf so deutlich zu erkennen wie vordem: Zwei Gruppen erregter Männer in fließender Bewegung, getrennt durch die ruhige Figur des Heilands. Ich vergaß, daß ich lediglich vor der Ruine eines Gemäldes stand. Ich stellte mir vor, ich hätte es in den ersten Monaten seiner Entstehung betrachten können, als Leonardo es langsam, Strich auf Strich, schuf. Welch ein Beobachtungsvermögen verrät dieses Bild! Wie viele Male mag Leonardo an Mailänder Vespertischen gesessen haben, um all diese Gesten und Posen zu studieren. Wer von den Männern, die einen Laib Brot in einem Wirtshaus anschnitten, ein Salzfäßchen umstießen oder ihrem Nachbarn etwas zuflüsterten, hätte ahnen können, daß seine Gebärden unsterblich werden sollten?

Leonardo war dreiundvierzig, und er hatte schon dreizehn Jahre lang in Mailand gearbeitet, als Herzog Lodovico das «Abendmahl» in Auftrag gab. Es war ein Teil jener Verschönerungsarbeiten, durch die er Santa Maria delle Grazie zum Mausoleum der Sforza ausschmücken wollte. Zur gleichen Zeit beauftragte er Bramante mit dem Ausbau des gewaltigen Domes. Die meisten Kunstkritiker glauben, Leonardo habe das Gemälde 1495 begonnen und zwei Jahre zu seiner Vollendung benötigt. Ein junger Novize schaute ihm oft bei der Arbeit zu, ein gewisser Matteo Bandello, der spätere Novellendichter. Zuweilen sah er den Künstler am Morgen kommen und das Gerüst besteigen. «Von Sonnenaufgang bis zur Dämmerung legte er den Pinsel nicht aus der Hand. Er dachte weder ans Essen noch ans Trinken, er malte ohne Unterbrechung. Dann konnten zwei, drei oder vier Tage vergehen, ohne daß er das Bild anrührte. Dennoch aber betrachtete er sich eine oder zwei Stunden lang die Figuren, dachte nach und traf einen Entschluß, nachdem er lange nachgegrübelt hatte. Ich habe gesehen, wie er je nach Laune von der Corte Vecchia, wo er noch an dem erstaunlichen Reiterstandbild arbeitete, direkt zum Kloster ging (und zwar unter Mittag, als die Sonne hoch am Himmel stand). Er kletterte das Gerüst hoch, malte ein paar Pinselstriche und ging sofort wieder.»

Es wurden natürlich viele Geschichten über diese beiden Jahre niedergeschrieben. Die bekannteste ist diese: Mönche beschwerten sich beim Herzog, die Gesichter von Christus und Judas wären seit Monaten unvollendet, der Künstler gäbe sich keine rechte Mühe. Leonardo entgegnete, seit mehr als einem Jahr gehe er Tag für Tag, am Morgen und am Abend, nach Borghetto, um sich unter den Gesichtern der Ausgestoßenen und Verbrecher eines auszusuchen, das für den Judas passe. Notfalls werde er jedoch das des Priors zum Modell nehmen!

Eine jahrelange Gedankenarbeit steckt in diesem Bild, und es ist deshalb so lebendig, weil es Leben darstellt, das von Augen beobachtet wurde, denen nichts entging. Einmal schrieb Leonardo in einer Anleitung für junge Künstler: «Wenn Ihr spazierengeht, dann beobachtet die Gestik und Mimik der Leute, wie sie miteinander reden, debattieren, lachen oder sich balgen – ihre eigenen Bewegungen und die ihrer Anhänger und Zuschauer –, und haltet das alles mit ein paar Strichen in Eurem kleinen Skizzenbuch fest, das Ihr stets bei Euch tragen müßt.» Von seinem dreißigsten Jahr an («ein Alter, da der beschäftigte Mann gewöhnlich aufhört, die Dinge zu betrachten», wie Kenneth Clark meinte) ging Leonardo niemals ohne sein Skizzenbuch aus. Er warf die Dinge, die er sah, und die Dinge, die ihm einfielen, aufs Papier. Tagelang konnte er Menschen nachgehen, deren Aussehen ihn interessierte, und wir wissen, daß er sich sogar ihre Adressen notierte. «Giovannina, phantastisches Gesicht, ist im Santa Caterina Hospital», lautete eine seiner Eintragungen. Die Gewohnheiten von Genies sind immer interessant, es gibt aber kein Mittel, den Genius zu zerlegen, um festzustellen, wie er arbeitet. Kein Skizzenbuch und keine Technik können uns erklären, warum Leonardo die Spendung des Abendmahls als Thema seines Gemäldes verwarf und statt dessen jenen schrecklichen Augenblick wählte, da Jesus sprach: «Wahrlich, ich sage euch, einer unter euch wird mich verraten.»

Eine kurze Straße namens Via Zenale, fast gegenüber von Santa Maria delle Grazie, führte mich zur Via San Vittore, wo ich das Nationalmuseum für Wissenschaft und Technik fand. Für mich ist dies eines der interessantesten Museen Mailands. Ich trat in eine Galerie, wo Rädervehikel ausgestellt sind, Maschinen, das Modell eines Tauchers in Lebensgröße mit Anzug und Helm, Bomben, Granaten, Kanonen und viele andere merkwürdige Sachen, deren Bedeutung nicht sofort ersichtlich ist. Es handelt sich um jene Erfindung, mit denen Leonardo da Vincis Geist sich so oft beschäftigt hat, darunter Tanks, Unterseeboote und Flugzeuge!

Als ich von einem Ausstellungsstück zum nächsten trat, dachte ich bei mir, Leonardo würde wohl an dieser Galerie mehr Interesse als an seinen Gemälden gehabt haben, denn für ihn blieben diese Erfindungen nur Entwürfe in seinem Skizzenbuch, hier aber hätte er seine Einfälle verwirklicht gesehen: in Form von Apparaten, die italienische Ingenieure und Handwerker entwickelt haben.

Man spricht von Leonardos rastloser Neugier, doch man denkt anders über sie, wenn man vor diesen außergewöhnlich prophetischen Blicken in die Welt der Zukunft sieht – einer Welt, in der die Menschen unter Wasser und durch die Luft reisen. Für seine Zeitgenossen waren das alles reine Hirngespinste. Wer damals seine Skizzenbücher durchblätterte und seine Pläne von Unterseebooten und Flugmaschinen sah, muß Leonardo für einen Verrückten gehalten haben. Uns Heutigen, die wir in einer Welt der Spezialisten leben, in der selbst Nichtskönner mitunter behaupten, sie könnten die Sterne wiegen, erscheint der Horizont da Vincis unheimlich. Wie würden seine Augen glänzen, wenn er diese Halle sehen könnte, in der seine Träume Wirklichkeit geworden sind, und wie sehr hilft diese Halle uns einen der größten Maler der Menschheit verstehen, der das Malen als eine lästige Plage ansah, weil es ihn von «ernsten Dingen», wie dem Vogelflug oder dem Schwimmen der Fische, abhielt. «Seine mathematischen Experimente beschäftigen ihn so sehr, daß er den Anblick eines Pinsels nicht ertragen kann», schrieb ein Zeitgenosse nach einem Besuch in Leonardos Atelier an Isabelle d'Este, um ihr zu erklären, weshalb der Künstler kein Porträt von ihr malen könne.

An diesem Vormittag war außer mir nur noch ein Besucher im Museum. Er erkannte in mir wohl einen Landsmann und kam auf mich zu, um jemanden zu haben, der sein Erstaunen teilte: «Wenn dieser Bursche etwas über Dampf, Benzin oder Elektrizität gewußt hätte», meinte er, «dann wären die Leute schon vor vierhundert Jahren in Eisenbahnen und Autos umhergesaust!»

Ich erwiderte, dies sei durchaus möglich gewesen: Das einzige, was Leonardo fehlte, sei die Maschinenkraft gewesen.

«Sehen Sie sich das hier an», sagte mein Begleiter, «ein perfekter Tank, der durch Menschen- oder Pferdekraft bewegt wird!»

Leonardos «bewaffnetes Fahrzeug» war ein pilzförmiger Tank, der mehrere Mann befördern konnte. Er fuhr auf vier Rädern, wurde von Menschen oder Pferden gezogen, war mit drei Kanonen bestückt, die Seiten waren mit Sehschlitzen oder Schießscharten versehen, die ihn auch entlüfteten. Der Kommandant stand auf einer starken hölzernen Plattform in der Mitte und konnte wie bei modernen Panzerfahrzeugen aus einem Geschützturm lugen und die Fahrtrichtung sowie das Feuer befehlen. Wie die meisten Erfindungen Leonardos wurde auch diese niemals ausgeführt; sein Einfall mußte auf den Benzinmotor und auf den Raupenschlepper warten.

Seinem Raddampfer fehlte nichts außer dem Dampfkessel. Es war genau der gleiche Fahrzeugtyp, der später den Kanal überquerte und lautstark an den Küsten von Kent entlangstampfte – zu einer Zeit, an die wir uns wohl noch entsinnen können. Leonardo jedoch, der nichts über die

Dampfkraft wußte, hatte sein Fahrzeug wie ein Kinderspielzeug mit einer Art von Uhrwerk ausgestattet. Sein Taucheranzug sieht völlig modern aus, ebenso der Schnorchel. Es gibt ferner das Modell einer auswechselbaren Treppe, wie man sie heute mitunter in modernen Wohnungen antrifft, und es gibt Balkenbrücken, Schleusen und sogar mehrgleisige Fahrbahnen.

Während wir umhergingen und uns über diese schönen Modelle unterhielten, versuchte ich, meinen Begleiter einzuordnen, indes das war schwierig. Zuerst hielt ich ihn für einen Kunstkritiker, wenn er auch einen gewissen Wohlstand ausstrahlte, der ja nicht unbedingt zu diesem Beruf gehört. Dann dachte ich mir, er könnte vielleicht ein reicher Gemäldesammler sein. Aber auch das war er gewiß nicht, denn am Ende der Galerie wandte er sich mir mit der verblüffenden Frage zu: «Wer war denn eigentlich dieser außergewöhnliche Bursche?»

Ich bekundete meine Überraschung darüber, ob er denn wirklich nicht wisse, daß er die Erfindungen Leonardo da Vincis vor sich habe?

«Ich hatte nicht die geringste Ahnung», erwiderte er. «Ich las draußen die Worte ‹Naturwissenschaften und Technik›, und so dachte ich mir, es müßte doch etwas Interessantes zu sehen sein.»

Er schwieg und schaute mich argwöhnisch an, als stünde ich im Begriff, ihn zu foppen. «Ich dachte mir eigentlich, Leonardo da Vinci wäre ein Maler gewesen!» Seine Stimme schien jetzt immerhin auszudrücken, daß Leonardo, der Ingenieur und Künstler, in seiner Achtung etwas gestiegen war.

Ich redete mir ein, vielleicht wäre es ganz interessant, die Wirkung des «Abendmahls» bei ihm zu beobachten. Auf dem Wege nach Santa Maria delle Grazie erzählte er mir, daß er Schreibmaschinen und Addiermaschinen herstelle, und er sei nach Mailand gekommen, um an einem Kongreß seines Berufsverbandes teilzunehmen.

«Leonardo hätte es sicher interessiert, Sie kennenzulernen und etwas über Ihre Maschinen zu erfahren», bemerkte ich. «Merkwürdig, daß er über Schreibmaschinen, die doch recht gut schon in der Renaissance hätten erfunden werden können, anscheinend niemals nachgedacht hat.»

Wir betraten das Refektorium und betrachteten Leonardos Meisterwerk.

«Na, davon ist nichts übriggeblieben», meinte er. «Zu schade . . .»

Wir fragten uns im Weitergehen, ob Leonardo wohl willens gewesen wäre, sein eigenes glorreiches Zeitalter (uns erscheint es wenigstens so) mit der heutigen Epoche der Erfindungen zu vertauschen, da es so vieles gibt, was ihn entzückt hätte: Flugzeuge, Eisenbahnen, Automobile, Elektrizität, Atomforschung und die Eroberung des Weltraums.

Byron hat einmal seine ganze Verachtung für Petrarca ausgedrückt. Es war die Verachtung, die der Mann der Tat für den Theoretiker empfindet. «Ich verachte Petrarca so sehr, daß ich nicht der Mann wäre, sich seiner Laura zu bemächtigen – was dieser metaphysische, weinerliche alte Knabe sowieso niemals vermocht hat», schrieb er nieder. Und sein Don Juan, der die Ansichten seines Verfassers über den Ehestand zusammenfaßt, ließ er fragen, ob Petrarca wohl sein Leben lang Sonette geschrieben hätte, wenn Laura seine Frau gewesen wäre.

Da Byron über dieses Thema dergestalt gedacht hat, muß sein Gesichtsausdruck im Jahre 1816 bei seinem Besuch in der Ambrosianischen Bibliothek sehr aufschlußreich gewesen sein. Der Bibliothekar drängte ihm nämlich den größten Schatz der Bücherei auf: Petrarcas Ausgabe des «Virgil». Natürlich lag die Annahme nahe, der englische Dichter interessierte sich dafür. Byron, der aus seinem Herzen keine Mördergrube machte, wenn man ihn langweilte, konnte nicht gut schroff werden. Da er etwas entdeckt hatte, was ihn weitaus mehr interessierte als der «Virgil» wollte er den Bibliothekar nicht weiter verletzen. Es handelte sich nämlich um eine Locke vom Blondhaar der Lucrezia Borgia.

Ich mußte an diese Szene denken, als ich die Bibliothek besuchte und einen Empfehlungsbrief vorlegte. Man fragte mich gar nicht, man stellte einfach fest: «Natürlich wollen Sie Petrarcas Ausgabe des ‹Virgil› sehen.» Ein Mann in schwarzem Kittel ging davon, um dieses Prunkstück herbeizuholen.

Die Bibliothek ist in einem dieser alten Paläste untergebracht, die, von der Straße aus gesehen, klein erscheinen, in deren Innern man jedoch erkennt, daß sie riesiggroß sind. Es war ein Labyrinth von ineinandergehenden Räumen, Marmortreppen und Galerien, angelegt um einen Innenhof. Der Leseraum ist eine kleine gewölbte Halle, geschmückt mit allegorischen Statuen und mit Tischen, die im Halbdunkel stehen, möbliert. Sechs oder sieben ältliche Gelehrte hockten inmitten von Foliobänden und Manuskripten, die meisten in schöpferische Trance versunken, und sie zeigten jenen verzweifelten Gesichtsausdruck, den alle Frauen von Schriftstellern so gut kennen. Eine Attraktion allerdings war eine junge Dame, möglicherweise eine amerikanische Wissenschaftlerin, die mit rasender Geschwindigkeit eine alte Handschrift überflog, als lese sie eine Frauenzeitschrift.

Der «Virgil» freilich war erstaunlich: ein gewaltiger Band, den ich erst für ein Faksimile hielt. Als ich gewahrte, daß es das Original war, scheute ich mich, die Seiten umzublättern. Der aufmerksame Bibliothekar stieg höflich von seiner Estrade herab, und wir wendeten die Blätter gemeinsam um. Ich nehme an, dieser «Virgil» ist unbezahlbar, und er muß auch in Sachverständigenkreisen das höchste Interesse finden, denn auf dem

Vorblatt schildert Petrarca in seiner feinen Handschrift seine erste Begegnung mit Laura und wie er einundzwanzig Jahre später von ihrem Tod erfuhr.

Die Abenteuer eines solchen Buches sind verblüffend. Durch wie viele Launen des Schicksals hat es die Besitzer in sechseinhalb Jahrhunderten gewechselt! Ein verhältnismäßig sicherer Hafen vor den Gefahren der Kriege, der Plünderung und des Feuers waren die Bibliotheken. Ich bat den Bibliothekar, mir die Geschichte des Buches zu erzählen. Zuerst habe es Petrarcas Vater gehört, im Jahre 1326 sei es jedoch gestohlen worden, nachdem sich die Familie in Avignon niedergelassen hatte. Zwölf Jahre danach fand Petrarca es wieder, es kann aber auch sein, daß der Dieb es zurückgab. Jedenfalls blieb es von diesem Tage an im Besitz des Dichters. Nach Petrarcas Tod wanderte der «Virgil» mit seinen übrigen Büchern in die Bibliothek der Visconti nach Pavia, wo er bis zum Einfall der Franzosen im Jahre 1499 verblieb. Dann ging das Buch durch verschiedene Hände, bis Kardinal Karl Borromäus es im sechzehnten Jahrhundert für die Ambrosianische Bibliothek erwarb. Aber noch immer waren seine Abenteuer nicht zu Ende. Napoleon ließ den Band nach Paris bringen, doch wurde er 1815 nach Mailand zurückgeschafft.

Petrarca hatte vor, das Buch weiter zu verschönern, als er es 1338 endlich wieder in Händen hatte. Sein Freund Simone Martini aus Siena, der damals am päpstlichen Hof zu Avignon beschäftigt war, frischte die Farben auf. Der prächtige Buchschmuck erscheint so neu wie vor mehr als sechshundert Jahren. Doch noch wertvoller ist der berühmte Eintrag Petrarcas: «Laura mit all ihren erhabenen Tugenden, die ich seit langem in meinen Gedichten rühmte, erschien zum erstenmal vor meinen Augen in meinem frühen Mannesalter, und zwar am sechsten Tag des April im Jahre unseres Herrn, 1327, in der Kirche St. Claire zu Avignon, am frühen Morgen. Und in derselben Stadt, zur gleichen Stunde des Frühgottesdienstes, im gleichen Monat April, aber im Jahre 1348, wurde dieses Licht unserem Tage entzogen, als ich zufällig in Verona weilte – leider im Ungewissen ob meines Schicksals. Die traurige Kunde erreichte mich in einem Brief meines Freundes Ludwig am Morgen des neunzehnten Tages des Mai im selben Jahr. Ihr keuscher und überaus schöner Leib wurde in der Kirche der Franziskaner am Tage ihres Verscheidens, am Abend, aufgebahrt. Ich bin jedoch davon überzeugt, daß ihre Seele zum Himmel heimgekehrt ist, der ihre Heimat war – wie Seneca es von Africanus sagte. Ich habe eine Art von bitterer Süße empfunden, als ich dies zum Gedächtnis meiner Trauer niederschrieb, und ich habe diese Stelle gewählt, auf die mein Auge oft fällt, damit ich darüber nachdenke, daß in diesem Leben keine Freude mehr für mich ist. Es soll auch eine Warnung für mich sein, ständig auf diese Worte zu schauen und an den schnellen Ablauf der Jahre zu

denken und daran, daß es höchste Zeit ist, dieser Welt zu entfliehen. Dies wird mir durch die Gnade Gottes leicht werden, wenn ich die eitlen Kümmernisse meines vergangenen Lebens bedenke, die Leere aller Hoffnungen und seine außergewöhnlichen Probleme.»
Das Problem Laura – war sie eine Frau aus Fleisch und Blut oder nur ein Phantom? – erregte im sechzehnten Jahrhundert ein solches Interesse, daß zwei begeisterte Anhänger Petrarcas ein Grab in Avignon öffneten und behaupteten, sie hätten ihr Skelett und einen Bleibehälter gefunden, der ein Sonett Petrarcas enthielte. Kardinal Bembo indessen, der große Fachmann dieser Epoche, wies das Gedicht als eine Fälschung zurück. Obwohl noch immer ein Geheimnis sie umweht, glauben die meisten Gelehrten, sie sei jene Laura de Noves gewesen, die im Jahre 1325 zu Avignon Hugo de Sade geheiratet hatte. Und Petrarca, da er sie zum erstenmal sah, mit dem blonden Haar, das ihr auf die Schultern fiel, fühlte den Dichter in sich erwachen, und er erkor sie sich – wie dies die Ritter im Mittelalter und die Troubadours taten – zur Dame seines Herzens.
Byron lehnte es zwar ab, sich für die ideale Liebe zu begeistern, und er verschmähte Sonette («winselnde, erstarrte, dumme, platonische Dichtungen»), dennoch suchte er die Ambrosianische Bibliothek auf und seufzte mit einer Sentimentalität, die größer als jene des Petrarca war, über den Briefen der Lucrezia Borgia an den Kardinal Bembo, und er weidete sich an einer Locke ihres hellen Haars: «Ich werde versuchen, einige von ihnen zu bekommen, wenn es geht», gestand er in einem Brief an Augusta Leigh. Und als niemand hinsah, entwendete der unverbesserliche Souvenirsammler «ein einziges Haar».
Ich erkundigte mich, ob man die Haare und die Briefe noch besichtigen könne und erfuhr, nach Byrons Diebstahl sei beschlossen worden, das Haar in einem Reliquienschrein zu verschließen. Dies geschah im Jahre 1828, man kann die Locken nun nicht mehr wie zu Byrons Zeit zusammen mit den Briefen betrachten. Diese Schreiben legte man mir indessen augenblicklich vor; in Schafleder gebunden. Es sind neun Stücke, in lateinischer und in italienischer Sprache von Lucrezias Hand geschrieben, daneben gibt es noch ein Gedicht in Spanisch. Alle sind an «meinen liebsten M. Pietro Bembo» gerichtet, doch hat Lucrezia, wie so viele Frauen, das Datum vergessen; Bembo fügte es jeweils bei. Byron gefiel es, die Briefe für romantische und leidenschaftliche Episteln zu halten, aber vermutlich sind sie keine glühenden Liebesbeteuerungen, sondern lediglich die üblichen höflichen Briefe, die von den Damen der anspruchsvollen Renaissancezeit an kultivierte männliche Freunde geschrieben wurden. Bembo und Lucrezia waren höchstwahrscheinlich ein ebenso platonisches Paar wie Laura und Petrarca. Hätte Byron das nur gewußt.
Ich stieg die Treppe hinauf, um Lucrezias Locken zu bewundern, die sich

jetzt im Museum befinden. Es gibt dort eine Galerie an der Außenfront, von der aus man in einen dumpfen Hof sieht, wo zwei Statuen unter schwermütigen Büschen stehen. Die eine erkennt man als die Manzonis. Die andere stellt einen fröhlichen jungen Galan in Pluderhosen dar, bei dem es sich um Shakespeare handeln soll. Von dieser Galerie kam ich in das Museum, wo Lucrezias Haar in einem gläsernen Schrein aufbewahrt wird, als sei es das Haar einer Heiligen; schönes blondes Haar, nur eine dünne Strähne – jene Sorte von Andenken, die Byron so sehr schätzte. Mir fiel ein, wie sorgsam Lucrezia ihr Haar gepflegt hat, und wie oft ihre Hochzeitsreise nach Ferrara unterbrochen wurde, damit sie ihren Kopf waschen konnte. Der Reliquienschrein ist erlesen; das gläserne Oval von Perlen umgeben, von denen zwei schöne kleine Anhänger herabbaumeln. Der eine zeigt den roten Wappenstier der Borgia, der andere einen Adler, vermutlich den weißen Adler der Este. Und in der Nähe findet man die Gamslederhandschuhe, die Napoleon bei Waterloo getragen haben soll – eines jener Sammelsurien, die manche Museen so faszinierend machen.

In einem benachbarten Raum entdeckte ich den Schrein, in dem der berühmte «Codex Atlanticus» des Leonardo da Vinci verwahrt ist. Er enthält eine Menge prophetischer wissenschaftlicher Zeichnungen, Pläne und Notizen. Und daneben sieht man das Einführungsschreiben an Lodovico il Moro, in dem der Künstler unter anderem als Ingenieur bezeichnet wird.

Am meisten aber entzückte mich in der Ambrosianischen Bibliothek das berühmte Profilbild jener bezaubernden jungen Frau, das einst als «Beatrice d'Este» von Leonardo da Vinci betitelt wurde, und das nun als «Porträt einer jungen Dame» von Ambrogio da Predis bekannt ist. Nach mehr als vierhundert Jahren erscheint sie vor uns mit der ganzen Süße und Unschuld eines jungen Mädchens. Obwohl die Kenner nicht mehr soviel von dem Bild zu halten scheinen wie einstens, ist dieses Antlitz für mich das entzückendste und rührendste aller Frauengesichter, die aus jener glänzenden Zeit erhalten sind: ein junges Profil, kastanienbraunes Haar, das im Nacken von einem feinen Gewebe gehalten wird und dessen Ränder mit Perlen besetzt sind; ein Netz, das mit einem Juwelenband an ihrem Kopf befestigt ist; eine der Perlen fällt wie ein Tropfen auf ihre Stirn. Ihre Nase ist ein klein wenig aufgeschürzt, ihre Miene ernst, indes man meine, jede Sekunde könnte sie lächeln. Und unter ihrem Kinn kräuselt sich nach der Mode der Zeit eine Haarsträhne. Ich kannte einmal einen jungen Mann, der eine bunte Postkarte der Beatrice d'Este während des ganzen Ersten Weltkrieges bei sich trug. Als ich vor dem Original stand, gestand ich mir, dies sei zweifellos kein übles Idol der Schönheit für einen jungen Mann.

Von allen Frauen, die sie kannte, war ihr vielleicht Bianca am ähnlichsten, die illegitime Tochter Lodovicos und Bernadina de' Corradis. Sie tanzte glücklich durch die leuchtenden Tage der kurzen Herrschaft Beatrices, und Lodovico und seine Frau waren aufs tiefste bestürzt, als sie schon ein paar Monate nach ihrer Heirat mit Galeazzo Sanseverino starb. Welch ein freundlicher und zartfühlender Mann Lodovico war, zeigt der Brief in den Mailänder Archiven, den er an seine frühere Geliebte schrieb. Es ist das Muster einer kultivierten Briefstellerei: «Obwohl wir nicht über den plötzlichen Tod unseres geliebten Kindes Bianca ohne den bittersten Schmerz sprechen können, glauben wir doch, daß es ein schweres Pflichtversäumnis Dir gegenüber als ihrer Mutter wäre, wollten wir Dich nicht über dieses traurige Geschehnis mit eigener Hand unterrichten. Es ist ein Verlust, der keinem gleichkommt, der uns je betroffen hat. Gestern morgen um neun Uhr, als sie anscheinend bei bester Gesundheit war, wurde sie plötzlich ohnmächtig, und trotz allem, was die Ärzte für sie tun konnten, wurde ihr Befinden ständig schlechter, bis sie um fünf Uhr am Abend ihr Dasein auf Erden beschloß. Wir sind im tiefsten Schmerz über den Verlust einer solchen Tochter und über den Schlag, der so jäh und unerwartet kam. Wir wissen, es wird eine schwere Prüfung für Dein Herz sein, doch wir müssen mit Geduld die Proben hinnehmen, die uns auferlegt werden und uns den unabänderlichen Gesetzen der Natur beugen. Wir flehen Dich deshalb an, diesen Verlust mit Geduld und Mut zu tragen, und wir versichern Dir, daß wir Dich in Zukunft nicht weniger lieben werden, als wäre Bianca noch am Leben.»
Lodovico schrieb auch an den Erzbischof von Mailand und bat ihn, seine Tochter möge hinter dem Hochaltar von Santa Maria delle Grazie beigesetzt werden, «da ich nicht wünsche, daß Bianca an einem Ort begraben liegt, wo ich ihr Grab sehen kann».

Die Marschlandschaft im Süden Mailands mit ihren Bewässerungskanälen und ihren Reisfeldern hat einen Zauber, der unitalienisch wirkt. Die silbrigen Pappeln, die im leichten Wind zittern, verleihen der Landschaft ein Flair, das an Holland oder an Frankreich erinnert. Fast überrascht es, auf diesen Straßen unverkennbar lateinischen Gesichtern zu begegnen, zerfurcht und ziegelrot, große Nasen und dunkle Augen, die sich seit den Tagen, da man ihre Züge den Gesichtern der Drei Weisen aus dem Morgenlande lieh, nicht veränderten.
An einem stillen Sommervormittag kam ich in die uralte Stadt Pavia, eine Autostunde südlich von Mailand, die Hauptstadt einer der neun lombardischen Provinzen. Ein leichter, warmer Nebel hing über den Dächern, und die Stadt, die sich an den Ufern des Ticino entlangdrängt, glich einer niederländischen Skizze aus dem siebzehnten Jahrhundert. Eine

ungewöhnliche, eine gedeckte Brücke kreuzt den Fluß. Doch während ich noch meinen Gedanken nachging, begann sich der Nebel zu heben, und mit jeder Sekunde entfernte sich Pavia weiter von Holland und empfing immer italienischere – oder lombardischere – Züge, bis die Stadt in all ihren Schattierungen zu erkennen war; sie reichten von Senfgelb bis zu Sienabraun, und der Dom ließ dazu sein eiliges Geläute erklingen.
Ich wurde von einem Freunde erwartet, der zu Gastvorlesungen an der Universität weilte. Er schleifte mich von einer Kirche zur nächsten und warf mir wie einem ausgehungerten Hund brockenweise die Informationen hin, bis ich mich außerstande fühlte, noch irgend etwas zu verdauen. Die meisten Italienreisenden kennen das: Die Reichtümer des Landes, die architektonischen, geschichtlichen und künstlerischen Schönheiten werden zuweilen unerträglich; man beneidet die Kenner, die sich allein für eine historische Epoche oder lediglich für einen bestimmten Maler interessieren. Es gibt so vieles, was man sehen und verstehen müßte, daß ein Fremdenführer einen fast verrückt macht. Man muß eben einen eigenen Weg finden, um in der Zeit, die einem zur Verfügung steht, seine eigene Auswahl zu treffen.
Wir erreichten das Schloß von Pavia, das von den Visconti erbaut wurde, und das die Sforza geerbt haben – einen ungeheuren Bau mit grasbewachsenem Burggraben und Spitztürmen, die an das Mailänder Kastell erinnern. Hier verbrachten Lodovico Sforza und Beatrice d'Este einige ihrer glücklichsten Stunden.
An einem solchen Ort ereignete sich naturgemäß auch manche Tragödie. Hier hauste der beklagenswerte Gian Galeazzo, der sechste Herzog von Mailand, der seinem geliebten Onkel vertraut hatte und der – wenn er ein bißchen zuviel getrunken hatte – meinte, dem Leben und der Sorge um seine verärgerte, enttäuschte Frau nicht gewachsen zu sein. In diesem Schloß starb er nach einem langen, allmählichen Siechtum. Eines Tages konnte er nicht mehr auf den Füßen stehen – was viele Zeitgenossen zu der Annahme veranlaßte, sein Onkel habe ihn vergiftet. Lodovico aber verabscheute alle Grausamkeiten, und er war – soweit man das heute beurteilen kann – wohl nicht der Mensch, der jemanden umbrachte, der ihm vertraut hatte. Andererseits überging er freilich in der Erbfolge den Sohn seines Neffen und nahm das Herzogtum als sein Eigen.
In Pavia habe ich – wie früher oft in Spanien – die ehrfurchtgebietende Macht der Zeit empfunden. Ich möchte die Stadt nicht die schönste Stadt Italiens nennen, doch ich habe keine gesehen, die mir so sehr das Gefühl der Alterung vermittelt hat: das Wissen um begrabene Städte, die übereinander errichtet wurden seit den Tagen der Römer und Gallier. Die Straßen senken sich (woran man das Verwehen der Jahrhunderte erkennt) zu den westlichen Portalen der Kirche San Pietro in Ciel d'Oro hinab. Dort

führte mich mein Freund in die Krypta und zeigte mir das Grab des hl. Augustinus. Diese jähen Übergänge vom fünfzehnten zum fünften Jahrhundert sind in Italien an der Tagesordnung. Daß der hl. Augustinus, der während der Belagerung Hippos in Nordafrika im Jahre 430 gestorben war, in Pavia begraben liegen soll, erschien mir etwas rätselhaft, bis mir ein Priester, der wissen ließ, er schreibe über die Umbettung der Heiligengebeine, die Sache näher erklärte.
«Als Hippo 430 in die Hände der Vandalen fiel, gingen die führenden Christen nach Sardinien ins Exil. Man erlaubte ihnen nicht, die Gebeine ihres geliebten Bischofs mitzunehmen, aber sie gaben die Hoffnung nie auf, die Reliquien würden eines Tages überführt werden. Dies geschah jedoch während der nächsten sechzig Jahre nicht. Erst dann wurden die Gebeine nach Cagliostro auf Sardinien gebracht. Zweihundert Jahre später, als die Insel von den Sarazenen erobert wurde, bot Liutprand, der König der Lombarden, den Ungläubigen 60 000 Goldkronen für die Gebeine des hl. Augustinus. Sie nahmen das Geld nur allzugern an und brachten die Reliquie im Jahre 710 nach Italien. Der König ließ sie hier in Pavia, seiner Hauptstadt, beisetzen.»
Der Schrein mit den Überresten wurde von Zeit zu Zeit geöffnet. Voller Ehrfurcht starrten die Leute auf die Gebeine des großen Kirchenvaters, und manch einer nahm wohl die günstige Gelegenheit wahr und steckte sich einen kleinen Knochen ein. 1787 wurde ein Fersenknochen dem Herzog von Pavia geschenkt. Ich betrachtete den vornehmen Marmorschrein, der mit kleinen Figuren geschmückt ist. Es sind schöne Schnitzereien, deren Augäpfel man schwarz bemalt hat. Ich fragte mich, wieviel von dem berühmtesten Seelenhirten der frühen Christenheit wohl noch in diesem Schrein enthalten sein mochte.
Danach hetzte mein Freund mich zur Universität, wo ich mir verschiedene ehrwürdige Höfe ansah, sienabraun und mit vielen Balkonen, an deren Rand man sich lehnen konnte, um den hübsch aufgemachten Studentinnen zuzuschauen, die zu den Vorlesungen kamen.
«Oxford mag im fünfzehnten Jahrhundert eine gewisse Ähnlichkeit mit dieser Universität gehabt haben», meinte mein Freund. «Klein, still, kein Verkehr und natürlich keine Fahrräder.»
In einem der Höfe fanden wir das stattliche Standbild Alessandro Voltas aus dem achtzehnten Jahrhundert, des berühmten Professors dieser Universität, dessen Namen einem unwillkürlich einfällt, wenn man eine Glühbirne kauft.
«Wissen Sie eigentlich, daß die Geschichte dieser Universität auf die römische Zeit zurückgeht?» fragte mein Begleiter. «Später war Karl der Große einer ihrer Wohltäter. Lanfranc, der zum ersten Bischof von Canterbury gewählt wurde, stammte aus Pavia und hat hier die Rechte gelesen.»

Ein wissenschaftlicher Würdenträger hieß uns willkommen und geleitete uns in ein Museum, darinnen die Glasflaschen und Metallscheiben zu sehen sind, die Volta zur Erzeugung der ersten Volts dienten. Ich habe keine Ahnung, ob Elektriker Pilgerreisen zu ihren Göttern veranstalten, doch wenn sie es tun, dann wäre dies wohl der passende Wallfahrtsort. Diese phantastische Sammlung von Retorten und Zink- oder Metallbehältern, von Apparaturen mit Messingknäufen und Mahagonigriffen, deren Verwendungszweck bestenfalls in einer halben Stunde erläutert werden kann, beansprucht mehrere Säle. Der Würdenträger erklärte uns die erste Voltasche Säule. Dabei ging mir durch den Kopf, unsere Vorfahren seien doch recht zivilisierte Leute gewesen. Die neue Energiequelle bedrohte nicht die Existenz der Menschheit, sie fiel auch nicht in die Hände von Gaunern und Tyrannen. Soweit ich weiß, hat noch niemand die Welt durch elektrischen Strom ruinieren wollen. Heute, da wir im Zeitalter der Atomkraft leben, mutet uns der stille Hörsaal, der von den ersten Tagen der Elektrizität kündet, fast wie ein verwunschener Ort an, wo eine gute Fee ihren Zauberstab über Voltas Glaskugeln hielt. Von allen bedeutsamen Erfindungen scheint allein die Elektrizität nicht das Böse geweckt zu haben.

Wir schritten durch ein anatomisches Museum (keine besonders gute Vorbereitung auf das Frühstück), und unter allen Gegenständen, die ich mich bemühte nicht zu sehen, war ein menschlicher Kopf. Das Gesicht war geistergrün, das Haar noch braun, und alles schwamm in einem Gefäß voller Öl. Man sagte mir, dies sei das Haupt eines Anatomieprofessors, der vor etwa hundert Jahren gestorben war und seinen Leichnam den Studenten vermacht hatte.

Man lud mich ein, im Ghislieri-Kolleg zu essen, das von Papst Pius V. gegründet worden war (sein Familienname war Michele Ghislieri gewesen). In jungen Jahren war er ein armer Bursche, der wußte, wie schwer es war, eine gute Erziehung zu finden. In dem Moment, da er zum Papst gewählt war, gründete er das Kolleg in Pavia, um jungen Männern zu helfen, die nicht mit Glücksgütern gesegnet waren. Vor dem Kolleg steht eine sprechende Statue von Pius: ein magerer weißbärtiger Asket, der Großinquisitor gewesen war und sein härenes Hemd mit in den Vatikan genommen hatte. Bei öffentlichen Anlässen pflegte er barfuß zu gehen. Er weigerte sich auch, sein weißes Dominikanergewand mit der roten Robe des Papstes zu vertauschen, und seit dieser Zeit tragen die Päpste das weiße Gewand. Er war jener Papst, der mithalf, die Flotte auszurüsten, die bei Lepanto die Türken schlug, und er hat Elisabeth Tudor exkommuniziert.

Das Kolleg ist ein schöner Marmorbau im Stil des späten sechzehnten Jahrhunderts. Der Rektor zeigte mir die schönsten Bilder (darunter natürlich der «Sieg von Lepanto») und die Tapisserien. Dann erklommen wir eine prächtige Treppe und schritten durch einen Flur, an dem die Zimmer der Studenten gelegen sind. An manchen Türen hingen Schilder wie «Weckt mich um 10 Uhr». Ein englischer Gelehrter würde die Räume im Ghislieri vermutlich ziemlich großartig finden; vielleicht vermißte er dort die Gemütlichkeit – die übliche Klage der Engländer über italienische Paläste aus vergangener Zeit. Aber jedes Zimmer hat fließendes Wasser, alle sind hoch und geräumig, alle haben ein Bett, einen Schreibtisch und ein hübsches Büchergestell. Was man dagegen nicht antrifft, sind zerbrochene Liegestühle und – Gastlichkeit. Der Rektor erzählte mir, der berühmteste Literat unter den ehemaligen Studenten sei der Lustspielautor Goldoni gewesen, den man jedoch 1725 wegen einer schockierenden Satire auf die Töchter aus Pavia besseren Häusern habe relegieren müssen.

Die hundert Bewohner des Ghislieri-Kollegs aßen gemeinsam in einem langen Refektorium aus dem siebzehnten Jahrhundert. Die Studenten sitzen jeweils zu zehnt an einem Tisch. Kellner, die weiße Baumwollhandschuhe tragen, servieren das Menu. Neben mir saß der einzige englische Student in Pavia, ein junger Mann aus Leeds. Er teilte mir mit, er sei nach Pavia gekommen, um eine Dissertation über einen ungewöhnlichen Aspekt der römischen Geschichte zu schreiben, aber er sagte mir nicht, welchen er im Auge hatte, und ich fragte ihn auch nicht danach. Wir aßen sehr gut: Gnocchi, denen eine gegrillte Seezunge folgte, Obst und Käse, dazu gab es roten und weißen Wein. Es ging recht förmlich und würdevoll zu, und ich dachte mir, die jungen Italiener sähen schon jetzt wie Doktoren, Rechtsanwälte oder Ingenieure aus.

Der Name Kartause deutet auf ein Kartäuserkloster hin. Fünf Meilen außerhalb von Pavia liegt eines der berühmtesten, die Kartause von Pavia, die eine ganze architektonische Literatur angeregt hat. Es ist geradezu ein Erlebnis im heutigen Europa, sich allein vor einem berühmten Bauwerk zu finden, doch an diesem hellen Nachmittag war ich in der Tat der einzige Besucher. Es war sehr still, denn die Kartause wird nicht mehr bewohnt.

Ich betrachtete mir die verschwenderischen Ausmaße des Bauwerks durch das Eingangsportal. Die Kartause liegt in einiger Entfernung am Ende eines breiten Weges; sie wird wohl das prächtigste und kostspieligste Kloster sein, das je gebaut wurde. Die Visconti und Sforza steckten Unsummen hinein, denn sie hofften, ihren Lohn im Himmel zu bekommen. Sollte es irgendeine göttliche Vergeltung für den Bau eines Kirchenpalastes geben (schließlich hätten die Visconti und die Sforza ihr Geld ja auch für sich verbrauchen können), dann haben die Häupter dieser Familien gewiß ein paar Worte himmlischer Anerkennung gefunden. Es war eine

Überraschung, die Medaillen von zwölf Cäsaren an der westlichen Front neben den Bildern der Apostel zu erblicken. Jede der vierzehn Kapellen zu seiten des Mittelschiffs ist ein Prunkstück. Die Schönheit und die Mannigfaltigkeit des Marmors, den die Steinmetze aus dem Erdreich gebrochen haben, und der in allen Farben des Spektrums leuchtet, werden nur noch übertroffen vom Geschick derer, die ihn so wunderbar nahtlos zusammenfügten.

Aber mehr als alle diese Pracht interessierte mich das Grabmal von Beatrice und Lodovico inmitten der Kirche. Die Geschichte dieses Monuments ist sonderbar. Das Grab ist leer. Nach dem Tod der Beatrice d'Este stand es vor dem Hochaltar von Santa Maria delle Grazie in Mailand. Dort schlummerte sie, kurz bevor Lodovicos Glück zerbrach und sein Leben in einem französischen Kerker zu Ende ging. Aus Gründen, die ich nicht kenne, boten die Dominikaner von Santa Maria delle Grazie das Grab zum Verkauf an, und es wurde fast umsonst von den Kartäusern aus Pavia erworben, die Verstorbenen offenbar ein besseres Gedächtnis bewahrten. Sie wiesen ihm den Ehrenplatz in ihrer Kirche zu, doch im Verlauf der Zeiten gingen die Gebeine der fröhlichen und bezaubernden kleinen Beatrice verloren.

Auf dem Grabmal ruhen im Staatskleid die lebensgroßen Figuren Beatrices und Lodovicos. Der bucklige Christoforo Solari aus Mailand wurde von Lodovico mit der Anfertigung der beiden Figuren beauftragt. Es war sein Wunsch, daß spätere Generationen seine geliebte Beatrice so sehen sollten, wie ihre Freunde und Diener sie gesehen hatten, und der Bildhauer gab sich große Mühe, um das Porträt so lebensecht wie möglich zu machen. Ich halte es für eines der ergreifendsten Grabmale, die ich je gesehen habe. Ein Hauch von Tragödie und Romantik umschwebt diese beiden Gestalten, ein junges Mädchen und einen Mann, und auch derjenige, der nichts von ihrer Geschichte weiß, wird mit Interesse und Neugier in diese Gesichter blicken.

Obwohl ich wußte, daß Beatrice schon mit zweiundzwanzig Jahren gestorben war, hatte ich doch kaum erwartet, sie so jung wie ein Schulmädchen zu sehen. Sie trägt eines ihrer prächtigsten Gewänder. Wie viele berühmte Frauen war sie sehr klein. Ihre Zehen stecken in Stelzschuhen oder venezianischen *choppines*, deren Sohlen etwa zehn Zentimeter hoch sind. Dies war das junge Mädchen, dessen Lachen und Lebenslust Mailand zum fröhlichsten Hof Europas gemacht hatten und das zur gleichen Zeit imstande gewesen war, den um zwanzig Jahre älteren Mann klug zu beraten. Lodovico liegt an ihrer Seite im ganzen Glanz seiner Würden. Sein langes Haar fällt auf ein Kissen, den Herzogshut hält er in der Hand.

Ich habe von Beatrices Tod erzählt, und ich mußte wieder an ihn denken, als ich vor ihrem Grabmal stand. Heutzutage hätte vielleicht ein Medizinstudent in den ersten Semestern ihr Leben retten können. Es gibt einen ungewöhnlich genauen Bericht über ihr Ende. Sie war hochschwanger, bei guter Gesundheit, doch ihre Stimmung war trübe. Am Abend des 21. Januar 1497 versuchte man sie dadurch aufzuheitern, daß man in ihren Räumen im Mailänder Schloß ein wenig tanzte. Man mußte indessen bald damit aufhören, denn Beatrice klagte, es ginge ihr schlecht. Sie gebar ein totes Kind und starb kurz danach. In einem abgedunkelten Zimmer diktierte Lodovico Briefe an die italienischen Höfe.

«Meine Frau wurde um acht Uhr gestern abend von plötzlichen Schmerzen befallen. Um elf Uhr gebar sie einen toten Sohn, und um halb zwölf gab sie ihren Geist an Gott zurück. Dieses grausame und vorzeitige Ende erfüllt mich so sehr mit bitterem und unbeschreiblichem Schmerz, daß ich lieber selbst gestorben wäre, als das Liebste und Kostbarste zu verlieren, was ich auf Erden besaß.» Mit diesen Worten teilte er die Nachricht Beatrices Vater, Ercole I., dem Herzog von Ferrara, und seinem Schwager, Francesco Gonzaga, dem Markgrafen von Mantua, mit.

Er war außerstande, der Beerdigung beizuwohnen, die nach den Sitten der Zeit bei Nacht stattfand. Beim Licht von 1000 Fackeln folgten der Hof, die Botschafter und die angesehenen Bürger Mailands in langen schwarzen Umhängen dem Leichenzug nach Santa Maria delle Grazie. Damals arbeitete Leonardo da Vinci an seinem «Abendmahl», und er muß das Leichenbegräbnis mit angesehen haben, möglicherweise schritt er auch im Zuge mit. Beatrices Leib war in eines ihrer kostbarsten Kleider aus Goldbrokat gehüllt. Der Leichnam wurde zum Hochaltar getragen, wo der päpstliche Legat ihn unter den Kerzen aus ungebleichtem Wachs entgegennahm. Vierzehn Tage lang sah Lodovico niemand. Seine Zimmer blieben schwarz verhangen, und er nahm seine Mahlzeiten im Stehen ein. Einmal am Tag hüllte er sich in einen Trauermantel und hastete zum Grab seiner Frau.

Solche düsteren Vorkommnisse bilden einen scharfen Kontrast zu der Fröhlichkeit und dem Glanz, die das Wort Renaissance hervorrufen. An den Wänden unzähliger Kunstgalerien sehen wir wie durch einen Spiegel nur die glücklichen Momente jener Tage. Wir blicken in die Augen von Männern und Frauen, die sich des Lebens erfreuen. Und vielleicht enthüllte deshalb der Tod, wenn er diese lustigen und glücklichen Menschen überraschte, so kraß die Tatsache, daß sie mit den Klassikern zu wenig von deren Gleichmut in sich aufgenommen hatten. Wenn das Leid einen Renaissancepalast befiel, wurde kein Versuch unternommen, die Ohren steifzuhalten, wie wir heute sagen würden. Für die vom Schmerz Betroffenen war es die Regel, sich zu vergraben – wie es Lodovico tat, und jene, die man in die verdunkelten Räume einließ, vergossen Tränen des Mitgefühls.

Als Guidobaldo I., Herzog von Urbino, mit fünfunddreißig Jahren an einer Krankheit starb, die man die «Gicht» nannte, gestattete man dem Sekretär der Isabella d'Este den Zutritt zu dem Raum, in dem seine Witwe, Elisabeth Gonzaga, trauerte. Er schrieb:
«Ich traf die erlauchte Herrin umgeben von ihren Damen in einem schwarz ausgeschlagenen Zimmer an, in dem alle Fenster geschlossen waren und nur eine Kerze auf dem Boden brannte. Sie saß auf einem Polster auf der Erde und hatte einen schwarzen Schleier vor dem Gesicht und eine bis zum Halse reichende schwarze Jacke an. Es war so dunkel, daß ich kaum etwas sehen konnte, und man mußte mich an meinem Mantel wie einen Blinden zu ihr führen. Sie ergriff meine Hand, und wir begannen beide zu weinen, und es dauerte eine Weile, ehe das Schluchzen mir das Sprechen möglich machte . . . Heute verbrachten wir mehr als drei Stunden beisammen, und ich veranlaßte sie, von anderem zu reden, und ich brachte sie sogar zum Lachen, was bis jetzt noch niemandem gelungen war. Ich bat sie, die Läden zu öffnen, was noch keiner vorzuschlagen gewagt hatte, und ich hoffe, sie wird es in zwei Tagen erlauben. Sie ißt noch immer auf dem Fußboden.» Wer könnte in dieser traurigen Erscheinung die lebensfrohe Herzogin wiedererkennen, die in Castigliones *Il Cortegiano* erwähnt wird, jene Frau, die ihren Weg mit berechnendem Lächeln durch so viele Gesellschaften in Urbino ging?

Ein umherschleichender Fremdenführer schloß sich mir an, und wir besichtigten die Zellen der Mönche – falls man diese reizenden Appartements aus Marmor, die von den größten Meistern der Renaissance gebaut wurden, Zellen nennen kann. Jeder Mönch lebte in einer abgeschlossenen Wohnung, einem kleinen Eigenheim, das ein Schlafzimmer und einen Arbeitsraum enthielt; außerdem verfügte er über einen Holzverschlag, eine Werkstatt und einen hübschen kleinen Garten. Jede «Zelle» war von einer Mauer umgeben, in die ein schmuckvoller Torbogen eingelassen war; am Tor befand sich eine Drehscheibe. Durch diese Öffnung empfingen die Mönche ihre vegetarischen Mahlzeiten, die von einem Laienbruder gekocht wurden. Dreimal in vierundzwanzig Stunden rief die Kirchenglocke die Mönche zusammen: zur Frühmesse, zum Abendgebet und zum Mitternachtsgottesdienst. In der Dunkelheit eilten sie mit ihren Laternen durch den Kreuzgang. Ich entsann mich eines Freundes, der einmal den Messen in einer Kartause beigewohnt hatte. Er sagte mir, nie habe er etwas Eindrucksvolleres gesehen als diese Gestalten in den Kutten beim Schein ihrer Laternen. Es herrschte tiefe Stille. Nur einmal in der Woche durfte während eines Spaziergangs von zwei oder drei Stunden gesprochen werden.
Der Kartäuserorden ist deshalb so interessant, weil er niemals reformiert

wurde. («Nie reformiert, weil er nie deformiert wurde», werden die Kartäuser sagen.) Die Lebensführung wurde nach dem Muster der Eremiten in der ägyptischen Wüste vom hl. Bruno in den Bergen über Grenoble festgelegt. Dies war zu jener Zeit, da Wilhelm der Eroberer nach England kam. Die Große Kartause – so hieß die Mutterkirche – erhebt sich in einer großartigen Gebirgslandschaft. Zu Ende des achtzehnten Jahrhunderts wurden die Mönche aus Frankreich vertrieben. Es ist sonderbar, daß das Wort Kartause, das früher an ein Leben äußerster Enthaltsamkeit erinnerte, die meisten Leute heutzutage an Geselligkeit denken läßt. Aber die Destillation des berühmten grünen und gelben Likörs ist eine verhältnismäßig neue Erfindung in der Geschichte der Kartäuser, und das viele Geld, das die Mönche einnahmen, verwendeten sie zu wohltätigen und religiösen Zwecken. Seit ihrer Vertreibung aus der Großen Kartause wird der Likör von einer französischen Gesellschaft hergestellt, aber die Mönche haben eine Brennerei in Tarragona in Spanien errichtet, und sie erzeugen jenes Getränk, von dem sie sagen, es sei das echte. In Spanien traf ich einmal einen Mönch, der mit erzählte, der grüne Kartäuser sei der stärkste und beste, der gelbe der beliebteste und der weiße der am wenigsten bekannte Likör.
Im Pförtnerhaus der Kartause von Pavia stieß ich auf einen alten Herrn, der ein reichhaltiges Likörmuseum betreute. Er nannte ihn *Gra-Car*. Auf seiner Visitenkarte las ich «Cavaliere Maddelina», und er berichtete mir, er brenne den Likör nach einem uralten Mönchsrezept selbst; auch sammle er die nötigen Kräuter mit eigener Hand. Ich kaufte zwei Flaschen *Gra-Car*, aber wie es das Unglück und die Fährnisse einer Reise mit sich bringen: Ich ließ sie ungeöffnet in einer Hotelgarderobe liegen.

Ein großer Park, der Mirabello genannt wird, erstreckt sich von der Kartause bis zum Schloß von Pavia. Er war einer der berühmten Jagdgründe der Herzöge von Mailand, und man füllte ihn immer wieder mit Damwild und anderem Getier auf. Das größte Wild, das hier zur Strecke gebracht wurde, war der französische König Franz I., der am frühen Morgen des 25. Februar 1525 der Armee von Karl V., dem spanischen König und deutschen Kaiser, in die Hände fiel.
Es ist ein versöhnender Charakterzug von Königen, daß sie zur gleichen Zeit närrisch und tapfer sein können. Solche Eigenschaften enthüllte auch Franz I. Nachdem er eine Batterie durch das Feuer seiner eigenen Artillerie quer übers Schlachtfeld geführt hatte, focht er wie ein Löwe und verlor um ein Haar sein Leben, während die französischen Edelleute an seiner Seite fielen. Dies war die Schlacht von Pavia. Franz lebte etwa ein Jahr lang als Kriegsgefangener in Madrid, und die Grenzen Italiens öffneten sich den Spaniern.

3. Kapitel

Die alten Kanäle der Lombardei – Der Lago Maggiore und die Isola Bella – Ein Besuch in der Villa des Plinius am Comer See – Der Tod Mussolinis – Die Eiserne Krone der Lombardei – Theodolindas Küken und ihre Ölflaschen – Die Stadt Gorgonzola

Wenn jemand, der die Lombardei vor Jahrhunderten gekannt hat, sie heute wiedersehen könnte, würde ihn nichts mehr überraschen, als das Fehlen der Boote und Segel. Bis in die Neuzeit waren die Städte der Po-Ebene durch ein kompliziertes Netz von Wasserstraßen miteinander verbunden. Sie machten die großen Städte zu Binnenhäfen. Shakespeare wußte, daß man zu seiner Zeit per Schiff von Mailand an die Adria und mit Kanalbarken oder Flußbooten von Verona nach Mailand reisen konnte. Im Mittelalter wurde das Frachtgut aus Venedig an die Kais von Mailand, Verona, Mantua und Ferrara geliefert. Die Barken entluden Steine für den Mailänder Dom am Bauplatz im Zentrum der Stadt. Es gab eine Zeit, in der Mailand als Seemacht galt und eine Flotte von Kriegsschiffen unterhielt, die Venedigs Galeeren herausforderten.

Der Verkehr auf den Flüssen und Kanälen gab dem Leben der Lombardei ein besonderes Gepräge. In den Wirtshäusern traf man Schiffer, die das ererbte Wissen jener zeigten, die sich seit Jahrhunderten den gefährlichen Strömen anpassen mußten. In der Vergangenheit haben viele Schriftsteller die Ruhe und Beschaulichkeit einer Bootsreise durch die Lombardei geschildert. Die Regelmäßigkeit und Sicherheit des Güterverkehrs wirkte sich auf die Zivilisation der Renaissance aus. Es brauchten keine Meere überquert und keine Berge bestiegen zu werden, weder Piraten noch Straßenräuber waren zu fürchten. Die Stadtstaaten der Po-Ebene erhielten als erste die Gewürze, die Stickereien und die griechischen Manuskripte aus dem Osten.

Heute findet man kaum noch eine Spur dieser Verbindungswege. Ihr Verfall begann mit den politischen Wirren des sechzehnten Jahrhunderts, als die Kanäle beim Zusammenbruch der Herzogtümer oder deren Übergang in fremde Hände gesperrt und schließlich aufgefüllt wurden. Die Erfindung der Eisenbahn setzte dann im vergangenen Jahrhundert den Schlußpunkt. Zuweilen liest man auf einem Straßenschild das Wort *canale* an Stelle von *via* – der einzige Hinweis darauf, daß hier einst ein Teil der Binnenwasserstraßen war.

Das System ging auf die Zeit der Römer zurück. In jenen fernen Tagen

wurde ein regelmäßiger Paketbootdienst zwischen den Städten unterhalten, der *cursoriae* hieß und sowohl Passagiere als auch Briefe und amtliche Nachrichten beförderte. In einem reizenden Brief, der etwa ums Jahr 450 nach Christi geschrieben wurde, teilt Apollinarius Sidonius mit, wie er auf einer Reise von einem Ort bei Mailand nach Ravenna in einer *cursoriae* dahinglitt, wobei er laut sang. Zu einem seiner Lieder ließ er sich offenbar von der lombardischen Landschaft anregen. Es erzählte von Phaeton, der sich im Eridanus (so hieß der Po damals) zu Tode stürzte, weil es ihm nicht gelungen war, die Rosse des Sonnengottes zu bändigen, und bei seinem Tode wurden seine weinenden Schwestern in Pappeln verwandelt. Diese Vorstellung ist hübsch: Sidonius, der die Windbrüche mit dieser alten Legende in Verbindung brachte, lauthals davon sang, und jedermann, der es noch nicht wußte, auseinandersetzte, daß die Tränen der trauernden Schwestern von der Sonne in jenen klebrigen Gummi verwandelt wurden, den die Pappelknospen ausschwitzen.
Während der Renaissance muß das Kanal- und Flußnetz der Lombardei am besten funktioniert haben. Gewiß ließ mancher Bauer seine Hacke oft sinken, wenn er beim Klang von Musik zwischen den Weinbergen eine geschnitzte und vergoldete Barke näherkommen sah – ein Anblick, der für immer aus der Welt verschwunden ist. Jeder Renaissanceherrscher besaß eines dieser Fahrzeuge, die nach den Dogengaleeren der Venezianer *bucentaur* genannt wurden. Sie dienten allein der Schaustellung und der Unterhaltung; man benutzte sie, um hochgestellte Gäste zu den Hauptstädten der Herzogtümer zu geleiten, um Töchter zu ihren Hochzeiten zu bringen und um dem höfischen Pomp einen besonderen allegorischen Glanz zu verleihen. Selbst die Päpste und die Kaiser wurden von Herzog zu Herzog, von einer vergoldeten Barke zur nächsten weitergereicht, bis sie schließlich am Bestimmungsort anlangten, wo am Ufer die Bogenschützen und Soldaten des Herrschers standen und ein Wasserfestspiel begann, während die Musik aufspielte und die Gäste von Meerjungfrauen und Tritonen begrüßt wurden. Die beste Schilderung eines solchen Festes gibt Pius II. in seinen «Commentarii». Auf dem Weg vom Kongreß in Mantua im Jahre 1459 reiste der Papst von Rom nach Bologna über Land, wobei er Florenz passierte, aber beim Verlassen Bolognas benutzte er eine Barke auf dem Reno. Er segelte diesen Fluß und sodann den Po hinauf nach Ferrara. Der Herzog von Ferrara geleitete ihn in seinem *bucentaur* bis nach Revere, wo die Grenze von Mantua verlief und ein anderes Schiff, das des Markgrafen von Mantua, wartete. Pius, der sich der majestätischen dritten Person bediente, beschrieb das Treffen der Flotten von Ferrara und Mantua. «Die erstere trug Pius, und die letztere hoffte, ihn von nun an zu tragen. Auf beiden erfüllten Trompeter das Tal mit einem außergewöhnlichen Lärm. Ein ganzer Wald von Fahnen, die im

Winde flatterten, war entfaltet. Die Bewohner, die sich an den Ufern eingefunden hatten, erflehten die Segnung durch den Papst, und nachdem er sie gesegnet hatte, riefen sie: ‹Vivat!›»

Die Nacht verbrachte der Papst im Schloß der Gonzaga, das damals erst zur Hälfte fertig war; alsdann schiffte er sich auf dem *bucentaur* nach Mantua ein und fuhr den Po hinauf bis zu dessen Zusammenfluß mit dem Mincio. Während sie sanft die Krümmungen und Schleifen entlangglitten, zeigte jemand Pius «einen Hügel, der den Mantuanern heilig ist, denn dort habe der göttliche Virgil gelebt». Sie übernachteten auf einem Gut der Gonzaga, damit der Einzug in Mantua am folgenden Morgen stattfinden konnte.

Bei seiner Rückkehr nach Rom im bitterkalten Winter reiste der «betagte Papst», wie er sich selber nannte (er zählte fünfundfünfzig), in einem *bucentaur* ab und segelte – vielleicht wurde er auch gerudert – den vereisten Mincio zum Po hinab. «Trompeten und Pfeifen und alle Arten von Instrumenten machten auf den hochragenden Achterschiffen liebliche Musik. Auf den Deichen, die das Ufer vor Hochwasser schützen sollen, standen Bilder verschiedener Götter und Göttinnen, Riesen und Tugenden.» Bei seiner Ankunft in Ferrara war Pius in solcher Eile, daß er eine Einladung zum Verweilen ablehnte; er drängte darauf, in kleinen Booten über die seichten und gefrorenen Sümpfe zum Reno zu gelangen. Als man das Eis nicht mehr mit Äxten aufschlagen konnte, wurde der Papst warm eingehüllt und in einem Stuhl getragen. Die Kardinäle mußten zu Fuß gehen. Irgendwie erreichten sie Bologna. Die Berge wurden teils im Tragestuhl, teils zu Pferde überstiegen, und endlich kam man nach Florenz und Siena.

Es ist überraschend, daß so viele wichtige Reisen im Winter unternommen wurden. Den Po muß man damals besser unter Kontrolle gehabt haben als heute. Auch Frauen machten in der schlechten Jahreszeit weite Reisen. Als sich Isabella d'Este im Februar 1490 im *bucentaur* ihres Vaters auf den Weg nach Mantua machte, um Francesco Gonzaga zu ehelichen, wütete der Sturm so heftig auf dem Po, daß der Hofmaler bei seiner Ankunft sich äußerst unwohl fühlte. Er verabschiedete sich nicht einmal von seiner Herrin: Hals über Kopf floh er zu Lande nach Ferrara zurück. Isabellas Schwester, Beatrice d'Este, verließ Ferrara im Dezember desselben Jahres, ebenfalls in der Staatsbarke ihres Vaters, um sich zur Hochzeit mit Lodovico Sforza nach Mailand zu begeben. Der Schnee lag meterhoch in den Straßen von Ferrara. Die Braut und ihre Hofdamen machten fünf wenig angenehme Tage in der Barke durch, die lediglich für Feierlichkeiten und Gepränge gebaut war, deren Aufenthaltsräume winzig waren und natürlich auch nirgendwo geheizt werden konnten. Nicht genug damit, ging auch noch das Versorgungsschiff mit dem Proviant und den Köchen verloren, und sie hatten einen Tag lang nichts zu essen. Als Beatrice, ausgehungert und in ihre Pelze eingemummelt, durch die weiße Landschaft gezogen wurde, hörte man sie den Wunsch der Seekranken flüstern: «Ich wünschte, ich wäre tot!» Doch die Jugend hat viel Spannkraft – besonders, wenn man verliebt ist –, und in dem Moment, da das Schiff sich Pavia näherte, erschien Beatrice mit ihren Gefährtinnen auf Deck, und ihr Haar war makellos frisiert, ihr Aussehen vollkommen, ihre Kleider bildeten ab sofort und auf Wochen hinaus das Gesprächsthema der Damen von Mailand.

Wenn schon die Edelleute solche Plagen zu erdulden hatten, wie beschwerlich müssen dann erst die Winterreisen für das gewöhnliche Volk gewesen sein. Oft waren die Schiffe überfüllt. Fynes Moryson empfahl den Passagieren die Mitnahme von Rosenblättern, Zitronen, Orangen, Gewürznelken und Rosmarin, um den Gerüchen in den Booten zu begegnen. Alles hing jedoch vom Wetter ab. Es muß schön gewesen sein, die Straßen im Frühling oder Frühsommer zu verlassen, um geruhsam auf den Kanälen und Flüssen dahinzugleiten.

Cellini schildert eine Schiffsreise, die er 1535 von Ferrara nach Venedig machte. Wir erfahren, daß die Schiffer in den Wirtshäusern von Ferrara nach alter Sitte die Reisenden umwarben. Man konnte das Geschäft im voraus abschließen, wobei es möglich war, ein Boot für sich allein zu mieten. Da er in Rom einen Mann umgebracht hatte, zog Cellini sich klüglich in Gesellschaft eines alten Freundes, des furchtsamen Bildhauers Niccolò de Raffaello, zurück, der als «Il Tribolo» bekannt wurde. In Ferrara wurde dieses ungleiche Paar in eine Wirtshausschlägerei verwickelt, in deren Verlauf Cellini seinen Degen zog und alles umzubringen drohte. «Ich stürzte vor, schwang voller Wut meinen Degen an der Wand entlang und schrie: ‹Ich werde euch alle töten!›, aber ich gab acht, daß keinem etwas geschah.»

«Nachdem wir zu Abend gegessen hatten», schrieb er weiter, «kam ein Bootsmann und erbot sich, uns nach Venedig zu fahren. Ich fragte ihn, ob er uns allein das Boot überlassen wolle. Er war einverstanden, und wir schlossen das Geschäft ab. Am Morgen erhoben wir uns früh und bestiegen unsere Pferde, denn der Hafen liegt ein paar Meilen außerhalb von Ferrara.» Dort warteten drei der Männer, die am Abend zuvor an dem Krawall im Wirtshaus beteiligt gewesen waren, mit Lanzen auf sie. Cellini hatte sich in Ferrara eine kräftige Pike gekauft, mit der er augenblicklich die drei Burschen attackierte, während sein verängstigter Kumpan sich in das Boot rettete. Cellini folgte ihm, das Boot stieß ab und fuhr den Po hinunter, während die drei Männer ihnen zehn Meilen weit in einem Ruderboot nachsetzten. Dann schrien sie: «Geh diesmal deiner Wege, Benvenuto, wir kriegen dich in Venedig!» Cellini suchte in Venedig einen

Bruder des Kardinals Cornaro auf und bat um die Erlaubnis, Waffen tragen zu dürfen, aber zu seinem Glück tauchten seine Feinde nicht auf.
Auf dem Rückweg – wiederum per Boot – zeigte Cellini die gewalttätige Seite seines Charakters, und er schrieb auch ohne jede Scham darüber. Sie verbrachten die Nacht in einem Wirtshaus am Ende des Kanals von Chioggia, wo die Reisenden in eine Barke, die von Pferden gezogen wurde, umsteigen mußten. Der Gastwirt beleidigte Cellini dadurch, daß er ihm das Übernachtungsgeld im voraus abverlangte, und es fielen heftige Worte, die «Il Tribolo» bange machten; er stieß seinen Freund an, doch stille zu sein. Cellini mußte zahlen, aber er war so wütend auf den Wirt, daß er die ganze Nacht nicht schlafen konnte. «Ich muß zugeben, daß wir ausgezeichnete Betten hatten, sie waren ganz neu und so sauber, wie sie nur sein konnten. Dennoch tat ich kein Auge zu, denn ich mußte dauernd darüber nachdenken, wie ich mich rächen könnte. Einmal kam es mir in den Sinn, das Haus in Brand zu stecken; dann wieder überlegte ich, ob ich nicht den vier schönen Pferden die Gurgel durchschneiden sollte, die er im Stall hatte.» Diese abscheulichen Gedanken wurden nicht in die Tat umgesetzt. Am Morgen nahmen Cellini, «Il Tribolo» und die andern Passagiere ihre Plätze im Boot ein. Als jedoch die Pferde eingeschirrt wurden, gab Cellini vor, er habe seine Pantoffeln im Schlafzimmer liegenlassen, und er rannte zurück, um sie zu holen. Es scheint, er wollte im letzten Augenblick noch ein Hühnchen mit dem Gastwirt rupfen. Er rief nach ihm, doch als Antwort kamen nur ein paar Beleidigungen aus einem Schlafzimmer.
«Da stand ein zerlumpter Stallbursche, noch halb im Schlaf, der mir entgegenschrie: ‹Der Herr würde sich nicht mal herbemühen, um dem Papst gefällig zu sein, denn er hat ein Weibsbild bei sich im Bett, das er schon lange haben wollte!› Dann bat er mich um ein Trinkgeld. Ich gab ihm ein paar venezianische Kupfermünzen und ließ dem Bootsmann durch ihn ausrichten, er möge warten, bis ich meine Pantoffeln gefunden hätte und zurückgekommen sei. Ich ging die Treppe hinauf, zog ein kleines Messer hervor, das so scharf wie ein Rasiermesser war, und schnitt die vier Betten, die ich fand, in Fetzen. Ich hatte die Genugtuung, einen Schaden von mehr als fünfzig Kronen angerichtet zu haben. Dann rannte ich mit ein paar Stückchen von dem Bettlaken in meiner Tasche zum Boot und bat den Kahnführer, sofort abzustoßen.»
Dies war also der Mann, der das erlesene goldene «Salzfaß» für Franz I. schuf, und dessen Statue des Perseus noch heute in der Loggia dei Lanzi in Florenz steht.
Der regelmäßige Verkehr zwischen Venedig und Padua sowie zwischen Ferrara und Bologna vollzog sich trotz aller politischen Veränderungen und obwohl die großen Familien bis zum Ende des achtzehnten Jahrhun-

derts erloschen. Dr. Burney berichtete auf seiner Konzertreise 1770, ihm sei geraten worden, nicht den *barchio* zu nehmen, der regelmäßig auf der Brenta von Padua nach Venedig verkehrte, da die Reise ermüdend und die Gesellschaft meist schlecht sei. Ein altes Sprichwort besagte, das Brenta-Boot sinke, wenn es keinen Mönch, keinen Studenten und keine Kurtisane an Bord habe. Ungeachtet dessen sah sich Dr. Burney die Boote an und fand sie «lustig und einladend». Auf seiner Heimreise entschloß er sich, den Wasserweg zu wählen, und er fuhr in der *corriere* ab, die die venezischen Postsäcke beförderte, «eine Art von Barke mit einer großen überdachten Kabine für die Passagiere in der Mitte». Seine Mitreisenden waren eine bunte Gesellschaft. «Die Lagerstätten befanden sich auf dem Fußboden, und wir alle hockten aufeinander: der Kurier, ein Frauenzimmer, ein paar gewöhnliche Leute, und schliefen oder schimpften die meiste Zeit in dieser schrecklichen Nacht. Es donnerte und blitzte und regnete, und es war ein Getöse wie auf einem Schiff im heftigsten Sturm, nur gefahrloser.»

Am nächsten Morgen kamen sie zum Po und wechselten auf ein größeres Boot über. «Die Landschaft wurde allmählich etwas schöner, und wir aßen an Bord gar nicht schlecht. In der Nacht kauerten wir wie gestern beisammen.» In der Frühe des folgenden Tages trafen sie in Francolini ein, wenige Meilen von Ferrara entfernt, wo die Passagiere ihr Gepäck zurückließen und in einem Wagen zur Stadt fuhren. Es war Zeit für eine Mahlzeit, indes, anstatt zu essen, stürzte Dr. Burney in so viele Kirchen wie möglich, und er notierte sich auch die Inschrift auf dem Grab Ariosts, ehe er wieder in den Wagen stieg. Dann wurden die Reisenden zehn Meilen weit gefahren, bis sie schließlich ihr Gepäck am Ufer eines Kanals aufgestapelt fanden. Sie mußten drei Stunden warten («in der größten Hitze, die ich je erlebt habe»), bevor das Boot kam, das sich mühsam durch den Kanal zwängte, der des vielen Unkrauts wegen kaum zu passieren war. «Er erinnert an den Po-Deich und einige Deiche im Marschland von Norfolk», meinte Dr. Burney. Nach ihrem Eintreffen in Malalbergo mußten sie wiederum in ein größeres Boot auf einem andern Kanal umsteigen, «und darin kamen wir in der ganzen Nacht nur zwanzig Meilen bis Bologna. Die Ufer dieses Kanals sind schön, und wären die unersättlichen Stechmücken nicht gewesen, dann hätte es eine angenehme Reise sein können, da das Wetter gut war.»

Burneys kurze Reise zeigt, wie fürchterlich langsam die Fahrten auf den Kanälen und Flüssen vor sich gingen und wie oft die Passagiere umsteigen mußten. Der mit Unkraut bestandene Kanal, der noch in Gebrauch ist, bestätigt die Vermutung, daß die großartigen Wasserstraßen früherer Jahrhunderte vernachlässigt wurden und verkamen.

Aber das Brenta-Boot verkehrte auch sechzehn Jahre später noch. Goethe

fand im Herbst 1786 auf dem Weg nach Venedig viel Vergnügen an dieser Reise. Er schrieb, es sei reizend gewesen, im Vorübergleiten die edlen Paläste und Gärten zu betrachten und für einen Augenblick an Land zu gehen und Obst zu kaufen, wenn das Boot an einer Schleuse haltmachen mußte. Auf diesem Boot traf er zwei eigentümliche Wanderer, Deutsche aus der Gegend um Paderborn, die verwitterte Hüte und lange Wanderstäbe trugen und auf diese Weise mittelalterlichen Pilgern glichen. Sie vertrauten Goethe an, auf ihrer Fahrt seien sie von Protestanten besser behandelt worden als von Katholiken, obwohl es sich bei den letzteren doch um ihre Glaubensbrüder gehandelt habe.
Welch eine Szene mag das gewesen sein: Goethe, den ein Zeitgenosse den «bedrückend schönsten Mann, den ich jemals sah» genannt hatte, saß auf einem Landungssteg, fragte die Pilger aus und gab deren Auskünfte dem Rudergänger und ein paar neugierigen Mitreisenden weiter. Und die Passagiere stiegen in Venedig aus und hatten keine Ahnung, daß ihr Gefährte Goethe gewesen war, der – auf Bitten der Pilger – «einige kleine geweihte Bildchen herumreichte, auf denen die Heiligen Drei Könige zu sehen waren».

Die Straße von Mailand nach dem Lago Maggiore ist ein unglückliches Beispiel für die unselige italienische Gewohnheit, alle paar Meter Reklameschilder für Olivenöl, Nähmaschinen, Autoreifen, Wermut, Schreibmaschinen und andere Erzeugnisse aufzustellen (was im Zeitalter des Radios und Fernsehens obendrein unmodern ist). Dies hat zur Folge, daß man bei einem Tempo von achtzig Kilometern in der Stunde so gut wie nichts von der Landschaft wahrnimmt.
Die Straße führt durch eine Landschaft, die gewissermaßen ein Rückzugsgefecht mit der Industrie austrägt. Fabriken wachsen in die Felder hinein, und man bemerkt Arbeiter die für ein paar Minuten ihre Arbeit stehen- und liegenlassen, um Scherzworte mit den Frauen auszutauschen, die auf einem Acker Melonen oder Tomaten hacken. Nähert man sich jedoch dem See, dann bleibt die letzte Fabrik hinter einem zurück, und man erblickt die Naturlandschaft: Land, das seit Jahrhunderten bebaut wird. Der italienische Bauer arbeitet schwer, er läßt kein Stückchen seiner Erde brachliegen. Wo immer er kann, hält er Vieh, in der Nähe seines Hofes stehen Heuschober, rund um einen Pfosten errichtet, die sich wie ein Baumkuchen anschneiden lassen. So sehen sie übrigens auch aus. Die Ebene ist von Bewässerungsgräben und von Pappel- oder Akazienzeilen, die als Windschutz dienen, durchzogen. Ehe die Römer kamen, hatten die Gallier diese gute schwarze Erde bestellt. Was kann ein Bauer mehr verlangen als flaches, reiches Land, viel Wasser und Sonnenschein? Jeder Mailänder Advokat oder Kaufmann besaß einst seinen kleinen

Bauernhof in der Nähe der Stadt, wo er sein Öl, seinen Käse, seinen Wein und seine Milch gewann. Manche Reisende haben den abendlichen Zug der Kühe heim in die Sicherheit der Stadtmauern Mailands beschrieben. Stendhal hat noch zu Anfang des neunzehnten Jahrhunderts den Dunggeruch, den er so sehr mochte, in den Straßen wahrgenommen. Die Beschäftigung der Städter mit Landwirtschaft soll einer der Gründe dafür gewesen sein, daß die Schranke zwischen den Klassen (vor allem zwischen dem Adel und den Händlern) schon im Mittelalter fiel – sehr zum Erstaunen der aristokratisch gesinnten Franzosen des fünfzehnten Jahrhunderts.

Diese Landschaft ist die aus Manzonis «I promessi sposi». In keinem Augenblick konnte ich diesen großen Roman vergessen, ebensowenig wie mir in Spanien der «Don Quichotte» jemals aus dem Sinn kam. Er gehört zu den wenigen Romanen, in denen der Geist einer Landschaft vom Schriftsteller Besitz ergriffen zu haben scheint. Vielleicht war Longfellow der einzige Leser, der Manzonis Buch nicht ausstehen konnte, oder wenigstens hatte er den Mut, dies einzugestehen: Er sagte, über diesem Roman schlafe er ein. Gewiß ist er weitschweifig wie alle Romane, die um das Jahr 1827 geschrieben wurden, aber ich habe niemals etwas Einschläferndes in ihm gefunden. Verdi, ein Sohn der Po-Ebene, kannte die Landschaft und die Leute, die hier geschildert wurden, und nachdem er Manzoni kennengelernt hatte, bekannte er: «Ich hätte vor ihm auf die Knie sinken können.» Aber er tat etwas Besseres: Bei Manzonis Tod komponierte er sein berühmtes «Requiem».

Wenn der Reisende die finstere Ebene von La Mancha überquert, sucht er in den Gesichtern der Spanier nach etwas, das ihn an Don Quichotte oder an Sancho Pansa erinnert. In der sanften Landschaft um Mailand stellt er sich vor, dieser junge Mann zum Beispiel, der auf seinem Rad zu einer Seidenfaktorei fährt, wäre vielleicht der ehrliche Renzo; die alte Frau, die ihre Hacke in eine Melone schlägt, könnte niemand anderes sein als Agnes mit ihrem unerschöpflichen Schatz an sprichwörtlichem Wissen; und wenn er durch eine kleine Stadt kommt, glaubt er vielleicht mit Sicherheit in dem rundlichen und besorgten Priester, der schnell nach dem Fremdling lugt, ehe er weitereilt, den schüchternen Don Abbondio zu erkennen.

Menschen zu schaffen, die den zeitgenössischen Leser glauben lassen, sie seien mit allen Fehlern und Tugenden behaftet, die sie bei andern entdeckt haben, ist eine Gabe, die nur wenigen Schriftstellern zuteil wird. Wir Heutigen können selbst in Italien uns beim Lesen von *«I promessi sposi»* keine rechte Vorstellung von seiner Wirkung auf das italienische Publikum machen, das spanisch, deutsch oder französisch sprach und aus der Erzählung alle möglichen politischen Anspielungen herauszulesen vermochte. Die Sprache des Buches war wie ein frischer Atem aus ihrer heimischen Landschaft. Noch heute wird das Buch von vielen Leuten mit großem Vergnügen gelesen. Manzoni hat klug die eigentümliche politische Atmosphäre der Po-Ebene im siebzehnten Jahrhundert angedeutet, in der die Geschichte spielt. Damals lebten die Leute nicht weit von den Grenzen eines benachbarten unabhängigen Staates, was eine Wohltat für Übeltäter war. Ein Mann, der von den Behörden gesucht wurde, brauchte nur über die nächste Grenze zu huschen, um in Sicherheit zu sein – solange er sich ruhig verhielt. Die Frage der Auslieferung konnte zwar auf elegante Weise durch einen Brief des einen Regenten an den andern geregelt werden, doch in einer Zeit, da die Sekretäre in ihren Aktenkammern allmächtig waren, bestand immer die Möglichkeit, daß ein Brief verlorenging oder jahrelang verschollen blieb, falls die Auslieferung aus irgendeinem Grunde nicht wünschenswert erschien.

Manzonis «Versprochene» wurde in Millionen von Exemplaren in verschiedenen Sprachen gedruckt. Seine Tochter Juliet schrieb einmal einem Freund, sechshundert Exemplare seien in den ersten zwanzig Tagen verkauft worden. An Juliets Mann, den Marchese Azeglio, erinnere ich mich schon deshalb, weil er zu jenen Leuten gehört hat, die auf dem Sterbebett eine geistreiche Bemerkung gemacht haben. Nach Juliets Tod hatte er ein Mädchen namens Luisa Blondel geheiratet, doch die beiden waren nicht miteinander ausgekommen und hatten sich wieder getrennt. Als er jedoch im Sterben lag, eilte sie zu ihm. «Ah, Luisa», sagte er mit einem Lächeln. «Du kommst immer an, wenn ich gerade gehe.»

Als ich durch diese flache Landschaft fuhr, erblickte ich endlich die Konturen von Bergen und das Leuchten von blauem Wasser, obwohl die Alpen in der Ferne noch nicht sichtbar waren. Aber ehe ich die Tomaten-, Mais- und Melonenfelder und die Baumreihen hinter mir ließ, die von den wilden Stürmen künden, die manchmal von den Alpen herabfahren, fiel mir noch ein, daß Manzoni der Lombardei außer seinem Roman ein weiteres Geschenk gemacht hat, das weniger bekannt geworden ist: Er war ein großer Gärtner, und er soll die Akazie in jener Gegend angepflanzt haben.

Seen sind im Sommer immer schön, und der riesengroße, blaue und windstille Lago Maggiore teilt den Frieden der Luft und der Berge – ein tieferes Schweigen der Natür läßt sich kaum irgendwo finden. Die Wellen schlugen sanft an die Küste, die Berge spiegelten sich im Wasser, die Boote glitten im Sommerdunst dahin. Es tat mir leid, daß die Alpen immer noch verborgen waren; schade, daß sie sich nicht am nördlichen Ufer des Sees, wo die Schweiz beginnt, aufreckten. Als ich nach Stresa kam und Isola Bella gleich einer triumphalen venezianischen Gondel vor mir liegen sah, nahm es mir fast den Atem. Die Läden am See waren von Touristen überfüllt. Sie wühlten in den Beständen an kleinen hölzernen Chalets, Musikboxen und derlei Dingen, die es aus der Schweiz nach Italien verschlagen hat.

Ich frühstückte in einem großen Hotel, das den Stil der Edwardianischen Epoche trug und einen gewaltigen Speisesaal für ein paar hundert Gäste hatte, in dem die Kellner mit der Miene nüchterner Erwartung herumstanden. Das Hauptgericht war eine Seeforelle, die auf einem Holzkohlenfeuer zubereitet wurde. Der Fisch war am Morgen im See gefangen worden, und er schmeckte so gut wie eine Forelle, die man am Ufer eines schottischen Flusses verspeist. Plötzlich wurden die Kellner wachsam: Ein wirres Geräusch widerhallte durch das Hotel. Die Doppeltüren gingen auf, und in den Saal marschierten an die hundert Leute, deren Aussehen auch vor fünfzig Jahren Erstaunen und Vergnügen hervorgerufen hätte. Sie waren in Bussen aus Interlaken über den Simplon herabgekommen und hatten dabei, wie mir schien, nicht die geringste Ehrfurcht vor den Wundern der Natur empfunden. Es waren Deutsche, Franzosen, ein paar Skandinavier und ein paar Engländer, sie alle gekleidet, als gelte es, ein tropisches Eiland zu unterwerfen, obwohl sie statt Äxten bloß mit Kameras ausgerüstet waren. Sie glichen den sonnenverbrannten Überlebenden eines Schiffbruchs, die man in aller Eile mit dem Krimskrams eines Textilgeschäfts für Kinder ausstaffiert hatte. Ein freundlicher und aufmerksamer Funktionär, ein flotter junger Mann in normaler Kleidung, führte sie ins Hotel und zählte sie beim Eintritt, als könnten einige von ihnen, die vielleicht noch an einem Schock zu leiden hatten, verlorengegangen sein.

Zu den Merkwürdigkeiten unserer Zeit gehört die Aufmachung der Touristen. Woran mag es nur liegen, daß gutgepolsterte Matronen nach dem Verlassen der Heimat und dem Grenzübergang ihre Formen so großzügig enthüllen? Weckt der romantische Traum von Italien als dem Land des ewigen Sonnenscheins und der Leidenschaft den Drang zum Nudismus in ihnen? Welche Länder und welche Sportarten haben zu dem sonderbaren Arsenal von Schirmmützen, Lumberjacks, bunten Socken, Sandalen und buntgemusterten Buschhemden beigetragen, die von beiden Geschlechtern bevorzugt werden? Es ist höchst seltsam, eine derartige Wagenladung Touristen zu betrachten, rotgebrannt wie die Krebse, und sich dabei der alten Ferienfotografien zu erinnern, die Männer mit steifen Hüten und Tweedanzügen zeigen, oder Damen, die in Tournuren über Eisfelder und Gletscher irren, während zur nämlichen Zeit Angehörige jener verwegenen Generation sich durch das Tragen dunkler Anzüge im heißesten Mittleren Osten der Nachwelt überliefert haben. Früher glaubten die Reisenden, das Sonnenlicht sei etwas, das man sich mittels schwarzer Kleider und Sonnenschirme vom Leibe halten sollte; Hitze wurde höchstens als ein unvermeidliches Attribut südlicher Länder hingenommen. «Um zu erklären, wie es zur ersten von der Sonne gebräunten englischen Frauenwange kam, bedürfte es einer sozio-anthropologischen Studie», schrieb H. R. Hale in der Einleitung zum *«Italian Journal of Samuel Rogers»*. Meiner Meinung nach hat dies alles in Deutschland nach dem Ersten Weltkrieg seinen Anfang genommen, als bei einer Generation, die als Folge der alliierten Blockade fast durch Hunger umgekommen wäre, die Manie ausbrach, sich durch Wanderungen und durch Sonnenbäder körperlich wieder auf die Höhe zu bringen.

Ein angenehmer kleiner Mann, der wie zum Fußball- oder Hockeyspielen gekleidet war, wurde an meinen Tisch gesetzt. Er kam von South Shields und wußte gar nicht, daß er die italienische Grenze überschritten hatte. Als ich ihn darauf hinwies, sagte er: «Na so was! Komisch!» Ich fragte ihn taktvoll, weshalb er denn in diese Gegend gekommen sei, und er antwortete: seiner Frau wegen; ihr hätten die Bilder von Venedig in den Reiseprospekten so gut gefallen. Nach dem Frühstück hörte ich zu meiner Überraschung eine ältere Frau unter diesen Leuten in fehlerlosem Italienisch mit einem Ober sprechen. Sie erklärte mir, sie habe mehr als zwanzig Jahre in Florenz gelebt, sei aber nach dem Kriege nicht mehr dort gewesen. In dieser wagemutigen und gemischten Gesellschaft von Pilgern glich sie einer Priorin.

Ich spazierte in das nächste Dorf. Es heißt Baveno und weist eine Reihe bezaubernder Villen am Seeufer auf. Sie sind von Waldungen und terrassierten Gärten umgeben. Im Frühling und im Sommer ist dies gewiß ein herrlicher Aufenthaltsort, doch im Winter, wenn die Stürme von den Alpen herabfegen und der See im eisigen Regen kaum zu erkennen ist, muß hier zu leben sehr unangenehm sein. Unter diesen Villen befindet sich das Castello Branco, das Villa Clara genannt wurde, als die Queen Victoria im Jahre 1874 fast einen Monat darin verbrachte. Die allgemeine Vorstellung, die man sich von der Königin macht, wonach sie im Alter als gelassene Witwe an einem kleinen, mit Spitzentuch bedeckten Tischchen auf der Seite gesessen habe, ist gänzlich irrig: Sie war im Gegenteil beinahe das, was man in jener Zeit einen Globetrotter zu nennen pflegte. Häufig fuhr sie auf ihrer Yacht zu Verwandtenbesuchen nach dem Kontinent. 1889 tauchte sie sogar in Spanien auf – kein anderer englischer Monarch hat dies je wieder unternommen. Die alten Leute in Baveno entsinnen sich noch der Geschichten, die sie von ihren Eltern gehört haben: Die Königin saß im Freien und nahm unter den Bäumen der Villa Clara ihren Tee ein, und sie zeigen noch immer die Zeder und die Zypresse, die von der Queen gepflanzt wurden.

Ich kaufte mir ein Billett nach der Isola Bella, und in Begleitung mehrerer

unternehmungslustiger Touristen aus dem Hotel stellte ich beim Näherkommen fest, daß die phantastische Vision, die im See zu treiben scheint, ein herrschaftlicher Palast ist, den terrassierte Barockgärten umgeben. Der Bootsführer erzählte uns, die Insel gehöre dem Fürsten Borromeo, der in Mailand lebe, aber oft hierher komme. Wir legten an einem steinernen Quai an, und nachdem wir enge Gassen, die an Capri erinnerten, erklommen hatten, erreichten wir das Portal, wo wir auf höchst gewandte Weise empfangen wurden. Ein Majordomus, der mehrere Sprachen beherrschte, geleitete uns durch fürstliche Appartements, die in zarten blauen und weißen Barockmustern dekoriert waren. In einem von ihnen gab es einen Balkon, der über dem See zu schweben schien. Ich erblickte an die fünfzig Forellen von beträchtlicher Größe; jeder Angler wäre stolz, wenn er ein solches Exemplar gefangen hätte. In einem andern Raum sah ich die Büste des hl. Karl Borromäus mit seiner unverwechselbaren Hakennase. Er starrte auf zwei alte Kästen aus rotem Samt, in denen sich – wie man mir erzählte – seine Ornate befanden.
Die Gartenanlage hat mich am meisten auf der Isola Bella entzückt. Jede Handvoll Erde wurde vor dreihundert Jahren von dem Conte Vitaliano vom Festland herbeigeschafft. Er muß zu jenen Männern gehört haben, denen Schwierigkeiten Freude bereiten. Sein Werk besteht aus einer Reihe von zehn Terrassen, die mit Hibiskus, Orangen- und Zitronenbäumen, Kamelien, Magnolien, Buchsbaum, Stechpalmen, Lorbeerbäumen und Zypressen bepflanzt sind. Wie die Gärten der Renaissance waren auch die aus späterer Zeit nach dem gleichen Gesetz angelegt: Sie bildeten die Fortsetzung des Hauses, einen Ort der Schatten und der Heiterkeit, von wo alle die niederen und trüben Gedanken verbannt sein sollten. Vielleicht ist das Schönste an diesem Garten, daß man von jedem Winkel aus den See und die Berge sehen kann, und jeder Ausblick ist gerahmt vom Blattwerk uralter Bäume und den hochgereckten Armen verwitterter Statuen.
Die Legende, die nicht ohne Romantik auskommen kann, will wissen, das Eiland sei einst, als es noch ein kahler Felsen war, einem Borromeo als der ideale Ort erschienen, wo er eine junge Dame namens Isabella vor den Augen seiner eifersüchtigen Gemahlin verstecken könne. Die Geschichte dagegen meldet, ein Conte Borromeo habe im Jahre 1630 die Insel zu kultivieren gewünscht und sie zu Ehren seiner Frau «Isola Bella» genannt. Da er indessen starb, bevor er seine Pläne verwirklichen konnte, wurden seine Absichten von seinem Sohn Vitaliano ausgeführt. Mich beschäftigte der Gedanke, daß der erste Brite, der die Insel beschrieben hat, der Bischof Burnet, Verfasser der *«History of His Own Time»*, war. Er weilte 1684 in diesem stolzen Bau.

Eine Autofähre brachte mich nach Laveno am Ostufer des Lago Maggiore. Bald danach fand ich mich in der bezaubernden Stadt Como ein.
Infolge einer vergnüglichen Ironie der Verhältnisse sieht man Plinius den Jüngeren in einer Nische auf der einen Seite des Portals der Kathedrale von Como sitzen, während sein Onkel, Plinius der Ältere, die Nische auf der andern Seite einnimmt. Man fragt sich, was sie wohl sagen würden, könnten sie ihre eigenen deplacierten Figuren dort sehen, die von den Tauben viel zu erdulden haben und von eiligen Touristen oft für Heilige gehalten werden. Selbst der Lokalstolz schien mir die Erhebung jener beiden charmanten Heiden in diese Nischen kaum zu rechtfertigen. Man weiß lediglich von einem Geschehnis, das den jüngeren Plinius mit der Kirche verband: Er hatte mit dem Rechtsfall zweier Diakonissen zu tun, die gefoltert worden waren, damit sie auf Trajans Fragen über das Christentum antworteten.
Plinius' Onkel und Neffe besaßen Villen am Comer See. Die Italiener in ihrem liebenswerten Respekt vor Schriftstellern (eine Gesinnung, die sie mit den Iren und den Walisern teilen) haben sie niemals vergessen. Selbst heute noch weist der Bootsführer auf die Villenplätze, die sie vor achtzehn Jahrhunderten bewohnt haben, und auch der letzte Fischer weiß noch, daß Plinius der Jüngere berühmte Briefe geschrieben hat, und daß der ältere Plinius beim Ausbruch des Vesuvs erstickt ist, als er versuchte, Leute aus Pompeji zu retten.
In den öffentlichen Gärten erblickte ich einen reizenden weißen Tempel, der sich im See widerspiegelte. Er ist dem Andenken Voltas gewidmet und enthält – wie das Museum der Universität zu Pavia – Erinnerungsstücke an sein Leben.
Es war schön, müßig dazusitzen und den Booten zuzuschauen, wie sie vor dieser glücklichen und friedlichen Szenerie ein- und ausfuhren, dem Lachen der jungen Leute zu lauschen und den Rufen der Bootsführer. Einige italienische Landschaften haben ein so klassisches Aussehen, daß man beinahe glaubt, man sei in alte Zeiten zurückversetzt worden. Am Albaner See nahe Rom habe ich dieses Gefühl gehabt, wo die Villen auf den Hügeln im Umkreis von Meilen noch immer von Horaz und seinen Freunden bewohnt sein könnten, und den gleichen Eindruck hatte ich in Como. Der See ist schmaler als der Lago Maggiore und von höheren Bergen umschlossen. Aus der Ferne gesehen muten die Villen am Ufer und an den Abhängen der Berge wie eine Landschaft aus dem ersten Jahrhundert an. Nach vielen Jahrhunderten ist die Zivilisation wieder zu einer ähnlichen Stufe der Kultur und des Komforts zurückgekehrt. Rund um den See gibt es wie damals Bibliotheken, Zentralheizung und Tauchsieder haben die Fußbodenheizung abgelöst. Vielleicht fände ein Römer aus der Zeit der Cäsaren, könnte er den Comer See heute sehen, das Leben so be-

haglich wie früher. Vielleicht wäre er sogar der Ansicht, das heutige Dasein sei vorzuziehen. Ich bin sicher, die beiden Pliniusse hätten Gefallen am Fernsehen und an einem Alfa Romeo gehabt.

Ich ließ mir den Weg zur Villa des Plinius am Comer See beschreiben und fuhr eine steile Gebirgsstraße hinauf, auf der man weder halten noch wenden konnte. Schließlich kam ich zu einem Haus, das hoch über dem See am Straßenrand gelegen ist. Ein barfüßiger Bursche von etwa zwölf Jahren, eine Art von italienischem Huckleberry Finn, saß in zerlumpten Khakihosen auf einer Mauer und schnitzte mit einem Taschenmesser an einem Stock. Die Frage «Wo ist die Villa Pliniana?» war ihm offenbar vertraut, denn er erhob sich eifrig und führte mich über einen Pfad abwärts, der mit Haselnuß- und Brombeersträuchen bewachsen war.
Der Tag war heiß, und der junge Faun sprang geschwind über Stock und Stein. Von Zeit zu Zeit hielt er einen Moment inne und kaute an seinem Stock, während er auf mich wartete. Ich trage fast immer Bonbons bei mir, um sie solchen jungen Burschen anzubieten, denn nichts reißt so schnell die Schranke des Alters nieder als solch ein kleines Geschenk. Unglücklicherweise hatte ich sie an diesem Tag vergessen. Wir stiegen schweigend hinunter. Er dachte wohl ziemlich geringschätzig von mir, weil ich ihm so langsam folgte, während ich darüber nachsann, wie tief doch der See unter uns lag, und wie der Pfad sich so eng hinabwand.
Der jüngere Plinius besaß mehrere Villen in Como. Ich suchte die am Seeufer gelegene, die den Brunnen barg, dessen Ansteigen und Abfallen ihrem Besitzer so viele Rätsel aufgab. Ich sagte mir schon, dies sei wohl verlorene Mühe; am Ende dieses beschwerlichen Abstiegs war sicher nichts außer ein paar Steinen im Wald oder einem Stück Mosaik zu sehen. Als wir jedoch am Seeufer ankamen, hörten wir einen Hund kläffen, ein Bauernhaus stand da, und Hühner liefen herum. Meine Enttäuschung schwand, und als ich mich umblickte, hatte ich eine Renaissance-Villa vor mir, die sich auf einer steinernen Terrasse am Wasser erhob. Eine Frau trat aus dem Bauernhaus und sagte zu mir, sie sei die Verwalterin der Villa, die zur Zeit nicht bewohnt werde. Sie war eine typische Figur aus Manzonis *«I promessi sposi»:* mit kecken Augen, einem üppigen Busen – ein unerschrockenes Frauenzimmer.
Sie meinte, die Gräfin, die in Turin lebe, hätte sicher nichts dagegen, wenn ich die Villa besichtigte, und gemeinsam gingen wir auf das alte Haus zu, in das ich mich augenblicklich verliebte. Für eine italienische Villa war es verhältnismäßig klein. Es erhebt sich etwa sechs Meter über dem See: zwei Flügel, die durch einen offenen Hof miteinander verbunden sind, in dessen Mitte eine Broncestatue Neptuns, der den Dreizack schwingt, in einem Blumenrondell steht. Säulen stützen einen schmalen

überdachten Bogengang und bieten vielfach schöne Ausblicke auf die blauen Fluten und die grünen Berge.
Hinten im Hof läuft der Brunnen des Plinius aus dem Felsen in eine moosbewachsene Höhle. Der Teich ist etwa metertief, und der Überfluß wird durch ein Rohr unter dem Hof in den See geleitet. Es war wunderbar, diesen Brunnen nach so vielen Jahrhunderten noch genauso wie zur Zeit des Plinius unter der Herrschaft des Kaisers Trajan springen zu sehen. Die Frau erzählte mir, sechs Stunden lang steige das Wasser, und in den nächsten sechs Stunden falle es – wie Plinius es geschildert hat. Ich bat sie um ein Glas oder eine Tasse, und sie tat mir den Gefallen. Über diese Quelle schrieb Plinius an seinen Freund Licinius:
«Ich bringe Dir als ein Geschenk vom Lande eine Frage mit, die Deine große Gelehrsamkeit beanspruchen dürfte. Es gibt da eine Quelle, die in einem benachbarten Berg entspringt und aus dem Felsen quillt; das Wasser wird in einem kleinen Becken für kurze Zeit aufgehalten und läuft dann in den Larius-See. Das Verhalten dieser Quelle ist höchst verblüffend; sie flutet und verebbt regelmäßig dreimal am Tage. Dieses Steigen und Fallen ist deutlich sichtbar und sehr unterhaltsam. Du sitzt vor dem Brunnen, und während Du ein wenig ausruhst und von seinem Wasser trinkst, das sehr kühl ist, siehst Du es allmählich ansteigen und dann wieder nachlassen. Wenn Du einen Ring oder etwas Ähnliches auf den Boden des Beckens legst, wenn er trocken ist, deckt die Strömung ihn nach und nach ganz zu und gibt ihn später wieder frei, und diesen Vorgang kannst Du dreimal am Tage nacheinander beobachten. Kann man sagen, daß ein heimlicher Luftzug die Quelle öffnet und schließt, wie wir das bei Flaschen und derlei Gegenständen sehen, bei denen kein freier Durchgang möglich ist, und bei denen – selbst wenn Du sie am Hals nach unten hältst – die Luft von außen die Öffnung blockiert, so daß ihr Inhalt nur in Stößen freigegeben wird? Oder handelt es sich hier um das gleiche Prinzip wie bei Ebbe und Flut am Meer? Oder wie bei solchen Flüssen, die sich in die See ergießen, aber durch Gegenwinde und die Dünung in ihr eigenes Bett zurückgedrängt werden? Kann nicht etwas Ähnliches die Quelle von Zeit zu Zeit in ihrem Abfluß hemmen? Oder gibt es eine Art von Reservoir, das dieses Wasser im Innern der Erde ansammelt und – während es sich ergänzt – den Strom langsamer fließen, dann aber – nachdem es die Höchstmenge erreicht hat – wieder mit gewöhnlicher Stärke und Menge abfließen läßt? Oder gibt es schließlich (ich selbst weiß es nicht) irgendein unterirdisches Gleichgewicht, welches das Wasser hochbringt, wenn die Quelle trocken ist, und den Abfluß verhindert, wenn sie voll ist? Du, der Du so gut befähigt bist für diese Frage, wirst wohl die Gründe dieser wunderbaren Erscheinung untersuchen können, und es wird genügen, daß ich Dir diese klare Beschreibung gegeben habe.»

Während ich meine Tasse Quellwasser trank, bemerkte ich eine Forellenrute, die am Haus lehnte. Ich ging hin. Eine Menge Fische trieb im See; einige mochten zwei Pfund schwer sein. Sie schnappten nach dem Wasser, das aus dem Brunnen in den See rann, und ich entsann mich der Bemerkung des Plinius, er könne in seiner Villa vom Bett aus fischen, als säße er in einem Boot. Ganz im Bann dieses die Jahrhunderte überdauernden Zustands meinte ich, Plinius selber könne plötzlich vor mir erscheinen, der römischen Geschäfte überdrüssig, müde das Plädierens vor dem *Centumviri* (einem Gerichtshof, den er für laut, vulgär und bar der antiken Einfachheit hielt) und habe nichts im Sinne, als sich der zeremoniellen Toga zu entledigen, um ein schlichtes ländliches Gewand anzulegen und seine Sorgen Calpurnia anzuvertrauen. Sie war seine zweite Frau und in vielem seine Helferin; sie bewunderte ihn. Wenn er in Rom plädierte, schickte sie von Zeit zu Zeit Boten zu den Gerichtshöfen, die ihr Nachricht über den Stand der Prozesse brachten. Als Plinius bei einem jener langweiligen Leseabende, die der Veröffentlichung vorausgingen, ein Manuskript las (heute nennen das die Verleger ein «literarisches Frühstück»), verbarg sie sich hinter einem Vorhang und freute sich über den Beifall, den ihr Mann erntete. Sie vertonte seine Gedichte und sang sie zur Leier.
Was an den reichen Römern der augusteischen Ära erstaunt, ist die große Zahl ihrer Behausungen. Es gab viele, die, wie Plinius, im ganzen Land Villen besaßen; und obwohl einige von ihnen nur kleine Jagdhütten oder Bungalows gewesen sein mögen, waren andere doch großartige Häuser, wie beispielsweise die Villa des Plinius in Tifernum Tiberiana (dem jetzigen Città di Castello nördlich von Perugia), die Speisezimmer für den Winter und den Sommer enthielt, kunstvolle Bäder und einen Alkoven aus Marmor mit weinumkränzten Gittern, wo Plinius und Calpurnia an heißen Tagen speisten. Sie ruhten am Bassin eines Brunnens, der niemals überfloß, und die Schüsseln in Form von Schiffen und Enten trieben auf dem Wasser. Die Hausverwalterin führte mich durch die Villa, deren Eigentümer nur im Sommer und Herbst hier weilen, goldbeschlagene Möbel waren mit Tüchern bedeckt, die barocke Ornamente trugen, die Wandleuchter waren in Papierbeuteln eingeschlagen. Mitten auf den Marmorfliesen des Salons lagerten unter Segeltuch zwei Motorboote.
Die Villa wurde um 1570 von Giovanni d'Anguisciola erbaut, einem der Männer, die den Sohn des Papstes Paul III., Piero Luigi Farnese, Herzog von Parma und Piacenza, umbrachten – einen Mann, dessen Missetaten nach allem, was man hört, das Leben des Cesare Borgia vergleichsweise untadelig erscheinen lassen. Die Verwalterin berichtete mir, Rossini habe in dieser Villa seinen «Tancred» komponiert. Sie wies auf einen kleinen Bouletisch: Dort habe Napoleon den Frieden von Campoformio unterzeichnet.

Ich weiß nicht, ob diese beiden Angaben zutreffen. Monate später aber kam mir eine Notiz Shelleys vor Augen, der die Villa im April 1818 mieten wollte. Er schrieb, das Haus, das einst ein prächtiger Palast gewesen sei, gleiche nun einer Ruine. «Die Räume sind ungeheuer groß, aber schlecht möbliert und altertümlich. Die Terrassen, von denen man den See überschauen kann und deren eine im Schatten von Lorbeerbäumen steht, sind sehr schön.»

Bevor ich ging, zeigte die Hausverwalterin noch auf eine Tür, die anscheinend zu den Kellern führte, und sprach in geheimnisvollem Ton von grauenhaften Orgien, die sich dort in den Tagen der Römer zugetragen haben sollen. Wie sehr hätte dies Plinius amüsiert! Sie sagte, man habe da unten früher ein riesiges Rad benutzt, um Frauen zu zerstückeln und deren Reste in den See zu werfen. Ähnlichen, weitverbreiteten Vorstellungen der Bauern vom Leben der Gesellschaft in vergangener Zeit bin ich auch an anderen Orten begegnet.

Der junge Faun geleitete mich durch die Haselnußhecken zurück, und wir verabschiedeten uns auf der Straße. Der Zauber der Villa Pliniana verfolgt mich noch immer; ich werde ihn nie vergessen können. Ich kann mir sehr gut vorstellen, wie meine Bücher sich in diesen Räumen ausmachen würden und wohin ich meinen Schreibtisch zu stellen hätte. Dies ist einer der wenigen Orte, von denen ich weiß, ich könnte dort glücklich und zufrieden bis ans Ende meiner Tage sein.

Wer an der Nordostküste des Comer Sees einen steilen Hügel hinabfährt, kommt zu einer Brücke und dann auf die überraschend große Piazza der Stadt Dongo. Es ist sehr hübsch dort: Die Dampfer legen an der Mole der friedlichen Bucht an, die Touristen spazieren über die Promenade und bewundern den See, die Häuser lehnen sich an die Abhänge, und die Ferienvillen stehen bis nahe an den Rand des Ufers. An diesem Sommertag, als junge Mädchen im Sonnenschein lachten und Jungen die Segel einer Yacht refften, konnte man nur schwer glauben, daß hier eine Tragödie stattgefunden hat: An der Piazza von Dongo wurde an einem regnerischen Apriltag des Jahres 1945 Mussolini auf der Flucht zur Schweizer Grenze von italienischen Partisanen in einem deutschen Lastwagen aufgestöbert und festgenommen.

Fast glaubt man, daß John Addington Symonds, der starb, als Mussolini erst zehn Jahre alt war, den Comer See vor Augen gehabt und den Tod des Diktators geahnt hätte, als er schrieb: «Die sozialen Verhältnisse Italiens in der Renaissance waren so außergewöhnlich, daß wir nahezu überall – an seinen Küsten, in seinen Städten, auf seinen Bergeskuppen und an seinen Seen – gezwungen sind, unsere Bewunderung für die schönsten und echtesten Werke der Kunst vor den erlesensten Kulissen der Natur mit der Erinnerung an die scheußlichsten Verbrechen und gesetzlosen Charaktere zu verquicken.» War es nicht vielleicht weniger die soziale Lage, die mit den Renaissanceverbrechen zu tun hatte, als das italienische Naturell? Kein Ereignis in der italienischen Geschichte ähnelte dem Tod Mussolinis so sehr, wie das Ende Cola di Rienzis im Jahre 1354, einem Diktator, der kaltblütig ermordet wurde und dessen Leichnam der Pöbel durch Rom geschleift hat.

Man kann nicht durch die kleinen Dörfer an der Westküste des Comer Sees reisen, wo sich die Leute noch immer der Vorfälle des 28. April 1945 erinnern, ohne an Mussolini denken zu müssen. Wenn man auf den Frühling jenes Jahres zurückblickt, hat man das Gefühl, Äschylos oder Sophokles hätten sich der Kriegführung bemächtigt. Zwei Tage nach der Erschießung Mussolinis und Claretta Petaccis beging Hitler zusammen mit Eva Braun Selbstmord. Man sucht in der Geschichte eine Parallele zu diesen Dramen. Beide Ereignisse wurden in ausgezeichneten Büchern dargestellt, darunter befinden sich H. R. Trevor-Ropers «The Last Days of Hitler», Roman Dombrowskis «Mussolini – Twilight and Fall» und Christopher Hibberts «Benito Mussolini».

Die Amerikaner standen nur noch siebzig Kilometer vor Mailand, als Mussolini – von Panik erfaßt und seiner Willenskraft beraubt – die Frage seiner Flucht noch bis zum 25. April aufschob. Am Morgen dieses Tages verhandelte er über seine Kapitulation mit dem nationalen Befreiungskomitee bei einem Treffen, das auf Vermittlung des Kardinals Schuster im bischöflichen Palast von Mailand stattgefunden hatte. Der Kardinal hat die Geschehnisse aufgezeichnet. Mussolini, der nicht länger mehr der triumphierende Duce, sondern ein verstörter und gebrochener Mann war, sah bei seinem Eintreffen so schlecht aus, daß der Kardinal glaubte, er müsse ihm etwas zu trinken anbieten, damit er wieder zu sich käme.

Mussolini bat um eine Stunde Zeit, damit er über die Bedingungen nachdenken könne, doch er kehrte nicht mehr zurück. Statt dessen floh er im Schutz einer dunklen, regnerischen Nacht mit ein paar ihm noch verbliebenen Anhängern auf der Straße nach Como: Er wollte die Schweizer Grenze überschreiten. Durch die verschmierte Windschutzscheibe starrte er auf die Autostrada und meinte: «Kein Mensch kann jemals leugnen, daß ich diese Straße gebaut habe. Sie wird noch sein, wenn ich nicht mehr da bin.» Die Wagen trafen in Como um neun Uhr am Abend ein, und um Mitternacht hörte man, die Amerikaner hätten Mailand umgangen. Die Flüchtlinge entschlossen sich, nach Menaggio auf der Westseite des Sees zu fahren. Bevor er aufbrach, rief Mussolini seine Frau Rachele an, die auch in den Tagen des Glanzes nie aufgehört hatte, ihr einfaches bäuerliches Leben weiterzuführen. Er sagte ihr, jetzt sei er – wie sie es prophezeit habe – von allen verlassen. Er bat sie um Vergebung für alles und sagte ihr

Lebewohl. Menaggio wurde um acht Uhr am Morgen des 26. April erreicht, und Mussolini begab sich in die Villa Castelli, das Haus des örtlichen Faschistenführers.
Ein paar Stunden danach traf eine elegant gekleidete Gesellschaft in einem Hispano-Suiza ein: ein junger Mann, zwei Frauen und zwei Kinder. Der Mann war Marcello Petacci, der Bruder der Claretta Petacci, die beiden Frauen waren seine eigene Frau und Claretta, die Geliebte Mussolinis. Sie reisten mit falschen spanischen Pässen. Als Claretta erfuhr, daß Mussolini anwesend sei, wollte sie ihn sehen, doch er lehnte es ab. «Warum ist sie hierhergekommen?» fragte er. «Fürchtet sie sich, zu sterben?» Sie machte eine Szene und weinte, schließlich ließ Mussolini sie ein. Kurz darauf wurde ein Vorstoß in Richtung Schweizer Grenze auf der Straße nach Lugano beschlossen. Drei Wagen fuhren los. Im ersten saßen Faschistenführer, im zweiten Claretta und ihre Verwandten, im dritten Mussolini. Sie waren wenige Kilometer gefahren, als in dem Ort Grandola der erste Wagen von Partisanen angehalten wurde. Auf beiden Seiten fielen Schüsse. Einige der Faschisten wurden gefangengenommen, die beiden andern Wagen wendeten eilig und brausten nach Menaggio zurück. Mussolini sagte zu Claretta, es sei zu gefährlich für sie, bei ihm zu bleiben, und sie suchten in getrennten Häusern Unterschlupf. Sie spielte noch immer die Rolle der Schwester des «spanischen Botschafters». Man erwartete die Ankunft einer motorisierten deutschen Kolonne, die sich auf der Flucht nach Österreich befand; in der Morgendämmerung langte sie an. Es waren achtunddreißig Lastwagen mit etwa dreihundert entmutigten deutschen Soldaten.
Der Konvoi fuhr um fünf Uhr in der Frühe ab und traf auf keinerlei Widerstand, bis er einen kleinen Ort bei Dongo passierte, wo er von einer Straßensperre der Partisanen aufgehalten wurde. Es war jetzt etwa halb acht am Morgen des 27. April. Mussolini fragte nach dem Namen des Dorfes. Die überraschende Antwort war: «Musso». Es gibt Zeiten, da Namen einen geheimnisvollen Symbolgehalt haben, meinte Roman Dombrowski: «Im ganzen Leben Hitlers war das Wort ‹braun› in irgendeiner Weise mit ihm verbunden. Er war in Braunau geboren, die nationalsozialistische Bewegung war die der ‹Braunhemden›, seine Freundin hieß Eva Braun. Mussolinis Flucht endete in Musso, einem kleinen Dorf, von dem er möglicherweise noch nie gehört hatte. Und nach seinem Tod wurde er auf dem Friedhof von Musoco begraben.»
Der deutsche Kommandant und die Partisanen verhandelten lange miteinander. Mussolini war es gelungen, unbeobachtet in einen der Lastwagen zu steigen, wo er sich in einen Luftwaffenmantel hüllte. Endlich wurde nach stundenlangem Aufenthalt beschlossen, die Partisanen sollten die Identität aller im Konvoi Mitfahrenden auf der Piazza von Dongo

prüfen. Die Faschisten bezichtigten den deutschen Kommandanten des Verrats und begannen auf die Partisanen zu schießen. Einige wurden getötet, die andern zusammengetrieben, Mussolini aber blieb still in seinem Lastwagen sitzen. Die Kolonne fuhr nach Dongo. Alle übriggebliebenen Faschisten wurden eingesperrt. Einige Berichte sagen, Marcello Petacci habe sich selbst verraten, als ein Partisan, der spanisch sprach, ihn verhörte. Er, seine Frau und seine Kinder wurden zusammen mit Claretta in Haft behalten.

Über die Entdeckung Mussolinis gibt es zwei Versionen. Einmal heißt es, ein Partisan, der die Papiere der deutschen Soldaten prüfte, habe in einer dunklen Ecke eines Lastwagens eine Person im Mantel, den Helm ins Gesicht gezogen, erspäht. Was den Partisanen vor allem stutzig machte, seien die gewichsten Stiefel des Mannes gewesen. Die Deutschen hätten auf die Frage, wer dies sei, nur mit den Schultern gezuckt und lachend gesagt, der Kamerad sei betrunken. Der Partisan habe Mussolini mit dem Fuß angestoßen und gefragt: «Sie sind Italiener, nicht wahr?» Mussolini sprach gut genug Deutsch, um in dieser Sprache antworten zu können. Er habe indessen auf italienisch gesagt: «Ja, ich bin Italiener.» Und damit war er verloren. Der andere Bericht will wissen, Mussolini wäre nicht entdeckt worden, wenn nicht ein Deutscher auf die Straße gesprungen sei und gewinkt hätte, um darauf hinzuweisen, daß sich jemand im Wagen befände, der noch nicht kontrolliert worden sei.

Mussolini wurde sofort erkannt. Der Bann, den er zwanzig Jahre lang ausgeübt hatte, war nicht gleich zu brechen: Verwirrt sprach der Partisan ihn mit «Exzellenz» an. Man versicherte, es geschähe ihm nichts – worauf er, als wäre er noch immer der Duce, der einen Willkommensgruß entgegennahm, die sonderbaren Worte sagte: «Ich weiß, daß die Leute von Dongo mein Bestes wollen.» Es war nun drei Uhr am 27. April. Er wurde in das Büro des Bürgermeisters gebracht, während man in aller Eile einen Kurier zum Befreiungskomitee nach Mailand schickte, um die Gefangennahme Mussolinis zu melden und Befehle entgegenzunehmen. Mittlerweile trug sich eine phantastische Szene in der Bürgermeisterei zu. Mussolini in seiner graugrünen Faschistenuniform mit dem Emblem der Liktorenbündel erstattete den kleinen Honoratioren der Stadt, dem Bürgermeister, dem Arzt und dem Veterinär, geduldig einen Bericht über seine Handlungsweise.

Die Zeit verging, und die Partisanen fingen an, sich Sorgen um die Sicherheit ihres Gefangenen zu machen. Was geschah, wenn wieder eine deutsche Kolonne kam und ihn befreite? Man beschloß, ihn ins Zollamt von Germasino zu verlegen. Dort äußerte Mussolini eine erschreckende Bitte – noch immer war er vom Glauben des Spielers durchdrungen, eine Trumpfkarte noch sei ihm geblieben, mit der sich alles zum Guten wenden ließe: Er teilte seinen Bewachern mit, die «spanische Signorina», die sie in Dongo arretiert hätten, sei Claretta Petacci, und er würde sie gern sehen. Es sollte sich herausstellen, daß er sie damit zum Tode verurteilt hatte. Der Kommandant der Partisanen ging, um Claretta zu holen, und Mussolini aß mit seinen Bewachern. Die meisten waren Kommunisten, und wiederum erläuterte der Mann des italienischen Schicksals diesen jungen Leuten seine Handlungsweise. Danach zog er sich erschöpft in das kleine Verlies zurück, das für Leute bestimmt war, die versuchten, Schmugglerware über die Grenze zu bringen.

Als Claretta Petacci Mussolinis Botschaft hörte, behauptete sie zuerst, sie kenne ihn nicht. Nachdem man ihr jedoch auseinandersetzte, daß Mussolini ihre Identität enthüllt hatte, änderte sich ihr Verhalten.

«Ihr alle haßt mich», schrie sie. «Ihr glaubt, ich wäre ihm nachgelaufen wegen seines Geldes und seiner Macht. Wollt Ihr etwas für mich tun? Ich will, daß Ihr mich am selben Platz zusammen mit ihm einsperrt. Ich will sein Schicksal teilen. Wenn Ihr ihn umbringt, dann bringt auch mich um.» Die Partisanen waren erstaunt. Dies war nicht die Claretta Petacci, wie sie sich gewöhnlich in den Gerüchten darstellte. Der Kommandant ging, ohne ein Wort zu sagen, davon.

Um zwei Uhr morgens wurde Mussolini geweckt. Man sagte ihm, er möge sich anziehen. Er sollte mit Claretta in Brunate bei Como festgesetzt werden. Die beiden Wagen trafen sich auf dem Ponte di Albano, aber als sie sich Como näherten, stellten die Partisanen fest, daß die Verdunklung aufgehoben war, und sie hörten Gewehrschüsse. Sie folgerten daraus, daß die Amerikaner eingetroffen seien, und sie änderten ihre Pläne. Sie kehrten um, fuhren zum Dorf Azzano an der Westseite des Comer Sees, etwa fünfzehn Meilen südlich von Dongo, wo einer der Partisanen einen Bauern zum Freund hatte, einen gewissen Giacomo De Maria.

Obwohl Dombrowski die Umstände des Todes Mussolinis in den ersten drei Jahren nach dem Kriege untersucht hat, traf er auf so viele Widersprüche, selbst bei Augenzeugen, daß er schrieb: «Wir sind zu der Frage genötigt, ob es so etwas wie objektive historische Wahrheit überhaupt gibt. Wie viele Lügen und Verdrehungen mögen in den Seiten der Geschichte verborgen sein?» Zehn Jahre später bearbeitete Christopher Hibbert dasselbe Thema. Er befragte noch mehr Autoritäten, als seine Biographie verrät, und fügte weitere Einzelheiten hinzu. Es ist interessant, diese beiden ausgezeichneten Bücher miteinander zu vergleichen. Die trostlose Tragödie dieser nassen und stürmischen Nacht wird von Hibbert heraufbeschworen. Er berichtet, wie der gestürzte Diktator, mit einer tropfenden Decke über den Schultern, und Claretta, die sich an seinen Arm klammerte, einen rauhen Mauleselpfad zum Bauernhof am Abhang des Berges hinaufgeführt wurden. Der Bauer hatte oft Antifaschisten auf ihrer

Flucht versteckt, und es war vermutlich nicht das erstemal, daß man ihn um halb vier am Morgen durch «ein schmeichelndes, durchdringendes, wiederholtes Signal weckte, das die Bauern ihrem Vieh geben.» Er nahm die beiden durchnäßten und ermatteten Flüchtlinge ohne weitere Fragen auf, und während er ihnen einen Ersatzkaffee kochte, ging seine Frau die Treppe hinauf, holte ihre beiden Söhne aus dem Doppelbett, verfrachtete sie auf den Speicher und machte das Zimmer für die Fremden zurecht. Sonderbarerweise erkannte der Bauer Mussolini nicht auf den ersten Blick. Der gestürzte Diktator begab sich mit Claretta in das Zimmer hinauf. Als sie sich entkleideten und zu Bett gingen, lauschten die Wachen an der Tür. Sie glaubten zu hören, wie Mussolini sagte: «Ich bin sicher, daß sie mich nicht töten werden», dann so etwas wie: «Kannst du mir verzeihen?» und später, als Antwort auf eine Bemerkung Clarettas: «Das spielt jetzt keine Rolle mehr.» Immer noch fiel der Regen.

Während sie ihren letzten Schlaf auf Erden schliefen, jagte ihr Mörder – oder ihr Henker – aus Mailand heran. Er hieß Walter Audisio, sein Partisanendeckname lautete «Oberst Valerio». Einige der Partisanen von Como sprachen sich gegen die «Hinrichtung» Mussolinis aus und verlangten eine schriftliche Versicherung, daß das Nationale Befreiungskomitee Valerio den Befehl erteilt habe, ihn zu töten. Es ist nicht sicher, ob ein solches Dokument ausgefertigt worden war. «Valerio» setzte sich jedoch durch. Um halb vier Uhr am Nachmittag des 28. April traf er in dem Bauernhaus bei Azzano in Gesellschaft von zwei Begleitern ein.

Audisio hat sich nicht gescheut, die «Hinrichtung» ein paar Monate danach in der kommunistischen Zeitung «Unità» zu schildern. Er schrieb, bei seinem Eintritt in das kleine Schlafzimmer habe Mussolini am Bett gestanden und einen braunen Mantel sowie die Mütze der Republikanischen Nationalgarde ohne Insignien getragen.

«Die Stiefelschäfte waren fast auf die Knöchel herabgerutscht. Er hatte einen verlorenen Blick in den Augen, die hervorstanden, und seine Unterlippe zitterte – ein verängstigter Mann. Seine ersten Worte waren: ‹Was ist los?› Ich hatte vorgehabt, die Exekution nicht weit von dem Haus entfernt auszuführen. Um ihn dorthinzubringen, mußte ich mich einer Kriegslist bedienen. Ich sagte: ‹Ich komme, um Sie zu befreien. Beeilen Sie sich, wir haben nicht viel Zeit zu verlieren.› Mussolini deutete auf Claretta Petacci. ‹Sie muß zuerst gehen›, sagte er. Sie schien nicht zu verstehen, was vor sich ging und rannte umher, um ihre persönlichen Habseligkeiten zusammenzukramen. Mussolini drängte sie zur Eile. Endlich verlor er die Geduld und verließ die Hütte vor ihr. Einmal im Freien, veränderte sich Mussolinis Gesichtsausdruck, und indem er sich mir zuwandte, sagte er: ‹Ich biete Ihnen ein Königreich an.› Anstatt zu antworten, rief ich der Petacci zu, sie solle nun kommen und uns begleiten.

Sie holte Mussolini ein, gefolgt von mir, und sie schritten einen Maultierpfad hinab, der zur Straße führte, wo ein Wagen geparkt war. Unterwegs sah Mussolini mich nur einmal mit einem Blick an, als wäre er dankbar. Dabei flüsterte ich ihm zu: ‹Ich habe auch Ihren Sohn Vittorio befreit.› Ich wollte, daß er glaubte, wir würden ihn zu Vittorio bringen. Mussolini antwortete: ‹Ich danke Ihnen von ganzem Herzen.› Als wir das Auto erreicht hatten, schien Mussolini davon überzeugt zu sein, daß er ein freier Mann wäre. Er wandte sich zur Petacci, damit sie vor ihm in den Wagen steigen könne, aber ich sagte ihm: ‹Sie gehen zuerst. Sie bleiben besser versteckt, aber mit dieser Faschistenmütze ist es ein bißchen riskant.› Er nahm sie ab, und indem er seinen kahlen Kopf strich, sagte er: ‹Und das?› Ich sagte ihm: ‹Ziehen Sie den Mützenschirm tief über Ihre Augen.›
Ich hielt den Wagen an und machte mit der Hand eine Bewegung zu Mussolini, er solle nicht sprechen. Mit leiser Stimme sagte ich ihm: ‹Ich habe ein Geräusch gehört. Ich werde nachsehen.‹ Ich sprang vom Trittbrett und ging bis ans Ende der Mauer. ‹Gehen Sie in die Ecke dort›, sagte ich. Obwohl Mussolini sofort gehorchte, schien er nicht mehr recht zu verstehen, aber er stellte sich ergeben mit dem Rücken zur Mauer an die Stelle, auf die ich gezeigt hatte. Die Petacci hielt sich an seiner Rechten. Es war still. Plötzlich verkündete ich das Urteil gegen den Kriegsverbrecher. ‹Auf Befehl des Oberkommandos des Freiwilligen Freiheitskorps bin ich damit beauftragt, dem italienischen Volk Gerechtigkeit widerfahren zu lassen.› Mussolini war vom Schrecken wie gelähmt. Die Petacci warf ihre Arme um seine Schultern und schrie: ‹Er darf nicht sterben.› Ich sagte: ‹Gehen Sie auf Ihren Platz zurück, wenn Sie nicht auch sterben wollen.› Die Frau sprang auf ihren Platz zurück. Aus einer Distanz von drei Schritten jagte ich fünf Feuerstöße in Mussolini hinein, der mit seitlich geneigtem Kopf in die Knie brach. Dann war die Petacci an der Reihe.»
Als sie zu Mussolini hinstürzte, schoß Audisio ihr in den Rücken. Warum hat er diese Frau ermordet? Ihr Name stand nicht im Befehl des Komitees. Ob ein solcher Befehl überhaupt existiert hat, wurde niemals bewiesen. So hat jedenfalls eine Frau, die seit Jahren von ganz Italien geschmäht worden war, ihre Treue bis zuletzt mit ihrem Leben bezahlt.
Merkwürdig ist, daß in Italien zu einer Zeit, da der Diktator noch die ganze Macht in Händen hatte, die Erzählung einer alten Frau umgegangen sein soll, wonach Mussolini nach einem Sieg über Frankreich durch die Kugeln von drei Soldaten sterben werde. Diese Prophezeiung wurde für absurd gehalten, auch nach dem Kriegseintritt Italiens, denn die Italiener hatten ja kaum einen Schuß in Frankreich abgegeben. Nichtsdestoweniger kapitulierte eine französische Delegation im italienischen Hauptquartier; so hatte Italien wenigstens theoretisch Frankreich «geschlagen».

Jetzt, an diesem verhangenen Nachmittag im April, standen die drei Soldaten aus der Prophezeiung vor dem Leichnam des Duce.
Die barbarische Szene in Mailand, wo die Leichname Mussolinis und Claretta Petaccis mit dem Kopf nach unten am Träger einer Garage auf der Piazzale Loreto aufgehängt wurden, hat ihre Parallele im italienischen Mittelalter. Ein südafrikanischer Journalist, Alan Forrest, der bei den alliierten Armeen diente, erinnert in seinem Buch *«Italian Interlude»* an einen Vorfall, den ich in keinem andern Bericht über dieses entsetzliche Schauspiel erwähnt finde. «Claras Kleid hing herab und enthüllte ihre Unterwäsche», schrieb er. «Der englische Kommandant eines Panzerwagens, der auf den Platz fuhr, sah dies mit an. Er kletterte von seinem Wagen herab, erklomm eine Leiter, die in der Nähe stand, zog das Kleid in die Höhe und befestigte es mit seinem Gürtel an ihren Knien. Der Pöbel brüllte ihn an, doch er achtete nicht darauf. Der Panzer rückte näher heran, die Maschinengewehre wurden eingeschwenkt, um jeden Versuch der Menge, sich einzumischen, im Keime zu ersticken.»
Es ist tröstlich, daß sich wenigstens ein barmherziger Mensch in einer solchen Stunde der Barbarei einfand.

Der Comer See, der blau und windstill unter den Hügeln liegt; die Stadt Dongo, die von Ausflüglern überlaufen wird; das Dorf Azzano in der sommerlichen Glut; ein kleines Mädchen mit einem Korb im Arm, das den Maultierpfad zum Bauernhaus der De Marias hinansteigt – ist es wirklich wahr, daß Tragödie und Mord jemals Einlaß in dieses Paradies gefunden haben?
Diese Frage stellen sich alle, die eine Landschaft in Einklang mit ihrer Geschichte bringen wollen, immer wieder.

Eines schönen Tages begab ich mich nach Monza, um die Eiserne Krone der Lombardei und den Schatz der Theodolinda zu besichtigen. Monza ist eine kleine Stadt etwa neun Meilen nördlich von Mailand auf der Straße nach Lecco, eine jener Industriestädte, die man gewöhnlich nur durchfährt, und die meisten Touristen halten auch gar nicht dort an. Viele Leute kennen den Namen Monza nur, weil dort internationale Autorennen stattfinden. Die Mehrzahl der Einwohner beschäftigt sich mit der Herstellung von Filzhüten und Teppichen.
Als ich ankam, war die Kathedrale wegen der Siesta gerade geschlossen, und ich konnte nichts anderes tun, als frühstücken und auf die Wiederöffnung warten. Über die Piazza wehten köstliche Düfte aus einem nahen Restaurant her. Dort traf ich die einheimischen Geschäftsleute, die mit bewundernswertem Gleichmut die Last des Fastentages erduldeten, denn es war ein Freitag. Bald stellte sich heraus, weshalb sie so zufrieden aussa-

hen. Einem gewaltigen Berg von Ravioli, die mit Kraut und Spinat anstatt mit Fleisch gefüllt waren, und die mit zerlassener Butter serviert wurden, folgte ein schöner Fisch, der die Größe eines vierzehnpfündigen Lachses hatte und mit Mayonnaise garniert war; der Wirt selbst rollte das Gericht auf einem Servierwagen heran. Es war ein Fisch aus der Adria, den man in der Lombardei *bronzino*, an der Westküste *spigola*, in Südfrankreich dagegen *loup de mer* nennt. Er wurde kalt und mit Salat gereicht. Nachdem sie noch ein Stück überzuckerten Kuchen zu sich genommen hatten, zogen sich die Fastenden an die Tische unter den Markisen auf dem Straßenpflaster zurück, um bei einem Kaffee die Fassade der Kathedrale zu betrachten, die an die Sarazenenzeit erinnert.

Meine eigenen Gedanken beschäftigten sich mit Theodolinda und mit Gregor dem Großen, unter dessen unruhiger Herrschaft sie gelebt hat. Ihr Name ist schön, doch ein bißchen rätselhaft: Er könnte der einer Prinzessin aus dem Märchen sein. Wollte ich sagen, er wäre in England nie verwendet worden, bekäme ich sicher Briefe von einem Dutzend Theodolindas; deshalb sage ich: Meines Wissens war er in England niemals gebräuchlich, auch bin ich ihm niemals in einem Roman oder in einer Biographie begegnet. Merkwürdigerweise war dagegen der Name Theophania einst üblich, desgleichen Theophila, ein Name, der anscheinend in manchen Familien hoch im Kurse stand, und auf den manche Leute so stolz waren wie auf rotes Haar oder auf eine besondere Nasenform. Im allgemeinen kann man wohl sagen, daß sich die Engländer nie etwas aus diesen griechischen Namen gemacht haben, und selbst Theodora, der schönste von allen, kommt nicht häufig vor, obwohl er in der umgekehrten und weniger noblen Form von Dorothy jahrhundertelang beliebt war.

Die Theodolinda, mit der ich zu tun hatte, war eine bayerische Prinzessin, die um das Jahr 570 nach Christi geboren wurde, und deren flachsblonde Schönheit soviel Aufsehen erregte, daß die Kunde von ihr über die Alpen in jene chaotischen Gegenden drang, die damals Italien ausmachten. Die Legende sagt, zu jener Zeit, da die Langobarden gegen die Exarchen kämpften, den Papst belagerten und so schauerliche Verbrechen begingen, daß Gregor der Große glaubte, nun müsse das Ende der Welt kommen, habe der Langobardenkönig Authuri eine Verkleidung angelegt und sich auf den Weg nach Bayern gemacht, um festzustellen, ob es denn mit der Schönheit Theodolindas wirklich soweit her sei. Ein langobardischer Mönch, der zweihundert Jahre später gelebt hat und der alle Geschichten über das königliche Haus gekannt hat, weiß zu berichten, Theodolinda habe dem Fremdling einen Pokal mit Wein gereicht, und dabei habe Authuri ihre Finger mit den seinen umschlungen, und als er sich vorbeugte, um zu trinken, ihre Hand streichelnd über sein Gesicht be-

wegt. Die Prinzessin war nicht unangenehm erschreckt, und sie vertraute ihr Erlebnis ihrer Amme an, einer jener unsterblichen alten Mitwisserinnen, die im Jahre 580 zu Intrigen aller Art ebenso bereit waren wie zu allen anderen Zeiten. Die Alte prophezeite, mit Ruhe und Umsicht werde alles ins rechte Lot kommen. Und so geschah es denn auch.
Theodolinda wurde Königin der Langobarden. Nach einem Jahr indessen verschied Authuri unerwartet. Die Langobarden ersuchten sie, einen andern Gemahl zu nehmen, und sie versprachen, diesem als König zu gehorchen. Es wäre hübsch, könnte man nun berichten, sie habe aus Treue zu ihrem romantischen Liebhaber gezögert, doch nichts dergleichen hat sich zugetragen. Augenblicklich erwählte sie den tapfersten und robustesten ihrer jungen Krieger und erklärte sich ihm. Sein Name war Agilulf, und sie stöberte ihn in seinem Herzogtum Turin auf. Die Legende erzählt, mit einem «züchtigen Lächeln» habe sie ihre Motive erläutert und ihm erlaubt, sie auf den Mund zu küssen. Auf diese Weise sah sich Agilulf eines schönen Tages als König der Langobarden, im Besitz einer schönen Frau und beladen mit allen Ärgernissen der Lombardei. Zum Glück gelang es ihm, mit beiden fertigzuwerden. Und sie regierten gemeinsam 20 Jahre.
Theodolinda war eine der einflußreichen Königinnen, mit denen Gregor der Große im Briefwechsel gestanden hat. Eine andere war Bertha, die Königin von Kent, die zu jener Zeit dem hl. Augustin half, ihren Mann Ethelbert zu bekehren. Der Papst war Theodolinda dankbar für den beruhigenden Einfluß, den sie auf ihren aggressiven Gemahl hatte, und er schickte ihr manchmal Geschenke. Eines davon soll die Eiserne Krone der Lombardei gewesen sein.

Die Eiserne Krone wird in einer Seitenkapelle über dem Altar unter Verschluß gehalten, doch eine vollkommene Nachbildung, die viele eilige Touristen als die richtige ansehen, hängt über dem Altar. Als ich dem Küster sagte, daß ich die echte Krone zu sehen wünschte, ging er davon und kehrte mit einem der Kanoniker zurück, der sich als Kenner der lombardischen Geschichte und als Verfasser vieler Artikel über den Schatz herausstellte. Zuerst führte er mich in die Apsis und wies auf einen massiven Steinsarkophag, auf dem die Worte *Theodolindae Longobardorum Reginae* stehen. Er berichtete mir, in der Stadt habe stets eine Voreingenommenheit gegen die Öffnung des Grabes der Königin geherrscht. Im Jahre 1941 jedoch, als der Krieg genügend Ablenkung bot, habe man den Sarkophag im stillen geöffnet. Wer aber gehofft hatte, Theodolinda befände sich darinnen, so, wie sie nach ihrem Tod im Jahre 626 hineingelegt worden war, sah sich enttäuscht: Das Grab war irgendwann geplündert worden, und man fand nichts darin, außer ein paar Knochen der Königin. Danach erklärte der Priester, er werde mir nun die Eiserne Krone zeigen.

Er betrat die Sakristei und kehrte mit einem Chorhemd und in Begleitung des Küsters zurück, der eine brennende Wachskerze hielt. Auf dem Altar wurden zwei Kerzen entzündet, der Kleriker beugte das Knie, schloß dann einen Stahlschrein auf. Daraus zog er ein Spiegelglasbehältnis, das auf einem Kugellager lief. Er knipste ein Licht an, und ich sah nun eine byzantinische Krone oder ein Diadem aus Gold- und Emailarbeit, das reich mit Blütenmustern verziert und mit großen und ungeschliffenen Juwelen besetzt war. Nachdem der Kanoniker eine Schraube an einer Seite des Behältnisses gedreht hatte, begann sich die Eiserne Krone langsam zu drehen, so daß ich sie in allen Einzelheiten betrachten konnte. Sie besteht aus sechs Goldplatten, die durch goldene Gelenke zusammengehalten werden; jede Platte ist in Felder unterteilt, und jedes Feld trägt drei Edelsteine. Die Emailarbeit ist von glasgrüner Farbe. Der Kanoniker lenkte meine Aufmerksamkeit auf einen dünnen Eisenring im Innern der Krone, der in das Gold eingefügt und mit Nadeln gesichert ist. Dieser Ring gibt der Krone ihren Namen: Er soll aus einem der Nägel vom Grabe Christi geschmiedet sein, den die hl. Helena aus Jerusalem mitbrachte und ihrem Sohn, Konstantin dem Großen, übergab.

Als Gregor der Große Nuntius in Konstantinopel war, gelangte einer der Nägel zusammen mit andern Reliquien in seinen Besitz; er schenkte ihn später Theodolinda, die ihn vermutlich umschmieden hieß und in die goldene Krone hat einfügen lassen. Viele glauben, daß diese Krone jene ist, die am Weihnachtstage des Jahres 800 Karl dem Großen im Petersdom aufs Haupt gesetzt worden ist, ohne Zweifel jenes Diadem, das bei vielen Krönungen benutzt worden ist, auch bei denen von Barbarossa, Karl V. zu Bologna und Napoleon I. zu Mailand im Jahre 1805. Zu diesem Anlaß wurde die Krone aus Monza mit einer Kutsche abgeholt, in der der Zeremonienmeister des kaiserlichen Hofes saß, der sie auf einem Samtkissen hielt, während eine Kavallerieeskorte den Wagen umklirrte. Die Ankunft in Mailand wurde durch einen Artilleriesalut verkündet.

Je länger ich mir die Eiserne Krone der Langobarden betrachtete, um so rätselhafter kam sie mir vor. Vor allem ist sie viel zu klein, um den Kopf eines erwachsenen Mannes zu umspannen. Sie kann nicht größer sein als fünfzehn Zentimeter im Durchmesser, vielleicht sogar noch etwas weniger. Wenn wir lesen, daß Kaiser mit ihr gekrönt worden sind, dann müssen sie sich die Krone entweder über den Kopf gehalten haben, oder aber sie hat nur einen kurzen symbolischen Augenblick darauf geruht. Da der Kanoniker auf mich den Eindruck eines Mannes machte, der vorbehaltlos an alle Legenden glauben mochte, gab ich ihm nicht zu verstehen, daß die Krone mich an eines jener byzantinischen Votivdiademe erinnerte, die man oft über Altären hängen sieht. Auch fragt man sich, weshalb Gregor der Große ein solch einmaliges Reliquienstück einer langobardischen Königin geschenkt haben sollte. Anscheinend hat sich auch der Klerus drei Jahrhunderte lang mit dieser Frage befaßt, denn verschiedentlich zögerte die Kirche, der Eisernen Krone religiöse Verehrung zu bekunden. Ein Prozeß vor der Reliquienkongregation in Rom dauerte Jahre an und endete damit, daß die Echtheit des Eisenringes in der Krone unentschieden blieb. Dennoch mögen alle, die ihn für den Nagel Konstantins halten, bei ihrer Ansicht verharren, aber die Kirche übernimmt dafür keine Gewähr. Diese Zweifel können natürlich der Eisernen Krone nicht im geringsten etwas von ihrem außerordentlichen Rang nehmen oder ihre Bedeutung als wunderbares Beispiel der Goldschmiedekunst jener frühen Zeit schmälern. Als der Priester die Krone in den Schrein zurückgleiten ließ, wandte er sich mir zu und bemerkte, vierundvierzig Kaiser seien mit diesem Diadem gekrönt worden; der letzte war Ferdinand I. (1835–1848) von Habsburg im Jahre 1836.

Wir betraten die Schatzkammer. Ich stand in einem fensterlosen, achteckigen Raum. In Ausstellungskästen werden goldene Monstranzen, Abendmahlskelche, silberne Reliquienschreine, Kreuze, Statuen und kirchlicher Schmuck aller Art aufbewahrt. In einem Kasten lagen die Geschenke beieinander, die Gregor der Theodolinda vor dreizehnhundert Jahren übersandte: Erstaunliche Überbleibsel sind ihre Fächer und ihr Kamm, desgleichen ihr großer blauer Pokal, der aus einem einzigen Saphir geschnitten ist – dem größten der Welt, wie der Kanoniker sagte – und gegen Gifttrunk gefeit gewesen sein soll. Die Königin nahm sich vor Gift sehr in acht, und vielleicht hatte sie dazu allen Grund, denn ein naher Verwandter war gestorben, nachdem man ihn genötigt, ein Getränk zu sich zu nehmen, das sie für ihn zubereitet hatte.

Der netteste der vier erhaltenen Briefe Gregors an Theodolinda wurde kurz vor seinem Ende geschrieben, als seine Gebrechlichkeit ihm nicht mehr erlaubte, das Bett zu verlassen. Er beglückwünschte die Königin und ihren Mann zur Geburt eines Sohnes, der als Katholik getauft worden war. Er schickte dem Kind ein Kreuz, das ein Stück vom Kreuze Christi enthielt, und eine Ausgabe der Evangelien in einem persischen Einband. Theodolindas Tochter sandte er drei Ringe, zwei waren mit Hyazinthen, einer mit Perlen verziert. Das Gefühl der Ehrfurcht, mit dem ich vor kurzem zum erstenmal die Gebeine des hl. Ambrosius in Mailand gesehen hatte, überkam mich auch jetzt, da ich diese Gaben besah, die vor dreizehnhundert Jahren von einem der besten und am meisten mit Sorgen beladenen Päpste zwei Kindern geschenkt worden waren.

Wir wandten uns danach einem andern Teil der Schatzkammer zu, wo Theodolindas goldene Henne und die Küken zu sehen sind. Es handelt sich um eine runde Platte aus vergoldetem Silber, auf der eine Henne und sieben Küken angebracht sind. Sie haben die Größe von Zwerghühnern und picken Getreidekörner auf. Es ist eine bezaubernde Arbeit. Der Goldschmied hat eine ganz gewöhnliche ländliche Szene festgehalten, obwohl weder die Henne noch die Küken Haustiere sind, wie wir sie kennen. Sie ähneln eher Jagdvögeln, und die Küken haben längere Beine als ihre heutigen Nachkommen. Niemand weiß, ob dieses entzückende Kunstwerk nur ein Zierat war oder eine symbolische Bedeutung hatte. Der Kanoniker glaubte, es könnte als ein Symbol der Lombardei und ihres Herzogtums gemeint gewesen sein.

Dann entdeckte ich etwas, das in meiner Erinnerung an die Schatzkammer von Monza stets den ersten Platz einnehmen wird. Ganz für sich und unbeschreiblich demütig und armselig inmitten von soviel Gold und Silber stand eine Reihe römischer Fläschchen, fünf oder sechs Zentimeter groß, einige aus Glas, andere aus Hartzinn. Wer die Topographie des frühchristlichen Roms studierte, hat auch von dieser einmaligen Ölflaschensammlung der Pilger gehört, den wenigen, die von vielen Millionen erhalten geblieben sind. Etwa um 590 nach Christi beauftragte Theodolinda einen Abt namens Johannes, ihr aus Rom Reliquien mitzubringen. In jenen Tagen erlaubte die römische Kirche als Reliquien lediglich Öl aus den Lampen über den Gräbern der Märtyrer in den Katakomben und Tücher, die mit den Gräbern in Berührung gekommen waren. Die Umbettung menschlicher Überreste aus den ursprünglichen Gräbern wurde von Rom als verabscheuenswürdig betrachtet. Erst in einer späteren Epoche, im achten Jahrhundert, wurde dieser Brauch der Kirche aufgezwungen: als die Plünderungen der Friedhöfe solche Ausmaße angenommen hatten, daß der Klerus die Gebeine der Heiligen in Kirchen brachte, um sie vor der Vernichtung zu bewahren. Als aber der Abt in den neunziger Jahren des 6. Jahrhunderts nach Rom reiste, waren die Katakomben noch nicht geschändet. Die Christen besuchten auf ihrer Pilgerreise die Heiligengräber und sammelten aus allen dort brennenden Lampen etwas Öl ein. Ob die Pilger das Öl selbst in kleine Flaschen abfüllen durften, oder ob die Fläschchen ihnen schon etikettiert am Eingang der Katakomben verkauft wurden (was wahrscheinlicher anmutet), das ist uns nicht bekannt.

Früher gab es mehr als siebzig Ölfläschchen in Monza, indes sind jetzt nur noch zweiundvierzig vorhanden, sechsundzwanzig gläserne und sechzehn aus Hartzinn. Einige trugen noch immer die Schildchen, die vor 1300 Jahren angebracht wurden, und an manchen ist noch der Bindfaden zu sehen. Ein bemerkenswertes Überbleibsel ist ein Papyrus, der eine vollständige Liste der siebzig merkwürdigen Flaschen mit der Angabe der verschiedenen Orte, an denen sie gesammelt wurden, und der Heiligen, an die sie erinnerten, enthält. Dies ist der berühmte *Index Oleorum*, der so manche gelehrte Diskussion angeregt hat. Er endet mit den Worten:

«Das heilige Öl, das zu der Zeit unseres Herrn, Papst Gregor, von dem unwürdigen Sünder Johannes aus Rom zu der Herrin, Königin Theodolinda, gebracht wurde.» Gelehrte haben behauptet, falls der Abt selbst in den Katakomben das Öl gesammelt habe, dann sei die Liste – lese man sie in der richtigen Reihenfolge – von größtem topographischem Interesse, da sie den Weg angebe, den die Pilger im sechsten Jahrhundert durch Rom genommen haben.
Ich betrachtete diese zerbrechlichen Gegenstände mit Verblüffung und wunderte mich darüber, daß sie sich aus dem Zeitalter Gregors durch alle Gefahren der Weltläufe bis auf den heutigen Tag erhalten haben. Ich berührte eines der kleinen braunen Schildchen an einer Flasche, auf dem sich noch ein paar Worte in Latein entziffern ließen. Eines der Fläschchen war zerbrochen, das Öl hatte sich kristallisiert und sah wie brauner Zukker aus. Ich dachte an den emsigen Johannes, der für Theodolinda von Grab zu Grab wanderte, in einem Rom, das trotz Goten und Vandalen noch immer kaiserlich in seinen Konturen war. Das Pantheon war noch nicht seiner goldenen Ziegel beraubt, das Kolloseum war noch unversehrt, die kaiserlichen Paläste auf dem Palatinhügel waren mehr oder weniger bewohnbar, noch immer standen die Statuen aus Bronze und aus Marmor in den Straßen, noch verlasen die Dichter ihre Werke im Forum des Trajan, wo Gregor wahrscheinlich die engelgleichen Sachsen gesehen hatte; der Papst im Lateran schrieb seinen Bischöfen, wie ein Kaiser seinen Generalen schreibt: ruhig und höflich, und er ließ nichts von der Verzweiflung durchblicken, die sein Herz zuweilen erfüllte. Es war in der Tat ein trauriges und mitgenommenes Rom: kein klassisches mehr und noch kein mittelalterliches, ein Rom des Übergangs, von dem Gregor selbst sagte: «Wir leben inmitten einer zerstörten Welt.»
Ich wandte mich dem Kanoniker zu und erzählte ihm, was mir gerade durch den Kopf gegangen war. Er lächelte und meinte, auch er glaube am Morgen, wenn er die Schatzkammer öffne, manchmal den fernen Tumult aus dem Rom Papst Gregors zu vernehmen. Während wir die Gegenstände betrachteten, von denen viele nur durch Zufall erhalten blieben, sagte ich, es sei doch merkwürdig, daß die Kathedrale und der Palast Theodolindas untergingen, diese gebrechlichen Andenken und ihre Schätze dagegen Bronzen und Marmorstatuen überlebten. Er teilte mir den Grund mit. Seit frühester Zeit wurden diese Reliquien in Behältnissen aus Holz oder Marmor unter den Altären der drei Kirchen versteckt, die einst an dieser Stelle standen. Rohe Hände auf der Suche nach Gold – gleich jenen, die Theodolindas Sarkophag schändeten – haben sie nie entdeckt. Bis zum Jahr 1881 blieben die Reliquien verborgen, dann brachte man sie an ihrem jetzigen Ort unter.
Auf der Rückreise nach Mailand sagte ich mir, es sei doch schön gewesen,

all diese Dinge in einer Stadt zu finden, die Filzhüte und Teppiche herstellt und Autorennen veranstaltet. Irgend jemand versicherte mir, die örtlichen Kommunisten und Antiklerikalen würden die Eiserne Krone und die Schätze notfalls mit ihrem Leben verteidigen.

Ich hatte immer geglaubt, die Stadt Gorgonzola liege irgendwo in der Einsamkeit der italienischen Alpen. Demnach war ich überrascht, als ich mich eines Morgens etwa zehn Meilen außerhalb Mailands auf der Straße nach Bergamo in Gorgonzola fand. Es ist eine kleine Industriestadt in der lombardischen Ebene. Während meines ersten Spaziergangs durch die Hauptstraße entdeckte ich nicht den geringsten Hinweis auf ihr berühmtestes Produkt. Ich mußte tatsächlich einen Schutzmann nach einer Käsefabrik fragen.
Gorgonzola wird schon so lange in der Stadt hergestellt, daß er seinen ursprünglichen Namen – Argenza – verloren hat. In alter Zeit (ich weiß nicht, wie lange es her ist) wurden Kuhherden, die auf der Lomellina südlich von Mailand geweidet hatten, nach Norden auf die Berge zugetrieben und in Gorgonzola gemolken. Die Dorfbewohner, die plötzlich über eine Menge Milch verfügten, begannen mit der Käseherstellung. Nur Kühe, die auf gewissen Weideflächen gegrast hatten, gaben die rechte Milch für den Argenza oder Gorgonzola. Der Käse wurde dann zum Reifen in kalte Höhlen nach Ballabio in der Valtellina nahe Bergamo gebracht, von denen einige auch heute noch benutzt werden. Mit Hilfe der Kältetechnik wird der Käse leichter, in größeren Mengen und ohne Qualitätsminderung erzeugt. Obwohl der Tag warm war, trugen die beiden Männer, die mich durch lange Schuppen führten, wo Tausende von Käsestücken eingesalzen werden, mehrere Pullover und Schürzen aus Ölzeug. Später begaben wir uns in einen eisigen Schuppen, dessen Temperatur fünf Grad über dem Gefrierpunkt betrug. Dort war der Käse an Geruch und Geschmack als Gorgonzola zu erkennen.
Das Verfahren könnte nicht einfacher sein. Ein natürlicher Schimmel, der dadurch erreicht wird, daß man Luft mittels eines Kupferdrahts in den Quark einläßt, bildet schnell den Käse. Nun besteht die Kunst darin, sein Gedeihen zu überwachen, was durch die Beibehaltung der richtigen Temperatur geschieht. Die Käse lagen zu Tausenden bis an die Decke gestapelt auf Gestellen. Meine Führer holten mit Stechern Kostproben für mich herab. Ich habe niemals soviel Gorgonzola gegessen, vor allem nicht um elf Uhr am Morgen. Es war unmöglich, nein zu sagen, ohne die Gefühle der beiden Schwärmer zu verletzen.
Wenn ich sage, daß ich mir nichts aus Gorgonzola mache, dann meine ich damit den Gorgonzola, wie er in England gekauft und gegessen wird. In Italien ist das ein ganz anderer Käse: hell, weich, köstlich und nur dünn

blau geädert. Meine Experten stimmten mit mir darin überein. Sie meinten, kein Italiener würde Gorgonzola in dem fortgeschrittenen Reifestadium essen, den die englischen Feinschmecker verlangen. Ein italienischer Gorgonzola braucht zwei Monate zur Reife, der für den englischen Markt bestimmte dreiundeinenhalben Monat. Man brachte mich in einen Raum, wo stark ausgereifter Käse als gerade richtig für London bezeichnet wurde. Er rechtfertigte vollauf den berühmten Witz aus dem «Punch» des vorigen Jahrhunderts, der oft erzählt wurde und manchem Großvater bei festlichen Anlässen so peinlich war: «Laß den Gorgonzola los!»

Nichts erregt die Käsemacher mehr als ein Franzose, der den Gorgonzola mit dem Roquefort vergleicht. Die Italiener werden mit kaum verhohlenem Entsetzen sagen, daß Roquefortkäse aus der Milch von Mutterschafen hergestellt wird. Sie geben gern zu, daß es ein recht guter Käse sei – für jene, die ihn mögen –, aber er könne natürlich nicht mit dem Gorgonzola verglichen werden, der *il Re del formaggio* sei und bleibe.

«Und wen würden Sie die Königin der Käse nennen?»

«Ach», sagte der Käsehersteller und wischte seinen Stecher an einem Stück leichten Musselins ab, «das ist nicht leicht zu sagen. Vielleicht Bel Paese, vielleicht auch nicht. Es gibt wirklich keinen Käse, der den Thron mit dem Gorgonzola teilen könnte.»

4. Kapitel

Das schöne Bergamo – Die Kapelle Colleonis – Ein Gutshof aus der Renaissance – San Pellegrino – Die Geigenmacher von Cremona – Mantua und die Gonzagas – Ein geheimnisvoller Schotte – Der Palast der Isabella d'Este – Ein Bewunderer Heinrichs VIII. – Die Geisterstadt Sabbioneta – Der Gardasee und Sirmione

Wenn die Sommerhitze über Mailand brütet und man erschöpfter aufwacht, als man beim Einschlafen gewesen ist, brausen die jungen Leute mit ihren Wagen und Motorrollern gern zum Essen nach Bergamo. Es liegt fünfzig Kilometer nördlich von Mailand in klarer Bergluft, etwa 250 Meter über der Ebene. Eines Tages fuhr ich hin, und Bergamo gefiel mir so gut, daß ich beschloß, sobald wie möglich wieder hinzufahren, um eine Weile dort zu bleiben.

Am Fuß des Berges liegt Bergamo bassa, eine geschäftige, moderne und blühende Stadt, in der die Textilproduktion eine wichtige Rolle spielt. Bergamo alta am Berghang ist von dicken Mauern umgeben und voll mittelalterlicher Paläste und Kirchen. Die Oberstadt erreicht man mit einer Drahtseilbahn, und wenn Sie – wie ich – gern möglichst hoch schlafen möchten, macht die Drahtseilbahn noch eine zusätzliche kurze Fahrt zum Gipfel des Berges, den man San Vigilio nennt. Dort ist auf den ersten Blick nichts zu sehen, außer der weißen Kapelle des Heiligen, dem Glockenturm, der gegen den Himmel ragt, einem Kaffeehaus zur Bequemlichkeit derer, die auf die Bahn warten, einem Laden für alles und einem reizenden kleinen Landgasthaus. Dennoch herrscht viel Leben auf dem Gipfel, nur bemerkt man es nicht sofort. Die Straße, die sich vom tiefgelegenen Bergamo in Serpentinen den Berg hinaufwindet, führt zu den Villen und Gärten vieler Mailänder Geschäftsleute, die sich ins Privatleben zurückgezogen haben. Kleine Restaurants im Schatten von Kastanien sorgen für das Wohlergehen der Leute, die von der Hitze in der Ebene auf den Berg getrieben wurden.

Die Drahtseilbahn nach San Vigilio ächzt und bebt durch eine üppig bestandene Schlucht. Auf den Terrassen wächst Wein. Im Herbst können die Passagiere Feigen, Birnen und Äpfel pflücken, während die Wagen fast lotrecht in die Höhe steigen. Als ich in die kühle Luft trat, die geradenwegs von den Alpen zu kommen schien, sagte ich mir: Wenn ich schon die Villa des Plinius am Comer See nicht haben kann, dann sollte ich mir wenigstens hier ein schönes Plätzchen aussuchen.

Das Hotel stellte sich als eines von jener Sorte heraus, die überaus angenehm sind. Es war so, als hätte mich eine fröhliche italienische Familie herzlich umarmt. Auch die beiden Kellner waren von bereitwilliger Freundlichkeit, während die Familie, der das Hotel gehörte, stets auf dem Sprung zu sein schien, um die Wünsche der Gäste vorauszuahnen. Aus meinem Schlafzimmer hatte ich Blick auf die Ausläufer der Alpen. Meilenweit konnte ich den Autos und Karren auf den weißen Windungen der Straßen folgen, die sich nach Norden durch die Täler ziehen. Im Dunst der Berge, rund fünfundsechzig Kilometer weit entfernt, lag der Berninapaß. Die Terrasse unter meinem Fenster war hinter einer Pergola verborgen. Dort saßen die jungen Leute aus Mailand mit Vorliebe bis spät in der Nacht. Ich hörte ihre Motoren die Gebirgsstraße heraufdonnern und das erschöpfte Keuchen einer tapferen Vespa; danach die endlose Flut von Späßen und Komplimenten, manchmal auch ein Lied, bis der Augenblick kam, da sie mit einer Salve von Fehlzündungen und viel Mädchengelächter wieder ihren Weg den Berg hinab in die Ebene suchten. Dann wurde es still. Und schließlich brach der neue Tag mit Vogelrufen und den Glokken von San Vigilio an, die zur Frühmesse luden.

Es gibt eine Art von Glücklichsein und Wohlbefinden, die von Sonnenschein und blauem Himmel abhängt. Ich werde oft dieser schönen Vormittage gedenken, da ich nach dem Kaffee und den knusprigen Brötchen (die erste Seilbahn bringt sie herauf) in dem kleinen Garten umherspazierte, wo Rosmarin und Lorbeer wuchsen, die so viele Fleischgerichte und Soßen würzen. Ich schaute hinab auf die Hügel, Täler und Flußläufe im Sonnenlicht und sagte mir dabei, daß man für solch kurze sorglose Augenblicke gar nicht dankbar genug sein könne. Ich setzte mich auf die ummauerte Terrasse bei der Kapelle, die einen wunderbaren Blick auf die Unterstadt bot, auf ihre Dächer, Türme und Wälle, und dahinter dehnte sich, soweit die Augen sehen konnten, das flache Land, in dessen Ferne Cremona, Parma, Modena und andere Städte verborgen waren.
Die beiden Bergamos scheinen das Entwicklungsproblem vollkommen zu lösen. Das alte Bergamo brauchte den Berg zu seinem Schutz, das moderne Bergamo brauchte die Ebene und die Eisenbahn für seine Fabriken; deshalb hat es sich zu ihnen hinabbegeben, wodurch die Altstadt in der Höhe frei von Verkehr und Menschenmassen blieb. In alten Zeiten muß es so unbezwinglich wie fast alle italienischen Städte gewesen sein – und auch so einsam. Man versteht, weshalb sein berühmter Dialekt weiterhin eine Rolle in der italienischen Komödie spielte. Man erinnert sich einer Posse, die Castiglione beschreibt: Ein Viehknecht aus Bergamo wurde vor den Damen eines Renaissancehofs als der feinste spanische Höfling ausgegeben. Und während der «dumme Bursche» herumsaß und den unverständlichen Jargon Bergamos sprach, übertrafen sich die Damen gegen-

seitig an Hochachtung und Höflichkeit, derweil den Herren vor Lachen fast das Zwerchfell platzte. Der Harlekin ist ein Bergamasker Bauer, und einige Leute glauben, daß Bergamo die Heimat der Commedia dell'Arte war.
Der berühmteste Bürger war der Condottiere Bartolommeo Colleoni, an den sich jeder Besucher Venedigs erinnern wird. Längst bevor er sich von den Fahnen San Marcos anwerben ließ, war seine Heimatstadt die westlichste Besitzung Veneziens geworden. Als die Senatoren den General belohnen wollten, war es nur natürlich, daß sie ihm ein Landgut in seiner Heimat antrugen.

Die Straße zur Altstadt führt zwischen Gartenmauern abwärts, über die Kaskaden von Bougainvillea fallen. Auf den ersten Blick mutet die Piazza unglaublich vollkommen an. In der Mitte eines Vierecks aus verwittertem altem Backstein schickt ein Brunnen seinen einsamen Strahl in ein Marmorbassin. Das Becken wird von freundlichen kleinen Steinlöwen bewacht. Sie hocken auf ihrem Hinterteil und sind durch eine schwere Eisenkette miteinander verbunden, die von Maul zu Maul reicht. Und was für gute, gehorsame Löwen sind das, möglicherweise die steinernen Überlebenden einer längst ausgestorbenen Rasse, die vielleicht Marco Polo aus China mitgebracht hat, wo man sie wohl züchtete, um sie mit Pekinesen zu kreuzen. Kein heimtückischer Gedanke, geschweige denn ein blutdürstiger, wird ihnen je durch ihren Kopf gegangen sein. Sie nehmen Vertrauensposten ein und halten die Kette, als wäre sie eine Abendzeitung.
Die Piazza ist von harmonischen Bauten umgeben; ein paar gewöhnliche Häuser, einige Gemischtwarenläden, ein Café und ein Restaurant. Hätte Shakespeare ein Stück «Die beiden Bergamasker» geschrieben, dann wäre dies der geeignete Hintergrund für den ersten Akt gewesen: «Bergamo – ein öffentlicher Platz». Gebäude aus dem zwölften und siebzehnten Jahrhundert schauen einander an. Eines davon ist ein schöner Palast von Palladio, auf den die Nachmittagssonne fällt; er ist über einer Arkade errichtet und enthält – wie mir gesagt wurde – zweihunderttausend Bücher und mehrere illuminierte Handschriften. Wo – außer in Italien – besäße eine so kleine Stadt wohl eine so stattliche Bibliothek? Und wo – außer in Italien – hätte man eigens einen Palast für sie gebaut? Der Bibliothek gegenüber steht eines der ältesten Rathäuser der Welt, der *Palazzo della Ragione*, eine wuchtige alte Festung mit gotischen Fenstern, die sich ebenfalls über einer Arkade erhebt. In dieses Schema passen – auf das vollkommenste von der Hand eines Meisters eingefügt – der alte Glokkenturm (der *Torre del Comune*) und eine Flucht von Steintreppen, deren Ziegeldach von romanischen Säulen getragen wird.

Hinter dem *Palazzo della Ragione* verbirgt sich eine der schönsten Sehenswürdigkeiten der Lombardei. Eingerahmt von den Bogen, die das alte Bauwerk stützen, sieht man eine kleine Piazza, an der eine Reihe prächtiger Gebäude steht: eine Kirche, die Colleoni-Kapelle, eine Kathedrale und eine Taufkirche. Der Blick fällt sofort auf das im sarazenischen Stil errichtete Portal aus waagerecht gestreiftem Marmor, von Säulen getragen, die auf den Rücken steinerner Löwen ruhen. Das lombardische Portal ist eine Bühne mit lebensgroßen Figuren: Ein Ritter sitzt in seiner Rüstung, mit der Lanze in der Hand, zu Roß, ihm zur Seite stehen zwei Heilige. Der Ritter ist der heilige Alexander, der in römischer Zeit lebte; er gilt als Bergamos Schutzpatron. Der Heilige zeigt die strenge und wachsame Erscheinung jener Figuren, wie man sie auf mittelalterlichen Uhren sieht. Über diesen Gestalten befindet sich eine kleinere Plattform, auf der die Jungfrau und das Kind mit einem Heiligen an jeder Hand stehen. Dieses mittelalterliche Portal ist der Eingang zu einer Kirche, die im Barock gänzlich neu gestaltet worden ist. Der Kontrast ist überraschend. In einer Seitenkapelle fand ich das Grab eines großen Bergamaskers, des produktiven Komponisten Donizetti. Er starb an Überarbeitung in der Umnachtung.

Die Perle von Bergamo ist das Gebäude neben der Kirche: die Kapelle, die man zum Gedächtnis Colleonis mit Geldern erbaut hat; er bestimmte sie in seinem Testament für diesen Zweck. Sie wurde in der Frührenaissance errichtet, als die Architekten noch die nachgotischen Kirchen mit der Fensterrose und einer Zwerggalerie schufen, aber – um klassischer Mode zu folgen – Medaillons antiker Heroen anbrachten, die im starken Gegensatz zu den Szenen der Heiligen Schrift standen. Wer die Kartause von Pavia gesehen hat, wird an dieser wunderbaren kleinen Kapelle die Meisterhand Amadeos erkennen. Es ist beinahe so, als hätte man einem Heiligen eine Toga übergeworfen. Im Innern ist der große Soldat auf einem Schlachtroß aus vergoldetem Holz, den Marschallstab in der Hand, zu sehen. Er trägt eine prunkvolle Mütze und einen gepolsterten Waffenrock, dazu Beinschienen; sein Pferd greift mit weitem Paradeschritt aus. Diese Arbeit eines deutschen Holzschnitzers, des Sixtus Sirius aus Nürnberg, ist äußerst würdig und eindrucksvoll; man fühlt: Genauso muß Colleoni an vielen glücklichen Tagen vor die Dogen und Senatoren Venedigs hingetreten sein. Ich glaube, keinem andern Soldaten der Geschichte wurden zwei Standbilder solcher Art errichtet. (Das zweite ist die berühmte Statue Verrochios in Venedig.)

An anderer Stelle in der kleinen Kapelle ist Medea, Colleonis Lieblingstochter, die sieben Jahre vor ihrem Vater starb, in weißem Marmor zu sehen. Sie war keine große Schönheit, und die Mode, das Haar hoch aus der Stirn zu streichen, stand ihr nicht. Dennoch hat die Kunst des Bildhauers sie lebendigerhalten. In einem Kleid aus Brokat schläft sie in marmorner Stille, das Haupt auf einem Kissen mit Quasten gebettet. Ihr zartes, intelligentes Gesicht und ihr schmaler Hals bleiben eine der Erinnerungen, die man von Bergamo mitnimmt.

Am Rande der Unterstadt steht in einem feuchten Garten ein alter Palast, dessen obere Etagen modernisiert wurden und die Gemäldesammlung enthalten, die als *Accademia Carrara* berühmt ist. Dort finden sich erlesene Bilder von Bellini und Tizian, ich sah Pisanellos wunderschönes Profil von Giuliano, dem jungen Medici, der während eines Hochamts in Florenz ermordet wurde. Ich begegnete dem Original eines Porträts, das ich in vielen Büchern gesehen habe: ein verschlagen aussehender junger Mann mit hängendem Schnurrbart und leichtem Kinnflaum, dessen langes Haar unter einem feschen Barett herabfällt. Wenn dies wirklich Cesare Borgia ist, dann symbolisiert das winzige Paar im Hintergrund, das sich unter einem Wolkenbruch duckt, vielleicht seine Opfer. Eine merkwürdige Gruppe faszinierte mich, die ein unbekannter lombardischer Meister des fünfzehnten Jahrhunderts gemalt hat und die ich zuerst für Türken hielt. Bei näherer Betrachtung stellte sich heraus, daß es elegante Damen und Herren in byzantinischen Kostümen waren, wie sie von den Türken übernommen wurden, nachdem sie Konstantinopel erobert hatten.
Es geschah in Bergamo vor etwa siebzig Jahren, daß der Sherlock Holmes der Malerei, Bernard Berenson, sich der Kunstgeschichte widmete. Er war damals ein Student, der keinen Pfennig besaß, ein Sohn jüdischer Amerika-Auswanderer, und hielt sich in Italien als fahrender Scholar auf. Siebzig Jahre später war er eine weltberühmte Autorität und ein Millionär, der seine Besitzung in Florida und seine hervorragende Bibliothek der Harvard-Universität vermachte. Es ist interessant, sich ihn in Bergamo vorzustellen, als er bestrebt war, ein Kunstkenner zu werden, «ohne an Entgelt zu denken», wie er im «Entwurf eines Selbstbildnisses» schrieb. Eines Tages erklärte er im Kaffeehaus einem jungen Freunde: «Wir wollen uns dem Studium widmen, um zwischen den authentischen Werken eines italienischen Meisters des fünfzehnten und des sechzehnten Jahrhunderts zu unterscheiden und jenen, die ihm gewöhnlich zugeschrieben werden. Hier in Bergamo und in all den lieblichen romantischen Tälern, die sich nach Norden erstrecken, dürfen wir keine Ruhe geben, ehe wir nicht sicher sind, daß jeder Lotto ein Lotto ist, jeder Cariani ein Cariani, jeder Previtali ein Previtali, jeder Santa Croce ein Santa Croce, und ehe wir nicht wissen, welchem der verschiedenen Santa Croces ein Bild zuzuschreiben ist.»
Es war der große Ehrgeiz Berensons, falsche Etiketten zu entfernen, die

Händler und Besitzer jahrhundertelang an ihre Bilder geheftet hatten, und sie durch die richtigen zu ersetzen. Der arme junge Mann, der dazu entschlossen war, ohne an Entgelt zu denken, konnte nichts von Lord Duveen und den amerikanischen Millionären ahnen, die in künftigen Tagen bereit sein würden, viel Geld für ein Echtheitszeugnis zu zahlen.

Nach der Entdeckung Amerikas war den Italienern die Kartoffel suspekt, den Mais dagegen übernahmen sie mit Freuden. Das italienische Wort dafür, *granturco*, beweist, daß die Leute damals glaubten, er käme aus dem Osten. (Das französische *blé de Turquie* zeigt, daß man in Frankreich der gleichen Meinung war.) Besonders in der Lombardei, aber auch überall sonst in der Po-Ebene, ist für den Bauern ein Pudding aus Maismehl namens *polenta* das, was für den Kleinbauern im schottischen Hochland der Porridge ist. Man findet ihn in allen Dörfern und Bauernhöfen. Jede Familie besitzt ihren Polentatopf und einen großen Holzlöffel oder einen Stab zum Umrühren des Mehls. Gekocht ähnelt Polenta einem steifen braunen Porridge. Man kann ihn heiß oder kalt essen, man kann ihn aufkochen, gebacken oder gebraten zusammen mit fast jedem andern Gericht zu sich nehmen. Käse und Tomatensaft scheinen die gebräuchlichsten Zutaten zu sein.
Ich hatte Polenta noch nie versucht, bis ich zu einem ausgezeichneten kleinen Restaurant an der Piazza des oberen Bergamo kam und ihn auf dem Menu stehen sah – *polenta con gli uccellini.* Er wurde mir gekocht und mit einer gebratenen Wachtel obenauf serviert. Es ist offenbar eines jener Gerichte, an die man von klein auf gewöhnt sein muß. Mir war dieses Mahl unverdaulich. Das tat mir leid, denn ich war mir bewußt, daß ich bisher außer den Pappeln noch nichts echt Lombardisches richtig beurteilt hatte. Doch wie es zuweilen geschieht: Dieses enttäuschende Mahl sollte mir im Gedächtnis bleiben. Mein Tisch stand auf dem Pflaster unter den Markisen des Lokals, ein paar Schritte von mir entfernt spielte der Brunnen, und die Löwen mit der Kette im Maul sahen wie gestreichelte Hunde aus. Von den Balkonen lugten Frauen und Kinder auf die kleine Piazza hinab, und nicht ein einziges Auto war da, nicht mal ein Tourist. Das Sonnenlicht fiel auf die Szenerie von großer Schönheit und Vornehmheit. Ich wußte, daß ich nur ein paar Meter weit unter den Bogen des *Palazzo della Ragione* entlangzugehen brauchte, um Colleoni zu sehen, wie er auf goldenem Pferde reitet, und Medea, die auf ihrem Marmorlager ruht.

Wer in Italien war, kennt «San Pellegrino». Manch einer wird sich auch gefragt haben, was für ein Heiliger das wohl gewesen sein und woher das Mineralwasser kommen mag. Die Stadt liegt rund fünfzehn Meilen von

Bergamo entfernt im Tal des Brembo, einem der vielen schönen Täler, die nach Norden auf die Alpen zu verlaufen. Eine heitere Badestadt säumt die Ufer des Flusses. Die Hügel sind mit Villen und Hotels übersät. Es gibt sogar einen Kursaal. Er wurde um die Jahrhundertwende gebaut, als die Beliebtheit der Bäder den Architekten einen ganz besonders schlechten Geschmack erlaubte. In solchen Häusern halten nackte Bronzeschönheiten mit modischen Wespentaillen Leuchter am Fuß von Treppen, die den Weg zu den Spielzimmern, Ballräumen, selbst zu Theatersälen erhellen. Alles bot sich groß und kostspielig dar. In jenen Zeiten gab es zahllose Leiden in der Welt, aus denen sich Geld schlagen ließ, und kein Mensch konnte ein Zeitalter ahnen, da – wie in England – die Trinkhallen und Gesellschaftsräume vom Gesundheitsdienst übernommen oder, wie auf dem Kontinent, in einen Dornröschenschlaf sinken würden, als ob der Geist des Ortes (gleich einer schlafenden Schönheit) auf das Geräusch eines mit zwei Pferden bespannten Wagens im Kies warte, und auf den Kuß einer mürrischen Hoheit, um zu neuem Leben zu erwachen.
San Pellegrino Terme ist jedoch ein hübsches Mineralbad. Mir fiel ein Ballsaal auf, der ursprünglich wohl allein für Herzoginnen bestimmt war; jetzt aber tanzten die einheimischen jungen Leute zwischen Bambustischen. Man reichte mir eine Broschüre, die der Verkehrsverein herausgegeben hatte. Ihr Umschlag zeigte nicht etwa ältliche Invaliden, für die solche Orte ja eigentlich gedacht sind, sondern athletische junge Männer und Frauen, die sich mit dem Besteigen von Bergen, dem Golf- und Tennisspiel sowie mit dem Angeln beschäftigten. Keine Spur von Siechtum und Arthritis. Kein Zweifel: Das ist der richtige Appell, und tatsächlich kann man am Ufer des Brembo und an den grünen Hängen seiner Hügel glückliche Ferientage verbringen. Pellegrino heißt zwar «Pilger», aber es gelang mir nicht, herauszubekommen, welcher Pilger dieser berühmten kleinen Stadt seinen Namen gegeben hat.
Ein ortsansässiger Geschichtskenner erzählte mir: «Als die Franzosen unter Karl VIII. nach Italien kamen, wurden sie von der Bevölkerung so gut gefüttert, daß sie zum Zeichen ihrer Dankbarkeit den Fingerknochen eines Heiligen namens Pellegrino zurückließen. Aber ich kann nicht sagen, wer das war. Man hielt die Reliquie für so kostbar, daß man den Namen der Stadt nach ihm änderte.»
Das San-Pellegrino-Wasser quillt mit einer Temperatur von rund 38 Grad Celsius aus der Erde. Man reichte mir ein Glas, aber zu meiner Überraschung fehlte das charakteristische Sprudeln. Ich fragte nach der Ursache und erfuhr, der Sprudel werde durch ein natürliches Gas von San Giovanni Valdarno in der Toskana hinzugefügt. Man führte mich in einen Musterbetrieb, wo das Wasser in Flaschen abgefüllt wird. Hunderte von San Pellegrinern in weißen Mänteln und mit Gummihandschuhen bewach-

ten unerhört intelligent konstruierte Maschinen, die schnell und wortlos die Flaschen wuschen und andern Maschinen weitergaben, die sie mit ruckartigen, erbosten Bewegungen, gleich aufsässigen Dienstboten, füllten, mit Etiketten beklatschten und auf die Reise zu Hotels in aller Welt schickten. Im Packschuppen war man gerade dabei, einige Kisten nach Somaliland und Caracas fertigzumachen. Für das außergewöhnlichste hielt ich jedoch das Schwimmbad voller San-Pellegrino-Wasser.
Ich fuhr durch das anmutige Tal zurück nach Bergamo. Eines jener Bilder, die ich vielleicht nie wieder erblicken werde, war dieses: Ein Bedienter hüllte alte Patienten, die in einem Mercedes saßen, in Decken, während der Hoteldirektor, Ärzte und Krankenschwestern strahlenden Gesichts auf der Treppe der Kurhotels dieser Abreise zusahen. Das Wort Bad umschließt jetzt schon die Geschichte eines bestimmten Zeitalters. Es erinnert an jene freundlichen Jahre, da der Göttin Hypochondria teure und schöne Tempel errichtet wurden und Streichorchester die gestörte Verdauung zu besänftigen suchten.

Als Colleoni in mittleren Jahren die Armeen Veneziens nicht mehr anführte, erfreute er sich in seiner zweiten Lebenshälfte als Landedelmann auf seinem Gut Malpaga bei Bergamo, das noch heute vorhanden ist. Die romantische Bewirtschaftung dieses Hofes wurde in Bergamo nie vergessen. Nahezu jeder wird einem erzählen können, wie der alte Soldat sich mit seinen Kameraden als Leibwache von den Händeln der Welt zurückzog, sein Land bestellte, jederzeit aber bereit war, wieder zu den Waffen zu greifen und die Pferde zu satteln. Zusammen mit dem Mann aus Essex, Sir John Hawkwood, war Bartolommeo Colleoni der geachtetste aller *condottieri.* Seine füchsische Schläue half ihm, in jener rauhen Zeit zu überleben. Während seine Genossen sich jedoch meist durch Verrat bereicherten, hielt er seinen Herren die Treue, was sich für lange Zeit auszahlen sollte.
Er kam 1400 zur Welt und wurde siebenundsiebzig Jahre alt. Sein Leben fiel also in die schönste Zeit der Renaissance. J. A. Symonds meinte, er sei einer jener Italiener gewesen, die ihren Start ins Leben der Ermordung ihrer Väter verdankten, mit anderen Worten: Wäre er nicht auf sich selbst gestellt gewesen, hätte er sich auch nicht als gewöhnlicher Soldat einem Landsknechtshaufen angeschlossen. Betrachtet man eine seiner Statuen, so findet man: Das Waffenhandwerk war wohl die angemessene Beschäftigung für ihn. Er wurde von zwei der berühmtesten Söldnerführer jener Zeit, Braccio da Montane und dem reichen und mächtigen Oberbefehlshaber der venezianischen Armeen, dem Conte Bussone da Carmagnola, ausgebildet. Die meisten *condottieri* sind schemenhafte Gestalten, die während der fast ständig anhaltenden Wirren hin- und hermarschierten

und dabei die Fronten wechselten. Colleoni aber lebt als eine Persönlichkeit fort – einmal hatte er eine Vorliebe für Statuen, zum andern hatte er das Glück, von großen Künstlern dargestellt zu werden. Als Soldat befand er sich stets auf seiten der Sieger. Er erwarb viel Land für Venedig, und obwohl er auch seinen Ärger mit der Republik hatte (einmal wurde er von einem wütenden Senator fast umgebracht), kehrte er stets zu seiner Regierung zurück und diente ihr treu. Als er fünfundfünfzig war, zahlte Venedig ihm einen Tribut, den dieser verschlagene und argwöhnische Staat zu keiner Zeit einem andern Menschen entrichtet hat: Er wurde auf Lebenszeit zum Oberkommandierenden der venezianischen Truppen ernannt. Dieses Amt hatte er etwa zwanzig Jahre lang inne. Er wurde so fürstlich besoldet, daß jeder Bestechungsversuch sinnlos gewesen wäre. Als er im Sterben lag, entsandte Venedig eine Delegation, die ihm die Hochachtung und Dankbarkeit der Republik aussprach. Den Abgesandten muß ein Schauer über den Rücken gelaufen sein, als der alte General sagte: «Gebt keinem andern jemals wieder die Macht, die Ihr mir gegeben habt. Ich hätte Euch großen Schaden zufügen können.» Noch am Totenbett dieses treuen Dieners richtete sich das Gespenst der Bestechung und des Verrats auf. Da er keinen Erben hatte, hinterließ Colleoni seinen großen Besitz Venedig. Auf diese Weise versuchte er das ungewöhnliche Vertrauen, das die Signorie in ihn gesetzt hatte, zu entgelten.

Malpaga liegt inmitten eines Netzwerks von Seitenstraßen fünf Kilometer südlich von Bergamo am Serio. Ich hatte eine Ruine erwartet, aber ich fand einen Gutshof der Renaissance, der noch immer in Betrieb und im Besitz eines Zweigs der Colleoni-Familie ist. Herden kleiner satingrauer Kühe von der *Bruno-Alpino*-Rasse grasten auf gut gewässerten Wiesen, die ihre Vorfahren seit Jahrhunderten ernährt haben. Das Gutshaus nimmt ein riesiges Viereck – einem römischen Feldlager gleich – ein. In der Mitte erhebt sich das Schloß mit seinen fischschwanzähnlichen Zinnen über einem ausgetrockneten Graben. Der alte Soldat ließ es so anlegen, als sollte es jeder Belagerung trotzen. Als ich das Schloß sah, dachte ich mir, jeder, der ums Jahr 1400 geboren ward, muß noch immer mit einem Fuß im Mittelalter gestanden haben. Ein hochgeehrter Mann, der seine besten Jahre in Renaissancescharmützeln verbracht hatte, wollte für seine alten Tage eine mittelalterliche Burg haben. Während der Verwalter fortging, die Schlüssel zu holen, betrachtete ich mit Vergnügen das Leben, das in Malpaga ohne Unterbrechung seit fünfhundert Jahren weitergeht. Die Gutsgebäude sind zwei Stockwerke hoch, in den unteren sind die Scheunen und Lagerräume, die Kornkammer und Kuhställe untergebracht, über ihnen liegen die Wohnungen der Arbeiter.

Ich schaute einem Ochsenkarren zu, der mit Feldfrüchten beladen durch das Hauptportal schwankte – ein Anblick, der die Gedanken von der Renaissance noch weiter zurück bis in die klassische Welt schweifen ließ. Colleonis Gut war vermutlich den schönsten Bauernhöfen nachgebildet, die er während seiner Soldatenlaufbahn in den verschiedenen Herzogtümern kennengelernt hatte. Der berühmteste war der Landsitz der Sforza zu Vigevano unweit von Mailand, der die Franzosen erstaunte, die unter Ludwig XII. nach Italien gekommen waren. Hier erlebten sie zum erstenmal landwirtschaftliche Experimente mit der Saat und wissenschaftlich betriebene Viehzucht. Robert Gaugin bewunderte sehr die Sorgfalt, die man aufwandte. «Das genaue Gewicht von allem, vom Heu, von der Milch, der Butter und dem Käse wird sorgsam notiert», schrieb er. Ludwig XII. interessierte sich besonders für den Mailänder Käse, vielleicht eine Art von Parmesan, der seiner Größe und seines Gewichts wegen bemerkenswert war. Er nahm eine große Menge davon mit nach Frankreich und ließ einen besonderen Raum in Blois anlegen, wo er den Käse jahrelang in Öl lagerte.

Der Verwalter kehrte mit den Schlüsseln zurück, und wir überquerten den Burggraben. Das Schloß befindet sich in gutem Zustand. Ganz abgesehen von dem Interesse, das es als Heim des Söldnerführers beansprucht, ist es ein seltenes Beispiel für den Wirkungskreis eines reichen Landmagnaten in der Renaissance. Wir wissen, wie sie in den Lagern hausten, aber hier sehen wir die Räume, in denen sie ihre Güter verwalteten, die Hallen, in denen sie speisten, und ihre Küchen. Ein malerisch kolonnadenumgebener Hof, dessen Bögen mit Groteskenmalerei geschmückt sind, führt über mehrere Außentreppen zu den oberen Stockwerken. Fresken bedecken die Wände, einige zeigen religiöse Themen, andere ein bedeutendes Ereignis in Colleonis hiesigem Leben: den Besuch, den ihm König Christian I. von Dänemark auf der Rückkehr von einer Pilgerreise nach Rom machte. Auf den Wandgemälden sieht man, wie Gäste zu Jagdpartien und Turnieren geladen werden. Die Grenze zwischen Renaissance und Mittelalter war zu jener Zeit manchmal sehr dünn: Bei solchen Anlässen schien es, als ritten die Edelleute der Renaissance mit Rüstungen und langen Turnierlanzen zurück ins zwölfte Jahrhundert. Ich erblickte eine ausgesprochen mittelalterliche Szene auf dieser schön bemalten Wand von Malpaga. Zwei Ritter mit Visieren prallten auf heraldisch geschmückten Rössern gegeneinander, während die blonden Damen – aufgereiht wie eine Mädchenklasse – in einem Pavillon am Rand des Kampfplatzes saßen.

Wir stiegen steinerne Treppen hinauf und hinunter, manchmal traten wir auf Balkons, die einen schönen Blick auf den fischgrätengemusterten Backsteinboden des Hofes gewährten. Einmal standen wir im Sonnenlicht in einer säulenförmigen Loggia hoch unter dem Dach des Schlosses –

ein Aussichtspunkt, von wo aus der alte Kriegsmann seinen landwirtschaftlichen Besitz mit einem Blick überschauen konnte. Wenige Geschichten über ihn sind bis auf unsere Tage überliefert. Man weiß nur, daß er unter militärischer Prachtentfaltung inmitten sechshundert seiner Veteranen lebte und daß seine beiden Töchter bei ihm waren, an denen er sehr hing. Cassandra heiratete Nicolà da Corregio, Medea hingegen blieb unvermählt. Sie ruht jetzt, einer marmornen Ophelia gleich, in der zauberhaften Kapelle zu Bergamo. Es wird erzählt, ihr Tod habe das Herz des Vaters gebrochen. Man zeigte mir den nun kahlen Raum, in dem Colleoni vermutlich starb – jenes Zimmer, in dem die venezianischen Abgesandten sich um sein Bett drängten und mit Erstaunen hörten, daß er den größten Teil seines Besitzes der Signorie wieder zurückzugeben wünsche. Man führte mich durch das Bauerngut, damit ich die Fohlen und die jungen Ochsen bewundern konnte. Ich sah Brennholz für den Winter gestapelt und das letzte Heu, und ich hörte viel vom Weizen und vom Wein erzählen. Nach einer Diskussion über Schweinekoben, Kuhställe und die Reinlichkeit der Molkerei verabschiedete ich mich mit dem angenehmen Gefühl, daß es doch noch ein paar Orte gibt, wo die Zeit, wie es scheint, stillgestanden ist.

An einem Sommermorgen machte ich mich früh im Auto auf den Weg von Bergamo nach Cremona. In der flachen Landschaft erwachten die Städtchen. Die Glocken riefen zur Frühmesse. Noch waren die Läden geschlossen. Die Sonnenschirme und Markisen standen zusammengefaltet auf den Marktplätzen. Am Rande einer kleinen Stadt namens Crema traf ich zu meiner Überraschung auf eine große Rundkirche: Es sah aus, als hätte man das Pantheon in ein Dorf versetzt. Ich schaute hinein. Die Messe war gerade zu Ende gegangen. Der Priester nahm den Kelch vom Altar, und ein Junge in zerschlissenem Anzug langte zu den Kerzen hinauf, sie auszulöschen. In den ersten Sitzreihen hockten acht- oder zehnjährige Buben, die fleißig ein dreifaches «Amen» hersagten, während ein alter Geistlicher, der einen langen schwarzen Überrock trug, sie beobachtete und die Tempi recht ärgerlich mit einem Spazierstock schlug. Als er sie entließ, stürzten die Jungen zur Tür, wobei sie einen fürchterlichen Lärm veranstalteten: Sie trugen alle Holzschuhe oder Sandalen mit Holzsohlen. Es war eine jener merkwürdigen kleinen Szenen, die dennoch im Gedächtnis haften bleiben.

Als ich in Cremona eintraf, einer rosaroten, alten Backsteinstadt, die Terrakottaschmuck und maulbeerfarbene Ziegel hat, beeindruckte mich die vornehme Piazza. Ich sah mir die Kathedrale, den Campanile, die Taufkapelle und das Rathaus an. Alle diese italienischen Städte, in deren Herzen der Geist uralter Feindschaft lebt, haben ihre eigenen Gesetze und sind noch immer (was auch die Stadtpläne aussagen mögen) von geisterhaften Wällen umgeben. Man müßte Bergamasker oder Cremonenser sein, um zu wissen, wie tief dies sitzt; aber auch der Fremde ahnt diese Eigenheit, den Lokalstolz und die örtlichen Vorurteile. Im frühen Mittelalter wetteiferten diese Städte miteinander in der Größe und Schönheit ihrer Kathedralen, der Höhe ihrer Türme, der Würde ihrer Rathäuser. Und obwohl sie alle nach dem gleichen Schema gebaut wurden, ist jede Stadt dennoch anders. Die Eintönigkeit und gleichzeitige Verschiedenheit dieser Städte, die kaum mehr als fünfzig Kilometer voneinander entfernt sind, erinnern an ein Orchester, das Variationen zum gleichen Thema spielt.

Die Kathedrale ist ein Juwel. Die Marmorsäulen der Vorhalle ruhen auf den Rücken steinerner Löwen. Darüber steht, wie oft in romanischen Fensterbögen, die lebensgroße Statue der Jungfrau mit dem Kind und schaut hinab auf die Piazza. Neben ihr der Schutzheilige Cremonas, den man in der Stadt mit dem sonderbaren Namen Omobono und anderwärts den hl. Homobonus nennt. Über dieser Loggia befindet sich eine schöne Rose aus dem dreizehnten Jahrhundert, zu beiden Seiten eine romanische Zwerggalerie in zwei Gruppen, die fast die ganze Breite der Fassade umläuft.

Diese lombardischen Portale faszinieren mich. Sie stammen noch aus einer Zeit, die weiter zurückreicht als jene, in der die Fresken den Leuten die Heilige Schrift vermitteln, die nicht lesen konnten. Das Kirchenportal erzählt natürlich eine schlichtere Legende. Sie verkündet die beste aller Nachrichten: Der Schutzpatron ist der Begleiter der Mutter Gottes.

Das Innere der Kathedrale erfüllt kaum, was die romanische Fassade verheißt. Ich ging deshalb wieder hinaus auf die schöne Piazza und schaute in einer benachbarten Straße dem Leben und Treiben des bunten Marktes zu, der sich unter Markisen in allen Farben abspielte. Dieser Markt, auf dem man Früchte, Gemüse, Fleisch, Federvieh und bei jüdischen Händlern sogar alte Kleider kaufen kann, verleiht der majestätischen Piazza von Cremona den letzten mittelalterlichen Hauch.

Ich spazierte nach San Agostino, jener Kirche, die Francesco Sforza auf den Grundmauern einer älteren errichten ließ, um seiner Heirat mit Bianca Maria ein Denkmal zu setzen. Dieser Bund war – wie ich schon sagte – eine ideale Partie, die zugleich den Ruhm der Sforza begründete. Ich sah ein Bild, auf dem sie einander gegenüber knien – sie sehen noch würdevoller und mittelalterlicher aus, als ich angenommen hatte. Eine kleine Nonne knipste das Licht an, als ich die Kirche betrat, und wischte mit zarter Hand die Blätter einer Aspidistra im Altarraum ab.

Bei der Rückkehr nach Cremona besuchte ich die bemerkenswerteste Attraktion der Stadt: den schönen öffentlichen Park im Zentrum. Es gibt dort Rasenflächen, einen Brunnen, einen Musikpavillon, gutgewachsene

Kastanienbäume, gestutzte Akazien, Beete mit Hortensien, und überall stehen Stühle, als wäre man in England oder Frankreich. Solch ein Garten inmitten einer alten italienischen Stadt ist ungewöhnlich. Die Lateiner lassen die Vegetation an ihrem Platz, also auf dem Land, und wenn Bäume und Blumen einmal in die Stadt eindringen, werden sie sofort ummauert. Ich erkundigte mich nach der Geschichte des Parks und fand schließlich jemanden, der sie mir berichtete: Ein unbeliebtes Dominikanerkloster, das Hauptquartier der Inquisition, wurde kurz nach dem Risorgimento niedergerissen, und man legte dort einen Stadtpark an. Während ich durch dieses unerwartete Grün schlenderte, traf ich auf einen noch unwahrscheinlicheren Anblick: den Grabstein Antonio Stradivaris, der sich einst in der Dominikanerkirche befand und nun unter freiem Himmel liegt.

Wenn man in dieser Stadt den Namen Stradivari nennt, leuchten die Augen der Cremonenser auf, und man wird zur *Scuola Internazionale di Liuteria* gewiesen, die in einem modernen Gebäude unweit der Kathedrale untergebracht ist. Dort wurde ich von starkem Lack- und Holzgeruch sowie von einem Mann empfangen, der mich für einen Musiker auf der Suche nach einer Geige hielt; denn hier stellt man Instrumente nach dem alten Muster her. Da ich alles andere als ein Musiker bin, mußte ich gestehen, daß ich nur wenig über Stradivari wisse. Mir war lediglich bekannt, daß er wie Tompion und Graham ein Genie war, das sein Können bis zur höchsten Entfaltung steigerte. Ich bat den Mann, mir einiges von Stradivari zu erzählen.

Das Leben dieses Mannes, der dreiundneunzig Jahre alt wurde, ist schnell berichtet. Er kam 1644 zur Welt und heiratete eine Witwe, die älter war als er. Er hatte drei Kinder, und ein Jahr nach dem Tode seiner Frau heiratete er ein zweitesmal, und diese Frau schenkte ihm fünf Kinder. Er starb 1737. Von seinen Neigungen und Eigenheiten weiß man wenig. Er soll sehr hinter dem Geld hergewesen sein (er verlangte vier Pfund für eine Violine, ein ganz schönes Stück Geld in jener Zeit); er arbeitete schnell und zur Zufriedenheit aller; er trug eine weiße Lederschürze und eine weiße Kappe. Einem seiner Schüler soll er einmal gesagt haben: «Ihr werdet nie eine bessere Geige machen als ich.» Man sagte mir, er habe 1116 Geigen, Violen und Violincelli angefertigt, was in einem Arbeitsleben von siebzig Jahren einen Durchschnitt von sechzehn pro Jahr ergibt. In Cremona sagt man von altersher: «So reich wie Stradivari.» Vielleicht war er nicht nur glücklich, sondern auch vorsichtig. Ich wollte wissen, wie viele seiner Geigen noch vorhanden seien. Etwa sechshundert, sagte man mir, und natürlich Tausende von Fälschungen. Viele seiner Instrumente gingen verloren, andere mögen noch irgendwo verborgen sein, und viele Leute sind auf der steten Suche nach ihnen. Man sagte mir auch, daß je-

dermann, der eine Geige habe, die älter als hundert Jahre ist, meine, es müsse sich um eine Stradivari handeln. Die Fälscher drucken ein Etikett nach, das der Maestro auf jedem seiner Instrumente anbrachte, dennoch gelingt es ihnen immer wieder, irgend etwas falsch zu machen. Es ist sonderbar, wie viele Fehler bei der Kopierung einer so einfachen Beschriftung wie «Antonius Stradivarius Cremonensis. Faciebat anno . . .» gemacht werden können. (Das Datum war in arabischen Ziffern vermerkt.) Ich fragte nach dem heutigen Preis einer echten Stradivari – zwischen 1500 und 15000 Pfund. Eine ganz außergewöhnlich schöne wurde vor einigen Jahren sogar für 24000 Pfund veräußert.
In der Werkstatt im ersten Stock wurde ich dem Meister vorgestellt, der, mit einer Schürze bekleidet, die Arbeit von vierzehn Lehrlingen überwachte. So hatte ich mir die Werkstatt eines Geigenbauers zu Stradivaris Zeiten immer vorgestellt: Plumpe Holztische, an den Wänden hinten die Schablonen von Geigen und Geigenteilen mit schwanengleichen Hälsen, Vorder- und Rücken- und Seitenstücken, auf Gestellen lagen die Werkzeuge, verschieden gemaserte Hölzer in unterschiedlichen Farben, die hauchdünn, aber stabil waren, und natürlich roch es nach heißem Lack, nach Leim und nach Sägemehl. Mehr als siebzig Einzelteile aus verschiedenem Holz werden mit Leim zusammengefügt, ehe eine Geige fertig ist.
Mir fiel ein, daß ich seit meiner Knabenzeit, als meine Mutter des festen Glaubens war, ich hätte das Zeug zu einem zweiten Kreisler in mir, keine Geige mehr in der Hand gehabt hatte. Müßig nahm ich eine und hob sie ans Kinn.
«Ah!» schrie der Meister mit italienischem Ungestüm. «Sie sind Musiker!»
Er kam aufgeregt zu mir, drückte mir einen Bogen in die Hand und lehnte sich in Erwartung eines göttlichen Konzerts zurück.
Ich sagte dem Mann nicht, daß mein Musiklehrer vor einer halben Ewigkeit in die Knie gegangen war und mich angefleht hatte, ihn doch nur ja von meinem Anblick zu befreien. Ich fürchtete, bestenfalls ein jämmerliches Kratzen zuwege zu bringen. Da ich mich aber danach sehnte, endlich wieder einmal jenes Katzengejaule zu hören, das ich einst diesen Instrumenten entlockt hatte, gab ich dem Meister die Violine mit einem Seufzer zurück. Er nahm sie, schloß die Augen, schmiegte die Geige ans Kinn, setzte den Bogen schwungvoll an – und spielte wie ein Engel. Aber die Akustik des Raums befriedigte ihn nicht. Er trat auf den Flur hinaus und spielte dort weiter. Die Instrumente, die in der *Scuola* hergestellt werden, gehen an Musiker in allen Teilen der Welt. Viele kommen auch persönlich nach Cremona, um sie zu erproben. Sie kosten zwischen zwanzig und hundertzwanzig Pfund. Noch immer glaubt man, Stradivari habe ein Geheimnis besessen: Entweder habe er ein ganz besonderes Holz oder einen

ganz besonderen Lack gewählt. Ich fragte den Meister, der unzählige Stradivaris gespielt hatte, was seiner Meinung nach ihre Eigenart ausmache.
«*Anima!*» rief er. «Die Seele muß die Antwort geben. Sie muß mühelos alles zurückgeben, was ein Geiger imstande ist, auszudrücken.»
«Und glauben Sie an das Geheimnis des Lacks?»
«Ja. Es kommt auch darauf an, wie eine Stradivari gelackt ist.»
Die Geschichten um die Schöpfung dieses außerordentlichen Genies interessierten mich. Die schönsten Instrumente haben Stammbäume und Namen, wie die *Viotti*, die *Vieuxtemps* und die *Tuscan*, während andere nach ihren berühmten Besitzern genannt wurden: Sarasate und Paganini. Von einer Stradivari glaubt man, sie sei mit einem Fluch beladen, niemand aber konnte mir sagen, ob es dieses Instrument noch gibt. Im achtzehnten Jahrhundert gehörte es Romeo Danni, einem Berufsgeiger, der es erwarb, ohne von seiner beunruhigenden Eigentümlichkeit etwas zu wissen: Nachdem man die Geige eine Stunde lang gespielt hatte, verstummte sie jäh mitten im schönsten Ton. Als dies einmal bei einem Konzert Dannis geschah, beschuldigte er seinen Rivalen Salvadossi, er habe ihm einen üblen Trick gespielt und forderte ihn zum Duell. Danni wurde getötet, und nun begann eine Vendetta, die zweiundzwanzig Menschenleben kostete.
Die allermerkwürdigste Geschichte um eine Stradivari hatte jedoch mit einem gewissen Luigi Terisio zu tun, der in der ersten Hälfte des neunzehnten Jahrhunderts gelebt hat. Er pflegte als Händler verkleidet durch ganz Italien mit einem Sack auf dem Rücken zu reisen, der voll neuer Geigen war, die er im Tausch gegen alte anbot. Die Händler in Paris staunten nicht schlecht, als er eines Tages mit einer unschätzbar wertvollen Sammlung ankam, die nicht nur Stradivaris, sondern auch Instrumente früherer Meister, Amati, Guarneri und Guadagnini, enthielt. 1854 erfuhr einer dieser Händler, J. B. Vuillaume, daß Terisio in Mailand gestorben war, und er eilte in der Hoffnung hin, es könnte noch etwas zum Aufkaufen da sein. Man führte ihn in das elende Sterbezimmer Terisios – und dort fand Vuillaume mehr als zweihundert Violinen, Violen und Violincelli aller großen Meister. Vuillaume war sprachlos vor Staunen. Dann brachte man ihn zu dem kleinen Bauernhaus, wo Terisio weitere Geigen versteckt hatte. Er betrachtete sich diese Sammlung, dabei zog er eine Schublade auf und war starr vor Verblüffung: Da lag eine Stradivari, die *Messiah*, eine neue Arbeit, die noch nie gespielt worden war. Diese Geige war von einem Nachkommen Stradivaris an den Conte Sozio de Salabue verkauft worden, der sie nie benutzte und in dessen Besitz sie verblieb, bis Terisio sie entdeckte. Sie ist auch heute noch wie neu, gerade so, als hätte sie erst jetzt die Werkstatt in Cremona verlassen. Sie wurde dem Ashmolean Mu-

seum in Oxford von Arthur und Alfred Hill geschenkt, den größten Sachverständigen für Stradivarigeigen.
Ich hörte mir diese Berichte an, und plötzlich fiel mir ein, daß ja auch ich eine Stradivarigeschichte kannte. Ich erzählte sie dem Meister. Vor einigen Jahren rief mich in Madrid des Abends ein Freund an und fragte: «Möchten Sie gern vier Stradivarigeigen zur gleichen Zeit spielen hören?» Ein paar Minuten später holte er mich in meinem Hotel ab, und während wir zum Königlichen Palast fuhren, teilte er mir den Sachverhalt mit: Im Jahre 1931, nachdem Alfons XIII. Spanien verlassen hatte, fand man in der Königlichen Kapelle einen Kasten, der eine Anzahl Fiedeln enthielt, die manchmal beim Gottesdienst gespielt worden waren und jetzt durcheinandergeworfen im Staub lagen. Man stellte fest, daß vier der Instrumente Stradivaris waren. Sie wurden wieder in Ordnung gebracht und jetzt gelegentlich bei Konzerten vor einem ausgewählten kleinen Kreis von Musikfreunden gespielt.
Wir fuhren durch den verlassenen Hof zu einem Torbogen im Hintergrund, wo Laternen schwaches Licht auf eine Treppe warfen. Wir stiegen hinauf und gingen auf Zehenspitzen in Verschwörerstille über einen langen Korridor, bis wir eine Tür erreichten, die ein Palastdiener öffnete. In einem Saal saßen im Glanz der Kandelaber etwa hundert Menschen vor einem kleinen Podium mit einem Streichorchester. Der Pianist begann, und dann kam der Moment, da die vier Geiger die Bögen über ihre kostbaren Instrumente strichen. Es war ein großer Augenblick. In keiner Hauptstadt Europas hätte man ein andächtigeres Publikum finden können: diese dunklen, diskreten Augen, dieses silberne Haar, diese geschmackvollen Herrschaften, diese Versammlung ältlicher Herzoginnen mit üppigem Busen, auf denen Edelsteine brannten und glitzerten. In den kurzen Pausen (die einen glauben lassen, der Komponist habe sie eingelegt, um jedes Flüstern zu entdecken) war kein Laut zu vernehmen – höchstens der leichte Schlag eines Monokels, das auf eine Hemdbrust fiel. Über uns war der tote, stumme Palast. Man mußte an den Thronsaal der spanischen Monarchen denken, der im Dunkel lag, und dessen Kandelaber umhüllt waren – und wir saßen hier beisammen, lauschten der Musik aus den magischen Gehäusen der Stradivaris. Wir glichen den Überlebenden einer mit Vorrechten ausgestatteten Gesellschaft, die aus unerfindlichem Grunde verzaubert im Schloß zurückgelassen worden war und zum Glück nichts wußte von der Häßlichkeit der Welt draußen. Nach dem Konzert erlaubte man mir, eine der Stradivaris zum Tresorraum nebenan zu bringen, und ich half beim Einschließen.
Ich verabschiedete mich von meinem neuen Freund in der Musikschule zu Cremona. Wie sonderbar war es doch, daß Dr. Burney auf seiner Konzertreise nur dreiunddreißig Jahre nach Stradivaris Tod ihn niemals auch

nur erwähnt und Cremona nicht besuchte. Ein Reisender jedoch, der an Cremona nicht vorüberging – und zwar sechsunddreißig Jahre vor Stradivaris Geburt –, war der gute, alte Tom Coryat. Er schrieb: «Ich aß in dieser Stadt gebratene Frösche, was ein übliches Gericht in vielen italienischen Städten ist. Sie waren so kurios angerichtet, daß sie meinem Gaumen äußerst wohltaten, nachdem ich Kopf und Vorderteil abgeschnitten hatte.»

Als ich nach Mantua weiterfuhr, das nur fünfundsechzig Kilometer östlich von Cremona gelegen ist, dachte ich darüber nach, daß wohl nirgendwo sonst in der Welt so viele berühmte Städte so nahe beieinanderliegen. Alle fünfzig oder sechzig Kilometer trifft man auf eine andere, alle haben sie eine edle Vergangenheit und eine große Geschichte. Früher waren sie durch eine Tagesreise voneinander getrennt, heutzutage aber braucht man nur eine Stunde, um die nächste zu erreichen. Zwischen Mailand und Pavia liegen dreißig, zwischen Pavia und Piacenza fünfzig Kilometer, zwischen Cremona und Parma nur fünfunddreißig, fünfzig Kilometer trennen Parma von Modena, und bloß fünfunddreißig Kilometer sind von Modena bis Bologna zurückzulegen. Und so ist es überall in dieser weiten Ebene. Viele Städte haben noch immer ihre trutzigen Befestigungsanlagen, und alle sind sie noch von geistigen Mauern umgeben: Eine gewisse Abgeschiedenheit, der Rest jenes historischen Stolzes, der das Wesen Oberitaliens ausmachte, erinnert einen an die griechischen Staatsgebilde im vierten Jahrhundert vor Christus. Der lokale Dialekt wird noch überall gesprochen, aber das kann ein Reisender eher ahnen als wissen. Man müßte einen engen Kontakt zu den Bauern der Lombardei haben, um zu verstehen, wie wichtig das ist, und wie groß die Bedeutung der Zweisprachigkeit ist, die bis in eine frühere Welt zurückgeht.
Abends wanderte ich durch Mantua, und der Vollmond verwandelte die Stadt in eine Opernkulisse. Sein Licht vertiefte die Schatten und machte aus jedem Säulengang das Szenenbild eines Dramas. Jede Straßenecke sah wie ein romantischer Ort zum Stelldichein aus. Die Türme und Kuppeln, die sich aus der Dunkelheit hoben, leuchteten in grüner Tünche. Am erregendsten wirkte der Palast der Gonzaga. Man betrachtet seine Fensterreihen und stellt sich dahinter die leeren Räume vor, die stillen Marmortreppen und die verlassenen Gästezimmer, und das Mondlicht fällt in Streifen über die Flure. Ich blickte auf, als erwartete ich, ein weißes Antlitz zu entdecken, das auf die mondhelle Piazza hinunterspähte.
Leider war das Orchester, das zu einer solchen Szene gehört, nicht vorhanden. Statt dessen jagten junge Männer auf roten Motorrollern durch die Straßen. Es hörte sich an, als renne der Satan mit seiner Mistgabel gegen die Gitter der Hölle. Und jede Säule warf diesen Lärm vielfach zu-

rück. Manchmal konnte ich sie in der Ferne hören und mich auf die näherkommenden Explosionen vorbereiten, oft aber tauchten sie ganz plötzlich auf und schickten ihren ohrenbetäubenden Radau in jede Ecke der uralten Stadt.
Ich setzte mich in ein Kaffeehaus, verfluchte die Autos und bewunderte das Mondlicht. Ein kleiner Italiener, dessen melancholisches Gesicht so aussah, als habe er jedes nur erdenkliche Unheil erlebt, trat an meinen Tisch und verkündete, er könne mit Gewißheit sagen, ich sei ein Amerikaner. Als wir diesen Irrtum berichtigt hatten, erzählte er mir, daß er Dolmetscher bei der amerikanischen Armee gewesen sei. Ich lud ihn zu einem Espresso ein. Er war ein angenehmer Mann und wußte eine Menge über die Geschichte Mantuas.
Als erstes berichtete er mir, es gäbe noch einen Conte Castiglione, der im Castiglione-Palast zu Mantua lebe und das Manuskript des *Il Cortegiano* besäße, jenes berühmte Werk seines Ahnen. Das Buch werde in einer Samtkassette in einer Bank aufbewahrt, und er habe es gesehen; es sei in schönen Renaissancetypen geschrieben.
Mein Gesprächspartner ging zu weltlichen Dingen über. Er meinte, außerhalb Italiens führe man ein Leben im Wohlstand. Wenn er nur nach Amerika reisen könnte, selbst jetzt noch, in seinem Alter! Jeden Monat sei er am fünfzehnten mit seinem Gehalt am Ende, und ständig suche er einen kleinen Nebenverdienst, um sich über Wasser zu halten, bis der nächste Zahltag käme. Ganz offen sagte er mir, er sei nicht zu stolz, ein paar Lire als Honorar dafür einzustecken, daß er mir Mantua zeige. Ich gab ihm zu verstehen, daß ich das Manuskript des *Il Cortegiano* gern sähe, aber er entgegnete, das sei schwierig, da sich der Graf zur Zeit nicht in Mantua aufhalte. Er wechselte schnell das Thema und fragte mich, ob ich etwas über einen vornehmen Engländer namens Signor Giacomo Critonio gehört hätte, der in Mantua gestorben sei. Ich antwortete, dies sei kein gebräuchlicher englischer Name, aber er bestand darauf, daß ich von dem Mann gehört haben müsse. Er wollte mich zur Kirche führen und mir sein Grab zeigen. Es war schon ziemlich spät. Wir schlenderten durch die ruhigen Seitenstraßen, die in der Dunkelheit immer mehr von ihrem renaissancehaften Aussehen verloren und immer mittelalterlicher wurden. Schließlich kamen wir zur Kirche San Simone, die – wie ich erwartet hatte – geschlossen war. Dies störte meinen Begleiter aber nicht. Er bat mich um etwas Geduld und verschwand in der Finsternis.
Wir standen in einer schäbigen Gasse. Das Laternenlicht fiel auf Häuser, deren Läden geschlossen und auf eine Arkade, deren Schatten undurchdringlich waren. Ich hatte das Gefühl, es sei mir auf etwas lächerliche Weise eine Nebenrolle in einer Shakespeare-Komödie angetragen worden. Irgendein sonderbarer Mensch – vielleicht Gobbio – hätte jeden Au-

genblick eines der Fenster mit den Worten «Gott segne Euch, Hochwürden» öffnen können. Es paßte zu meiner Stimmung, daß gerade jetzt der kleine Italiener unter einer nahen Laterne wieder auftauchte und mir mit dramatischer Geste bedeutete, ihm zu folgen. Wir gingen ein Stück über ödes Land und kamen auf einen Hinterhof, wo eine alte Frau mit einem Schlüsselbund stand. Sie schloß ein schweres altes Tor auf, und wir traten in eine kalte Düsternis, die nach Weihrauch roch: Wir waren durch eine Seitentür in die Kirche gekommen. Mein Begleiter führte mich mit einer Wachskerze. Er hielt sie an eine Grabschrift an der Wand. Ich las:

«Zur Erinnerung an
James Crichton of Eliock und Cluny.
Durch die Größe seiner Talente und den
umfassenden Rang seiner Bildung
der Geschichte bekannt als der
bewunderungswürdige Crichton.
Er erlosch im frühen Mannesalter, schon
berühmt für seine Gelehrsamkeit und
höfischen Fertigkeiten, seine Ritterlichkeit
und Ehrenhaftigkeit, verbunden mit großer
Belesenheit und dem Geschick in den Waffen
mit Beredsamkeit und Kraft der Vernunft.
Geboren zu Eliock, Dumfriesshire,
Schottland, 19. August 1560,
verstorben zu Mantua am 3. Juli 1582.
Seine Gebeine ruhen in dieser Kirche.»

«Sie sehen», meinte mein Begleiter und hielt die Kerze dicht an den Namen, «Giacomo Critonio.»
«Ja», antwortete ich, «ich habe von ihm gehört. Wie kam er um?»
«In einem Duell wegen einer Frau.»
Ich weiß nicht, ob das die richtige Erklärung ist. Ich weiß aber, daß ein junger Schotte namens James Chrichton am Ende des sechzehnten Jahrhunderts in Italien auftauchte und jedermann durch seine Zungenfertigkeit, seine Gabe, lateinische Oden im Handumdrehen zu fabrizieren und durch sein Rednertalent verblüffte. Wie es scheint, besaß er alles, nur kein Geld. In Venedig erregte er eine Sensation, als er die ansässigen Gelehrten bei öffentlichen Diskussionen aus dem Felde schlug, und von Venedig aus begab er sich an den Hof Guglielmo Gonzagas, des dritten Herzogs von Mantua. Crichton charmierte den Fürsten schnell, der ein kluger, mürrischer Mann war und den Fluch der Gonzaga geerbt hatte: eine Rückgratverletzung, die ihn fast zu einem Buckligen machte. Er verabscheute sei-

nen Sohn und Erben Vincenzo, einen fröhlichen und hübschen jungen Mann mit geradem Kreuz und nur um ein weniges jünger als Crichton. Während der Herzog seinen Sohn wegen dessen Extravaganzen und Galanterien verfolgte, machte er Crichton zu einem seiner Ratgeber und führte lange Gespräche mit ihm über gelehrte Themen.
Am Abend des 3. Juli 1582 verließ Crichton das Schloß mit einem Diener, um einen Spaziergang durch die verlassenen Straßen zu machen. Es war eine Vollmondnacht. Als die beiden Männer eine schmale Gasse betraten, sahen sie zwei vermummte Gestalten auf sich zukommen, die beim Vorrübergehen Crichton in so beleidigender Weise anrempelten, daß der Schotte seinen Dolch zog und ihn dem Nächststehenden in den Rücken stieß. Dessen Freund riß sein Schwert hervor und rannte es Crichton in den Leib. Im Sturz erkannte der Schotte den Prinzen Vincenzo. Er schleppte sich zu einem Apotheker, wo er verstarb. Crichtons Diener, der das Geschehene hätte erzählen können, verschwand, und man hörte nie wieder von ihm. Ob Crichtons Tod ein Unfall oder ein wohlüberlegtes Attentat aus Eifersucht war – wer kann es sagen? Der Herzog drohte, seinen Sohn wegen Mordes anklagen zu lassen, aber die Affäre geriet in Vergessenheit. Etwa zwanzig Jahre später, als Vincenzo Herzog von Mantua war, schrieb er einem Freund einen Brief, in dem er den Tod Crichtons erwähnte. «Es war ein Fall des reinen Mißgeschicks. Und wenn ich nicht mit einem ‹Barbaren› zu tun gehabt hätte, wäre soviel Unheil nicht die traurige Folge gewesen.»
Als wir im grünen Mondlicht durch die Gassen und Arkaden zurückgingen, zeigte mein Bekannter mir an der Piazza Sordello den Palast aus dem dreizehnten Jahrhundert, den die Familie Castiglione noch immer bewohnt. Das Café war noch offen, und wir setzten uns wieder hin.
«Es muß eine schöne Sache sein, in einer wohlhabenden Gesellschaft zu leben», murmelte der Italiener.
Aber ich fand, daß etwas noch viel Schöneres Mantua widerfahren war: Die Motorroller waren schlafen gegangen.

Die Marktfrauen standen bereits unter ihren Markisen und verkauften fleißig Kohlköpfe und Auberginen, als ich mich zum Palazzo Ducale, dem Schloß der Gonzaga, trollte. Der gewaltige Bau hatte seine Pforten noch nicht geöffnet. Eine sonderbar aussehende Gruppe von Touristen trödelte in der Nähe umher. Die Leute trugen exzentrische Wanderkluft. Man sah einen bärtigen Mann in Flanellhosen und Sandalen, eine Frau in mittleren Jahren, die selbst Rubens in Schrecken versetzt hätte, und es gab einen höflichen kleinen Mann mit kurzen gelben Hosen, dessen Knie rund wie die eines Cherubs von Mantegna waren; er trug einen Tirolerhut, drei Kameras baumelten an ihm herunter. Er befand sich in Begleitung einer

verliebten Frau und zweier Töchter, die wohl schon Schulmädchen sein mochten. Er sprach mich auf deutsch an, danach in fließendem Englisch. Er verriet mir, daß er einen Bildbericht über alle italienischen Städte mache, die von Shakespeare erwähnt worden sind.
«O ja», sagte ich. «Kam Romeo nicht nach Tybalts Ermordung nach Mantua, um hier Gift zu kaufen?»
«Ja, ja, natürlich», rief der kleine Mann entzückt. «Und vergessen Sie nicht ‹Verlorene Liebesmüh›. Hier lebte der arme Dichter Mantuano, ‹der gute alte Mantuaner›.»
Der Tourist kam aus Mailand, das nach seinen Ermittlungen fünfundzwanzigmal von Shakespeare erwähnt wird, und er war auf dem Wege nach Padua (zweiundzwanzig Erwähnungen) und Venedig, das öfter als alle andern italienischen Städte bei Shakespeare auftaucht: nämlich zweiundfünfzigmal. Was für eine Welt ist das, wie amüsant und unerwartet! Bei jeder Bemerkung des kleinen Herrn nickte und lächelte seine Frau bewundernd, während die beiden Mädchen ihren Vater mit den Blicken junger Kälbchen anstarrten.
Mittlerweile dröhnte ein Autobus auf die Piazza; durch seine Scheiben blickten etwa fünfzig Personen ohne besondere Begeisterung auf den anmutigen Bogen der mittelalterlichen Kolonnaden und auf die Befestigungen. Ein Fremdenführer mit Mikrophon sprach auf französisch: «Meine Damen und Herren, hier haben wir das berühmte Schloß der Herzöge von Mantua vor uns. Der Teil des Gebäudes, den Sie sehen, stammt aus dem vierzehnten Jahrhundert. Hier lebte Isabella d'Este, die berühmteste der Markgräfinnen von Mantua.» Die Gesichter starrten hinaus, und ein paar der Touristen kurbelten die Scheiben herab und richteten ihre Fotoapparate auf den Palast, ehe der Fahrer wieder Gas gab und der Bus in Richtung Venedig entschwand.
In diesem Augenblick wurden die Tore des riesigen Gonzagaschlosses geöffnet, und wir marschierten geschlossen in die kühle Dämmerung hinein. Der Fremdenführer schaute sich traurig nach einer attraktiven Frau um. Endlich ließ er seine Blicke auf den beiden kleinen deutschen Mädchen ruhen. Er führte uns zu einer Inschrift an einer Mauer. Wir lasen: «An dieser Stelle wurde am 7. Februar 1391 Agnese Visconti, die Frau des Francesco Gonzaga, Stadtkapitäns, enthauptet. Sie war dreiundzwanzig Jahre alt.» Jemand fragte, warum man das mit ihr gemacht habe. Der Führer antwortete, ein hübscher junger Mann namens Vinscenzo Sandiano sei zur gleichen Zeit im Burgverlies erwürgt worden. Die Touristen nickten verständnisinnig. Ich erinnerte mich jedoch, daß diese Intrige niemals bewiesen wurde. Es ist durchaus möglich, daß das arme Mädchen unschuldig war und daß ihr eifersüchtiger Mann das Opfer eines Jagoähnlichen Komplotts von Gian Galeazzo Visconti geworden ist.

Wir betraten das Kastell, das man die steinerne Geschichte des Kapitanats, der Markgrafenschaft und endlich des Herzogtums der Gonzaga nennen kann. Die Vielfalt seiner Stile verwirrt wohl nur Architekten nicht. Es scheint aus drei Perioden zu stammen: dem Spätmittelalter, der Renaissance und dem siebzehnten Jahrhundert. Man erzählte uns, es gäbe fünfhundert Räume und fünfzehn Höfe. Wir stiegen die große Treppe in gewaltige leere Hallen hinauf und kamen in die *Sala dei Duchi*, wo die Porträts der Gonzaga hängen, von Luigi aus dem Jahre 1328 bis zum letzten Herzog von 1708, fast vierhundert Jahre Gonzagageschichte: vier Bürgerkapitäne, vier Markgrafen und elf Herzöge. Die Gonzaga aus Mantua und die Montefeltre aus Urbino waren wohl die interessantesten italienischen Fürstenfamilien: Sie schätzten die Bildung, und sie liebten die Künste. Ihre Sekretäre führten die Archive mit so großer Sorgfalt, daß wir die geheimsten Gedanken, ihre Freuden und Ängste besser kennen als ihre Zeitgenossen.
Die Gonzaga waren eine soldatische Familie. Einer der Markgrafen bezog seine höchsten Einkünfte als Befehlshaber der Mailänder Armeen, ein anderer war Generalkapitän Venedigs, der dritte kommandierte die Streitkräfte von Florenz. Die Rückgratverkrümmung, die ich bereits erwähnte, soll durch Paola Malatesta da Rimini in die Familie gebracht worden sein, die etwa um 1414 den ersten Markgrafen, Gianfrancesco, heiratete. Dieses Gebrechen trat erst in den dreißiger Jahren ihres Lebens zutage. In der ganzen langen Familiengeschichte tauchte es in Abständen auf. Zwei ihrer Söhne, Gianlucido und Alessandro, waren vom normalen Leben ausgeschlossen und suchten bei den Klassikern Tröstung. Von Gianlucido wurde gesagt, er habe den ganzen Virgil auswendig gewußt. Eine der Enkelinnen Paolas, Susanna, wuchs als Bucklige auf. Dieses arme Mädchen wurde schon als Kind mit Galeazzo Maria Sforza verlobt, noch bevor die Mißbildung zu erkennen war. Sie mußte die Schmach erleben, daß ihr Name aus dem Heiratskontrakt gestrichen und durch den ihrer Schwester Dorotea ersetzt wurde. Dann ging das Gerücht um, auch Dorotea sei deformiert, und die Sforza verlangten eine ärztliche Untersuchung, die ihr Vater, Ludovico Gonzaga, empört verweigerte. Er legte auch sein Amt als Befehlshaber der Mailänder Armeen nieder.
Die ältesten Söhne schienen dem Familienfluch entronnen zu sein. Im Jahre 1538 jedoch kam Guglielmo (der spätere Freund Crichtons) als Buckliger zur Welt. Zu diesem Zeitpunkt hatte die Familie indessen ihren Zenith bereits überschritten und befand sich durch Extravaganzen, widerstrebende Bräutigame und leere Wiegen im Niedergang. Man betritt diese Hallen mit dem Bewußtsein, daß Reichtum und Galerien mit Bildern von Mantegna, Tizian und Bellini kein Ersatz für gekrümmte Wirbelsäulen sind. Und während der Fremdenführer die militärischen Triumphe

der Familie pries und uns beschwor, diverser Schlachtfelder zu gedenken, stellte ich mir die Gonzaga nicht auf ihren Pferden vor, sondern wie sie sich angstvoll über die Wiegen beugten.

Man führte uns durch die Hallen. Die meisten sind von der Zeit verwittert und tragen die Narben der Fremdherrschaft. Dieses Hin und Her zwischen verschiedenen Epochen verwirrt etwas, aber darauf muß man sich schließlich bei einem Gebäude einstellen, das von einer reichen Familie fast vierhundert Jahre hindurch bewohnt wurde. Wir sahen die Hallen, in denen die Gonzaga ihre Staatsempfänge gaben: zwischen den kalten Büsten und Klassikern und Schießscharten, unter Decken mit Cupidos und Tierkreiszeichen. Wir durchschritten eine Galerie, die auf einen überdachten Hof sah. An ihren Fenstern saßen die Hofdamen und schauten ihren Liebsten und Ehegatten zu, die auf Pferden gegeneinanderprallten. Ich stellte fest, daß Giulio Romano beim Bau dieser Galerie die gewundene Säule benutzte – ein Jahrhundert, ehe Bernini seinen Baldachin in der Peterskirche schuf.

Dann sah ich etwas, das wie schiere Phantasie anmutete: die Wohnungen der Zwerge.

Mitten im Schloß befindet sich eine Reihe von Räumen oder besser gesagt: ein Miniaturhaus, das für Bewohner gedacht ist, die etwa drei Fuß groß sind. Es gibt da winzige Treppen und eine ganz kleine Kapelle, die ich erst betreten konnte, nachdem ich mich tief hinabgebeugt hatte. Während ich diese Zimmerchen durchforschte, dachte ich, daß solch merkwürdige Appartements mich in einigen alten exzentrischen spanischen Palästen nicht überrascht hätten; hier in Mantua aber mußten sie bei einer Familie, die doch allen Grund hatte, über körperliche Mißbildungen zu klagen, aufs höchste befremden. Wie die meisten Fürsten vergangener Jahrhunderte liebten auch die Gonzaga ihre Zwerge, von deren Namen und Eskapaden man oft in den Archiven liest. Als Isabella d'Este zweiundzwanzig Jahre alt war, schrieb sie einmal ihrem Vater nach Ferrara und bat ihn, Fritello zu ihr zu schicken, da sie wegen der langen Abwesenheit ihres Mannes, der sich auf einem Kriegszug befand, unglücklich sei. Er war der Zwerg der Este, der allezeit die Familienmitglieder zum Lachen brachte. Er tanzte, sang und schlug Purzelbäume; in Stunden der Niedergeschlagenheit ergötzte er die Este. Ihr eigener Lieblingszwerg Mattello stimmte die einsame Markgräfin zuweilen durch die Nachahmung eines Betrunkenen heiter. Ein andermal ließ er sich als der ehrwürdige Pater Bernardino Mattello melden und betrat den Raum in der Kleidung eines winzigen Franziskaners. Zwei Jahre später sandte sie Mattello zu ihrem Bruder Alfonso nach Ferrara, der nach dem Tod seiner Frau Lucrezia Borgia untröstlich war. Anscheinend half die Kur, denn er schrieb, Mattello erscheine ihm wertvoller als ein schönes Schloß. Als Mattello

starb und man ihn in sein kleines Grab legte, wurden die üblichen lateinischen Totengedichte verfaßt, und der Dichter Pistoia meinte, «wenn Mattello im Paradies sei, bringe er alle Heiligen und Engel zum Lachen».
Ein anderer bekannter Zwerg am Hof zu Mantua war Nanino, der wie Mattello gern kirchliche Handlungen nachäffte. Als der schwermütige Mailänder Herzog Maximilian seine Tante Isabella besuchte, gelang es allein dem Zwerg Nanino, den jungen Mann zu einem Lächeln zu bewegen. Einer der zwerchfellerschütternden Streiche Naninos war eine Jagdburleske, bei der er einen Ringkampf mit einer Ziege zu bestehen hatte. Es ist in der Tat komisch, sich die würdigen und hochmütigen Damen und Herren vorzustellen, die Tizian gemalt hat: Sie bewegen sich zwischen Seidentapeten und Cupidos und lassen verzweifelt nach Zwergen schicken, um mit ihrer Hilfe einmal befreiend lachen zu können. Während der ganzen Renaissancezeit herrschte ein lebhafter Austausch von Zwergen zwischen Mantua und Ferrara, und man kann sich denken, mit welch scheelen Augen die verhätschelten Lieblinge einander maßen, und wie sie bei der Ankunft eines Rivalen von einem benachbarten Hof schmollten. Die Behandlung dieser Zwerge muß ungefähr jener Mischung von Strenge und Schmeichelei geglichen haben, die man heutzutage temperamentvollen Filmstars angedeihen läßt. Man versteht nur schwer, daß die Zwerge in der Dichtkunst jener Zeit so wenig Niederschlag gefunden haben, zumal die Maler (vor allem Velasquez) diese Männchen festgehalten haben.
Wir gingen – jetzt schon mit ein wenig schmerzenden Füßen – weiter und kamen in die faszinierendsten Räume des Schlosses: in die Überreste des berühmten *paradiso* der Isabella d'Este. Es sind drei kleine, ineinandergehende Schmuckkästchen. Die Zeit hat ihre Spuren darin hinterlassen, Diebe und Kunsthändler haben sie ausgeplündert; dennoch ist etwas von der Glückseligkeit jener Tage zu spüren, da die Besitzerin umgeben von ihren Schätzen hier die Laute spielte, sang oder die neuesten Klassikerbände auspackte, die auf eigens für sie ausgewähltem Pergament Blatt um Blatt von Aldus Manutius gedruckt worden waren. Isabella war sechzehn, als sie den ferraresischen Hof ihres Vaters verließ, um den jungen Francesco Gonzaga, den dritten Markgrafen von Mantua, zu heiraten. Man interessiert sich vor allem deshalb für sie, weil sie ihr Leben lang auf der Suche nach einer Zuflucht war, nach einem ruhigen Hafen, wo sie inmitten ihrer Bilder, Bücher und Musikinstrumente, ihren geliebten Edelsteinen und Broncen leben und ihre Sorgen vergessen konnte. Denn Sorgen hatte sie oft. Schon als Zwanzigjährige war Isabella eine Kennerin und Kritikerin der Künste, und sie blieb es immer. Mit den Jahren wurde sie anspruchsvoller und lernbegieriger. Die Leidenschaft, ihre Umgebung zu verschönern, war mit siebzehn schon so stark wie bei ihrem Tod.

Der verschlungene Deckenschmuck des Paradiso hat den Verheerungen der Zeit widerstanden. Noch immer leuchtet das Blattgold, noch immer glüht die Farbenpracht. Ich entdeckte die Sinnsprüche und Symbole, die Isabella liebte, und für deren Erfindung sie viel Zeit aufwandte. Ich sah die römischen Zahlen XXVII *(vinte le sette)*, durch die sie sagen wollte, sie habe alle ihre Feinde besiegt. Ich sah die drei Lettern U.T.S., das Monogramm Ys, das offene Päckchen Spielkarten und das mit einem Band umwickelte Rutenbündel, das nicht so leicht zu deuten ist. Zu den schönsten Marmorportalen, die ich je gesehen habe, gehört das von Christoforo Romano mit Medaillons geschmückte, das in ein kleines, mit goldener Dekke versehenes Zimmer führt. Dort fand ich weitere Symbole und auch ihre berühmte Devise: «*Nec spe, nec metu* – weder aus Hoffnung noch aus Freude». Dies also war das berühmte Paradiso, dessen Inhalt in alle Winde verstreut ist. Es war Isabellas letzte Zuflucht. Ihr ursprüngliches *studiolo*, das in ihrer Brautzeit eingerichtet wurde, befand sich nicht im Schloß, sondern in der benachbarten Burg. Als ihre Räume später überfüllt waren, bat sie ihren Sohn Francesco, ins Erdgeschoß übersiedeln zu können, wo sie ihre bezaubernde *grotta* entwarf. Für diese Wohnung malten Mantegna, Perugino und Costa die allegorischen Bilder, die jetzt im Louvre zu sehen sind.

Zweitausend Briefe Isabellas wurden allein in den Archiven Mantuas gefunden. Wir lernen sie in allen Stimmungen kennen: liebend, ärgerlich, hochmütig, traurig – in der Jugend, in mittleren Jahren, im Alter. Während sie den größten Malern der Welt saß, war ihr nicht bewußt, daß sie selbst der Nachwelt ein weitaus enthüllenderes Porträt in ihren Briefen hinterließ. Leonardos Rötelzeichnung im Louvre zeigt eine vollerblühte junge Frau von fünfundzwanzig Jahren in einem hauchzarten Gewand. Sie ist nicht besonders schön, aber sie macht einen angenehmen und zuverlässigen Eindruck. In Wien gibt es zwei Porträts von Tizians Hand. Das eine zeigt Isabella im Alter von fünfundfünfzig Jahren; das andere ist seine Kopie eines Bildes von Francia, das in ihrer Mädchenzeit angefertigt worden war. «Ich zweifle, ob wir jemals so schön wie hier waren», schrieb sie, nachdem sie Tizians Kopie gesehen hatte. Auf dieser Leinwand ist ein schönes Mädchen zu erblicken, das ganz nach der Mode gekleidet ist, Juwelen und Brokat trägt und einen Pelz über die Schulter geworfen hat; ihr Haar wird von einem komplizierten Edelsteinaufbau gekrönt. Man braucht nur den entschlossenen Zug um den Mund zu betrachten, um zu wissen, daß diese stolze junge Dame stets ihren eigenen Weg ging. Das war jene Isabella, die sich in den Renaissanceateliers zurechtfand, und die bekam, was sie haben wollte. Dies war die Isabella, die im Mailänder Palast ihrer toten Schwester mit den Franzosen lachte und tanzte, die dem unglücklichen Maler Luca Liombeni drohte: «Falls unser *studiolo* bei unserer Rückkehr nicht fertig ist, haben wir die Absicht, Euch in den Kerker des Kastells zu stecken. Und wir versichern Euch, daß wir das nicht im Spaß sagen.» Dies war auch jene Isabella, die dem verarmten und sterbenden Mantegna keine helfende Hand reichte; statt dessen versuchte sie, mit ihm wegen seines wertvollsten Besitzstücks, der Büste der Faustina, zu handeln. Dies war indessen nur die eine Seite Isabellas, und es mag sein, daß Leonardo da Vinci die wahre Isabella in seiner sanften Porträtstudie festhielt – die gehorsame Isabella, die ihrem Herrn schrieb: «Wenn Eure Hoheit anderer Meinung ist, werde ich mich natürlich morgen auf den Weg machen, selbst wenn ich allein und im Hemd reisen muß.»

Nun, Isabella brauchte zwar durchaus nicht im Hemd zu reisen, als sie nach Mailand zur Heirat ihrer Schwester gerufen wurde; es war dies jedoch ein Anlaß, neue Kleider, Pelze und Juwelen anzuschaffen. Sie wies ihren venezianischen Agenten an, in allen Geschäften der Stadt achtzig der schönsten Zobelfelle zu suchen. «Versucht, eines mit dem Kopf des Tieres zu finden, damit ein Muff daraus gemacht wird, den ich in meiner Hand tragen kann. Ihr müßt außerdem sieben Meter des besten karmesinroten Satins kaufen, den Ihr in Venedig kriegen könnt, damit der besagte *sbernia* gesäumt wird, und bietet um Gottes willen all Euren gewohnten Eifer auf.» Das war die Stimme der Siebzehnjährigen, die aus Mantua tönte. Die Gonzaga-Agenten sollten sie von nun an ein halbes Jahrhundert lang ebenso hören wie die Künstler, Bildhauer, Architekten, Drucker, Antiquitätenhändler, Goldschmiede und Schneider.

Wie die meisten wohlhabenden Leute in einem Zeitalter der Prachtentfaltung war Isabella extravagant, und sie gab ihr Geld für wertvolle Dinge aus, die in Notzeiten versetzt werden konnten. Das Versetzen war in vergangenen Tagen nichts Entehrendes, das heimlich betrieben wurde. Könige und Fürsten taten es ohne Scham. In Venedig wurde die Dornenkrone versetzt, und als man sie nicht einlöste, erwarb sie Ludwig XI. von Frankreich und ließ die Sainte Chapelle als Schrein für sie errichten. Das Leben in Mantua ging auf und ab: Einmal schickte Francesco seine Agenten nach Spanien, um teure arabische Hengste zu erwerben; Isabella kaufte Edelsteine, Pelze, Brokate und Gemälde, und beide reisten mit Hunderten von Höflingen in vergoldeten Barken die Flüsse hinauf, und die Musikanten spielten. Dann wieder kamen Zeiten, da Isabella ihre Edelsteine zu den Geldverleihern nach Venedig sandte, und die Not legte sich wie ein kühler Nebel auf das Schloß.

Typisch für die Art von Briefen, die zwischen den Eheleuten hin- und hergingen, waren die aus dem Jahre 1495. Isabella war in Mantua, Francesco in Mailand, wo er sich bemühte, bei der Einsetzung Lodovicos als Herzog einen guten Eindruck zu hinterlassen. Er bat Isabella, ihm ihre schönsten Steine zu verleihen, und sie schickte ihm alles, was sie hatte, «denn ich würde nicht nur meine Schätze, sondern auch mein Blut für Deine Ehre und die Deines Hauses hergeben». Zum Schluß erinnert sie sanft daran, daß bereits ein Teil ihrer Edelsteine bei den venezianischen Pfandleihern sei. Etwa ein Jahr später schrieb sie recht ungehalten, als Francesco sie bat, Geld für ihre Juwelen aufzunehmen, damit ein Kardinalshut für seinen Bruder gekauft werden könne. «Mir sind nur noch vier Edelsteine geblieben – der große Rubin, den Du mir bei der Geburt meines ersten Kindes geschenkt hast, mein liebster Diamant und die letzten, die Du mir gegeben hast. Wenn ich sie versetze, werde ich ganz ohne Schmuck sein, und ich bin dann gezwungen, Schwarz zu tragen, denn sich in bunter Seide und Brokat ohne Edelsteine zu zeigen, wäre lächerlich.»

Auf solche Perioden verhältnismäßiger Armut folgten sonnige Zeiten, da der Reichtum überfloß. Ein derartiger Augenblick kam nach dem fragwürdigen Sieg von Fornovo, als die venezianische Signorie das Gehalt ihres Oberbefehlshabers um zweitausend Dukaten erhöhte und auch Isabella eine Pension von tausend Dukaten bewilligte. Nach diesem rechtzeitigen Glücksfall schrieb sie sofort ihrem Händler nach Venedig, er möge ihre Schulden begleichen und den Rest für schöne arabische Seide ausgeben.

Isabella hatte sechs Kinder, drei Jungen und drei Mädchen, und da die Mädchen als erste geboren wurden, lehnte sie es bezeichnenderweise ab, sie in die herzogliche Wiege zu legen, die für den Sohn und Erben bestimmt war. Man kann sich vorstellen, daß die kleinen Mädchen ziemlich kärgliche Jahre durchzumachen hatten, bis Isabella mit sechsundzwanzig Jahren sich durch die Geburt des angebeteten Federigo gerechtfertigt sah. Im ersten Jahr ihrer Mutterschaft – 1493 – traf ein interessanter Brief eines treuen Dieners ein, der von Francesco zum Einkauf von Pferden nach Spanien geschickt worden war. «Ein Seemann aus Savona namens Columbus», schrieb der Mann aus Cadiz, «ist hier gelandet. Er hat dreißigtausend Golddukaten mitgebracht, desgleichen Pfeffer, andere Gewürze und Papageien, die so groß wie Falken und so rot wie Fasane sind. Sie haben Bäume gesehen, die feine Wolle tragen und andere, auf denen Wachs und Leinenfasern gedeihen, sowie Menschen, die wie Tataren sind, groß und kräftig, mit langem hellen Haar, das ihnen auf die Schulter fällt. Sie essen Menschenfleisch, und sie mästen die Menschen so, wie wir es mit Kapaunen tun, und man nennt sie Kannibalen. Es ist sicher, daß diese Seeleute eine große Menge Gold, Sandelhölzer und Gewürze mitgebracht haben und (was ich selbst gesehen habe) sechzig Papageien von verschiedener Farbe und zwölf Indianer, die zum König geschickt werden. Und in diesem Land haben sie große Wälder entdeckt, in denen die Bäume so dicht stehen, daß man kaum den Himmel sehen kann, und wenn ein paar

Männer nicht auf die Baumwipfel geklettert wären, dann wären sie nie wieder herausgekommen. Und dann gibt es noch viele andere Dinge, die zu erzählen ich keine Zeit habe.»

Isabellas Ruhm als Sammlerin und Kunstmäzenin hat die Rolle verdunkelt, die sie in der Geschichte ihrer Zeit spielte. Sie sah den Staat ihres Mannes, den ihres Vaters und ihrer Verwandten von den Stürmen der französischen Invasion bedroht. Zweimal nahm sie ihren Bruder und ihre Schwägerin als Verbannte auf, desgleichen ihre Tochter und deren Mann, die durch Intrigen der Borgias und des Papstes Clemens VII. aus Urbino vertrieben worden waren. Als sie 1527 bei einem Besuch in Rom die Kanonen der Engelsburg während der Plünderung der Stadt schießen hörte, verbarrikadierte sie sich im Palazzo Colonna und gewährte Hunderten von entsetzten Bürgern Schutz. In diesen schrecklichen Tagen, als die Schreie der hingemordeten Männer und Frauen durch die Straßen gellten, ruhte in einem Raum des Palastes der Kardinalshut, um dessentwillen sie nach Rom gekommen war, weil sie ihn für ihren Sohn Ercole sichern wollte. Und nun, da der Zwerg Morgentino sich erschreckt an ihre Röcke krallte, und der Mob betrunkener Spanier, Schweizer und Deutscher in Chorröcken und Meßgewänden durch die Stadt raste, nun, da es schien, es sei alles zu Ende – jetzt endlich erlangte sie den roten Hut, nach dem sie seit Jahren gestrebt hatte. Sie war damals dreiundfünfzig Jahre alt, und ihr Mann Francesco war seit acht Jahren tot.

Die erste Zeit ihrer Ehe war ideal gewesen. Später hatten die Anforderungen seines Amtes in einer Zeit feindlicher Einfälle, die politischen Mißgeschicke, seine schlechte Gesundheit sowie eine oder zwei Mätressen Francesco reizbar und mürrisch gemacht. Ich glaube aber, daß er ein einnehmendes Wesen hatte, und mancher wird mir zustimmen, der sein trauriges Gesicht auf Mantegnas großem Bild «Die Herrin unserer Siege» im Louvre gesehen hat. Er war klein, dunkelhäutig und häßlich; man ersieht dies aus Mantegnas Bronze in Mantua, die etwas Calibanhaftes hat, denn er war dem Gonzagafluch anscheinend nur durch ein Wunder entronnen. In der Schlacht bei Fornovo wurden ihm drei Pferde unter dem Leib getötet, aber er kämpfte weiter, bis sein Schwert zerbrach. Dennoch wurde die Gestalt Francescos von seiner begabten Frau überschattet. Es war sicher nicht einfach, mit einer so berühmten Kunstsammlerin verheiratet zu sein, nie aber hat er sich in ihr Trachten eingemischt oder sie wegen ihrer Extravaganzen getadelt. Sie gab ihm die Festigkeit, an der es ihm mangelte, indes, sie konnte ihm keine Gesundheit geben. Einige Jahre vor seinem Tode versank Francesco in eine verdrießliche Melancholie, und selbst sein berühmtes Gestüt interessierte ihn nicht mehr. Als junger Mann hatte seine Leidenschaft der Pferdezucht gehört. Wenn er nicht gerade die Armeen dieses oder jenes Staates befehligte, besuchte er Rennen,

oft gewann er auch Preise, und das Mantuaner Gestüt wurde das berühmteste Europas. Heinrich VIII. sagte einmal einem Freund Isabellas, er reite bei feierlichen Anlässen stets ein Pferd aus Mantua. Besucher des damaligen London konnten die Gonzagapferde sehen, die im königlichen Marstall gestriegelt wurden, der dort stand, wo heute der Trafalgar Square ist.
An einem Aprilabend des Jahres 1519 versammelte sich die Familie am Sterbebett Francescos. Er gestand Isabella, daß er allezeit sein ganzes Vertrauen und seinen Glauben in sie gesetzt habe. In der Nacht starb er im Alter von dreiundfünfzig Jahren. Ein paar Tage darauf empfing sein neunzehnjähriger Sohn Federigo, von Kopf bis Fuß in Weiß gekleidet, auf den Stufen der Kathedrale das Zepter und wurde als der fünfte Markgraf von Mantua gefeiert. Isabella lebte noch zwanzig Jahre. Sie hatte die Sorge kennengelernt, als ihre Schwester Beatrice so jung starb; sie war verletzt gewesen, als ihr Mann sich andern Frauen zuwandte; gedemütigt aber wurde sie erst jetzt, da ihr Lieblingssohn sich eine Mätresse namens Isabella Boschetti nahm, die jede Gelegenheit beim Schopf ergriff, um Zwietracht zwischen Mutter und Sohn zu säen.
Nie war das Paradiso ihr so lieb wie in jenen bitteren Tagen, als sie eine gehässige junge Frau auf jenem Platz sehen mußte, den sie mit soviel Anmut dreißig Jahre lang eingenommen hatte. Vielleicht aber bedurfte sie des Mitleids nicht so sehr, denn sie muß gewußt haben, daß Sorgen leichter werden, wenn man Bücher sammelt und in ihnen liest. Die Plünderung Roms bedeutete das Ende einer Epoche. Als Kaiser Karl V. Italien den Frieden brachte, begann die Sonne wieder zu scheinen, nachdem die Gonzaga die Freundschaftshand ergriffen, die der Herr Europas ihnen entgegenstreckte. Sie konnten nicht ahnen, daß sie lediglich die Tyrannei der Franzosen gegen die der Spanier eintauschten. Isabella empfand eine Zeitlang großen Stolz: In feierlicher Zeremonie wurde ihr Sohn, der erst kürzlich zum Markgrafen ausgerufen worden war, vor der Kathedrale von Kaiser Karl zum ersten Herzog von Mantua erhoben.
Isabella wurde zwar, als sie auf die Sechzig zuging, stärker, ihr Geist jedoch blieb jung wie immer. Ihre Briefe sind so lebhaft und am Leben interessiert wie damals, als sie zwanzig gewesen. Tizian war nun ihr bevorzugter Maler, und ihre Ungeduld, ein fertiges Porträt zu sehen, war so groß wie zwanzig oder dreißig Jahre zuvor, als Mantegna und der saumselige Perugino noch ihre Maler waren. «Und da wir das Porträt sofort haben möchten, schicken wir einen Kurier nach Venedig, damit er es holen kann.» Sie hatte sich nicht verändert. Sie starb mit fünfundsechzig Jahren, und bis zuletzt hatte sie an allem Anteil genommen.
Vergebens hält man Ausschau nach dem Grab dieser Frau, der anziehendsten und bekanntesten der ganzen Renaissance. Sie wurde an der Seite ihres Mannes in der Capella dei Signori in der Kirche San Francesco zu

Mantua beigesetzt. Zweieinhalb Jahrhunderte lang ruhten ihre Gebeine dort, bis die Armeen der Französischen Revolution die Stadt nach langer Belagerung einnahmen. Die schlimmsten Grabschänder der Neuzeit, deren Weg quer durch Europa von aufgebrochenen Särgen gekennzeichnet ist, fielen auf der Suche nach Gold und Edelsteinen über die Grabmäler her. Sie zerstreuten die Gebeine der Gonzaga in alle Winde.

Der Fremdenführer wies auf einen Dachgarten, wo Buchsbaum inmitten von Blumenbeeten wuchs, und sagte uns, dies sei der Friedhof von Isabellas Lieblingshunden und Vögeln. Ich entsann mich der verschiedenen Bemerkungen in ihren Briefen, die von traurigen kleinen Beerdigungen erzählen, an denen der Hof teilgenommen hatte, und an Trauerfälle, deren die besten lateinischen Gelehrten der Zeit in Oden und Elegien gedachten. Jemand, der sie kannte, erwähnt einmal, ihr Erscheinen sei stets vom Gebell ihrer kleinen Hunde angekündigt worden.
Wir schritten über einen Hof und betraten das alte Kastell San Giorgio, das sich malerisch an den Lagunen erhebt. Meilenweit sieht man stehendes Wasser und dichte Schilffelder. Eine große Brücke, die eigentlich die Hauptstraße nach Nogara ist, spannt sich über die Lagune; man kann sie im Hintergrund von Mantegnas Bild «Tod der Jungfrau» im Madrider Prado erkennen. Das Gebäude ist eine riesige viereckige Burg mit massiven Spitztürmen. Sie wurde vom selben mittelalterlichen Baumeister errichtet, der das Este-Schloß in Ferrara anlegte, so daß Isabella nach ihrer Heirat mit Francesco das bisherige Schloß mit einem ganz ähnlichen vertauschte.
Der Schatz dieser Burg ist einer der berühmtesten Räume in Italien, die *Camera degli Sposi*, das Brautgemach. Jeder Zentimeter der Wände und der gerippten Decke ist mit Fresken von Mantegna geschmückt. Über der Tür befindet sich eine schöne Inschrift, die von Cupidos mit Schmetterlingsflügeln gehalten wird. Sie besagt, daß der Künstler das Zimmer im Jahre 1474 ausgemalt hat – zufällig in jenem Jahr, da Isabella d'Este in Ferrara geboren wurde. Über der Kamineinfassung steht in Lebensgröße eine Gruppe von Männern und Frauen. Wir sehen Lodovico, den zweiten Markgrafen, der damals sechzig Jahre zählte, mit seiner sanften und klugen deutschen Frau Barbara von Hohenzollern, umgeben von Familienangehörigen und Höflingen. Sie tragen Gewänder aus steifem Goldbrokat oder Satin, die Männer sind alle glattrasiert und haben rote Hüte, entweder den byzantinischen Fes oder randlose Kappen. Sie sind zur Begrüßung eines Mannes versammelt, dessen Identifizierung eine Reihe angesehener Kenner auf den Plan gerufen hat. Wer es auch sein mag, er schreitet flott auf eine Treppe zu, wo elegante junge Männer in kurzen gefältelten Röcken und bunten Hosen stehen, um ihn willkommen zu heißen

und zum Markgrafen zu geleiten. Lodovico sitzt in einem Sessel, der nach italienischem Stil gepolstert und gefranst ist. Er trägt ein langes, mit Hermelin besetztes Gewand und einen großen Leinenkragen, der jenen ähnelt, die von den englischen Puritanern in viel späterer Zeit getragen wurden. Unter seinem Sessel liegt in einem Binsenkorb ein großer alter Hund, offenbar ein Lieblingstier. Der Markgraf dreht sich halb zur Seite. Er hält einen Brief in den Händen und flüstert mit einem Höfling, der sich, die Kappe in der Hand, seinem Herrn mit dem ausdruckslosen Gesicht des diskreten Sekretärs zuneigt.

Über diese Szene gibt es verschiedene Ansichten. Manche vermuten, der Fremdling sei ein Abgesandter des Herzogs von Württemberg, der um die Hand Barbara Gonzagas angehalten habe, die damals ein Mädchen von siebzehn war. Einer anderen Deutung nach stellt das Bild die Aussöhnung zwischen Lodovico und seinem ältesten Sohn Federigo nach dessen Abwesenheit dar. Aber diese These ist umstritten. Es hatte mit dieser Affäre die folgende Bewandtnis: Als in Mantua eine Heiratsdelegation eintraf, um über eine Verbindung zwischen Margarete von Bayern und Federigo zu verhandeln, war der junge Mann über das Aussehen und Benehmen der Bayern entsetzt. Obendrein mußte er hören, daß Margarete klein, dick und außerstande war, ein Wort Italienisch zu sprechen. Er nahm die Beine in die Hand und floh mit sechs Freunden nach Neapel. Unterwegs wurde die Gesellschaft ausgeraubt, und die jungen Leute kamen ohne einen Pfennig an. Da Federigo sich versteckt halten und unter falschem Namen reisen mußte, konnte er sich an niemanden um Unterstützung wenden. Er nahm in einem ärmlichen Stadtteil Logis, und als er krank wurde, verdingten sich seine Kameraden als Gepäckträger und Gelegenheitsarbeiter, um ihrem Herrn helfen zu können. Schließlich wurde er entdeckt und zur Rückkehr bewogen: Seine Mutter, Barbara von Hohenzollern, hatte alle italienischen Höfe gebeten, nach «sieben Männern aus der Lombardei» zu fahnden. Es bleibt nur noch zu berichten, daß Federigo am Ende doch Margarete von Bayern heiratete, die sich als eine nette Blondine entpuppte. Ich kann mir jedoch nicht denken, daß irgendeine Familie es für wünschenswert gehalten haben soll, die Geschichte eines unwilligen Bräutigams an den Wänden des Brautgemachs zu verewigen.

Die andere Szene ist nicht so umstritten. Sie stellt die Ankunft Francescos aus Rom im Jahre 1472 dar, des ersten Gonzaga, der den Kardinalshut erlangte. Der stolze Markgraf Lodovico ritt im Jagdanzug aus, um seinen Sohn zu begrüßen, und der alte Hund vom anderen Bild war ebenfalls zugegen. Unter einem schönen Baum stehen Familienmitglieder. Im Hintergrunde windet sich eine beängstigende Straße kreuz und quer zu einer leuchtenden klassischen Stadt empor, die wohl Rom sein soll. Auf diesem

Gemälde sind drei Generationen der Markgrafen von Mantua zu sehen: Lodovico, sein Sohn Federigo und sein Enkel Francesco, der – obwohl erst sechs Jahre alt – mit seinem Haarwust und seiner vorstehenden Stirn bereits als jene interessante Gestalt zu erkennen ist, die in Rüstung auf dem Bild «Unsere Herrin der Siege» kniet. Experten haben auch andere Personen in dieser Gruppe identifiziert, darunter ein Selbstporträt des Künstlers.
Ich sah mir auch das massige Sommerschloß der Gonzaga an, das den sonderbaren Namen Palazzo del Te trägt. Ich weiß aber nicht, ob es wegen der T-förmigen Straße, die zu ihm führt, so heißt oder nach den vielen *tigli* – den Linden –, die dort stehen. Das reizvollste aller Fresken schien mir jenes zu sein, auf dem in Lebensgröße sechs Pferde zu sehen sind: zwei dunkle Füchse, drei Grauschimmel und ein Rappen; die beiden Lieblingspferde stehen zu seiten des Kamins mit blauen Federn an der Kandare. Diese Tiere – eine hippologische Erinnerung an das einstmals so berühmte Gonzagagestüt – waren im Profil gemalt, um ihre Vorzüge klarer herauszustreichen.

Einer der emsigsten Briefpartner Isabellas war Francesco Chiericati, der als päpstlicher Nuntius 1515 bis 1517 in England weilte. Die Archive Mantuas enthalten Briefe, in denen er den Hof von Whitehall beschreibt, als Heinrich VIII. fünfundzwanzig Jahre alt war. Wer seine Geschichtskenntnis allein dem Kino verdankt, muß die Ära der Tudors für eine Zeit halten, da unflätige Monarchen in Samt, Satin und Hermelin an Speisetischen saßen und Fleisch wie ausgehungerte Wilde in Stücke rissen. Es macht Freude, die Eindrücke dieses kultivierten Humanisten zu lesen, der mit der höchsten Gesellschaft der Renaissance bekannt war und England durchaus nicht als das barbarische Land kennenlernte, für das er es gehalten hatte. Er traf im Gegenteil Wohlstand, Kultur und einen eleganten Hof, der die Bildung und die Anmut des Lebens zu schätzen wußte. Chiericati konnte Heinrich nicht genug wegen seiner Staatskunst, seiner persönlichen Erscheinung, seiner Herzlichkeit im Gespräch und seines Interesses an Wissenschaft und Kunst rühmen. An einem Sonntag, den er in Gesellschaft des Königs verbrachte, sagte ihm Heinrich, er sei stolz auf die Mantuaner Pferde seines Marstalls. Ein andermal wurden eine Woche lang Feste zum Empfang einer Abordnung des Kaisers Karl V. gefeiert. Der Nuntius war bei einer Audienz anwesend, die der König in einem goldenen Gewand ungarischen Stils gab, während die englischen Edelleute, die die schönsten goldenen Ketten und Kragen trugen, die der Briefschreiber jemals gesehen hatte, in Goldbrokat gekleidet waren. Eines Tages lud Heinrich die Botschafter und den Nuntius zu einem privaten Essen in die Gemächer der Königin.

«Dies ist, wie man mir sagt, sehr ungewöhnlich», schrieb Chiericati an Isabella. «Der König sang und spielte verschiedene Instrumente mit ungewöhnlichem Talent. Dann tanzte er, veranlaßte den Grafen zum Tanzen, schenkte ihm ein schönes Pferd mit kostbarem Geschirr und eine Weste aus Goldbrokat, die siebenhundert Dukaten wert ist.» Höhepunkt der festlichen Woche war ein Turnier, das in einem überdachten Hof abgehalten wurde. Chiericati berichtete, dies sei «eine Piazza, dreimal so groß wie die von San Pietro in Mantua, umgeben von Mauern, mit Sitzreihen für Tausende von Zuschauern und zwei großen Pavillons mit Goldverkleidungen auf jeder Seite». Heinrich erschien zu Pferde. Er trug über seiner Rüstung einen Mantel aus weißem Damast, der mit den Tudor-Rosen aus Rubinen und Diamanten bestickt war. Vierzig Ritter folgten ihm auf Schimmeln. Zaumzeug und Harnische waren aus Silber. Im gleichen Augenblick kam von dem gegenüberliegenden Pavillon der Herzog von Suffolk an der Spitze eines ähnlichen Trupps angeritten, und als er sich dem König zum Einzelkampf stellte, «schien es uns, als sähen wir Hektor und Achill».

Die Büchereien der alten Herzogtümer Italiens sind unglaublich reichhaltig. Wo sonst in der Welt besäße eine Stadt von 40000 Einwohnern eine Bibliothek von zweihundertfünfzigtausend Bänden, darunter mehr als eintausendzweihundert Inkunabeln, seltene Ausgaben des sechzehnten Jahrhunderts, eine Sammlung früher Virgils, Bücher aus der Druckerei Bodonis, unter ihnen den berühmten «Homer» von Napoleon, und mehr als tausend Handschriften, die meisten auf Pergament und viele illuminiert. Die österreichische Regierung muß weitaus rechtschaffener als die meisten andern gewesen sein, als sie eine solche Sammlung unberührt in den Besitz der Mantuaner Stadtverwaltung übergehen ließ. Der deutsche Historiker Gregorovius, Verfasser der großen «Geschichte der Stadt Rom im Mittelalter», fand Schätze in Mantua, von denen er nicht zu träumen gewagt hätte, obwohl sein Freund Ranke, der Historiker des Papsttums, ihm gesagt hatte, daß nach der Plünderung Roms nicht mehr mit der Entdeckung von Besonderem zu rechnen sei.

Gregorovius verließ München an einem bitterkalten Dezembertag 1871 bei achtzehn Grad Frost. Er saß frierend in einem Eisenbahnzug, die Füße auf einem Kessel mit heißem Wasser, und während der langen Reise über die Alpen wurde seine linke Hand starr. Als er in Mantua eintraf, war der Himmel blau, aber es fror, und die Seen und Sümpfe waren mit Eis bedeckt. Seine Leiden wurden belohnt, als er mit der Arbeit in den Archiven begann. Er fand Brief um Brief, darunter viele von Cesare Borgia, von Castiglione aus der Zeit, da er Nuntius von Clemens VII. in Madrid war, und von andern Persönlichkeiten, die 1527 die Plünderung Roms erlebt hatten. «Habe niemals so unter der Kälte gelitten wie in Mantua», schrieb Gregorovius in sein Tagebuch. «Ich rechnete kaum damit, den Ort lebend zu verlassen, und es war nur die Freude über meine Entdeckungen in den Archiven, die meine Kräfte aufrecht erhielt.»

Als es mit den Gonzaga zu Ende ging, verkauften sie ihre berühmte Gemäldesammlung an Karl I. von England. Ich unterhielt mich darüber mit einem italienischen Freund, der mich fragte, ob ich jemals vom «größten Skandel des sechzehnten Jahrhunderts» gehört hätte. Dies war seiner Meinung nach der Anfang vom Ende des Hauses Gonzaga. Die Geschichte klingt fast unglaublich.

Der fröhliche junge Vincenzo, Erbe Guglielmos, der dritte Herzog von Mantua (jener junge Mann, der den bewunderungswürdigen Crichton getötet hatte), wurde im Jahre 1581 mit der vierzehnjährigen Margharita Farnese von Parma verheiratet. Kurz nach der Trauung, die mit äußerster Prachtentfaltung gefeiert worden war, tauchte das Gerücht auf, ein Ärztekonsilium habe festgestellt, daß die Braut keine Frau werde, wenn sie sich nicht einer chirurgischen Operation unterzöge – wozu sie, die untersuchenden Ärzte, allerdings nicht imstande seien. Das Mädchen, das den hübschen jungen Mann sehr liebte, wurde in Tränen aufgelöst nach Parma zurückgeschickt. In den nächsten beiden Jahren folgte eine medizinisch-ärztliche Konferenz der andern: Vorgänge, die selbst in der Geschichte des Vatikans einmalig sein dürften. Endlich ernannte der Papst (man liest es mit einiger Überraschung) den weltfremden Kardinal Carlo Borromeo zum Schiedsrichter, und dieser «Unparteiische» entschied nach Anhörung der Ärzte, Margharita habe in ein Kloster zu gehen. Im Oktober 1583 verschwand Margharita Farnese unter dem Namen einer Schwester Maura Lucenia im Alter von sechzehn Jahren aus der Geschichte, aber nicht aus dem Dasein, denn sie lebte fast achtzig Jahre lang in einer Welt, aus der die Personen längst geschieden waren, die mit ihrer Tragödie zu tun gehabt hatten. Margharitas Verschwinden ermöglichte nach dem kanonischen Recht eine neue Heirat.

Nun sollte Vincenzo Leonora de'Medici ehelichen, eine Tochter des Großherzogs Francesco von Toskana, aber es ergab sich eine wahrhaft phantastische Situation. Nach der Nichtigkeitserklärung von Vincenzos erster Heirat sprach natürlich jedermann in Italien über die Angelegenheit und ergriff Partei. Viele glaubten, die Auflösung der Verbindung sei nicht etwa einem Mangel der Braut, sondern der Impotenz des Bräutigams zuzuschreiben. Die Medici taten so, als glaubten sie das. Die Großherzogin, die vor ihrer Heirat die berüchtigte Bianca Cappello gewesen war und noch einige alte Rechnungen mit dem Herzog von Mantua zu begleichen hatte, bestand darauf, daß Vincenzo vor einer Eheschließung seine Männ-

lichkeit unter Beweis zu stellen habe. Falls sie die Absicht hatte, die Gonzagas dadurch zu demütigen und zu beleidigen, so schlug ihr Plan fehl, denn sowohl der alte Guglielmo als auch der junge Vincenzo stimmten der grotesken Vereinbarung zu. Vincenzo sollte eine Nacht mit einem jungen Frauenzimmer verbringen, und zwar sollte die Versuchsperson von den Medici ausgesucht werden. Empört erklärte der Papst, dies sei eine Todsünde; er wies auf die Heiligkeit eines Sakraments hin – es scherte sich indessen keiner darum.
Alfonso d'Este, ein enger Freund, erbot sich, ein Mädchen für das Experiment herbeizuschaffen. Zu jener Zeit lebten in Ferrara die Witwe und die Töchter des mißachteten Genies Pirro Ligorio, einem der ausgezeichnetsten Architekten und Archäologen aus der Ära von Pius IV. Er hatte die Wassergärten von Tivoli und die erlesene Villa Pia in den Vatikangärten entworfen, aber er konnte sein Geld nie beisammenhalten, und mit sechzig war er froh, daß ihm Herzog Alfonso II. von Ferrara die Stellung eines Hofantiquars anbot. Nach seinem Tod lebte die Familie in Armut. Alfonso wußte, wie gelegen ihnen Geld sein werde. Er trat an die Witwe heran und erzählte ihr von der Aussteuer, die der Herzog von Toskana einer geeigneten «Mitarbeiterin» in Aussicht stelle. Die Witwe und ihre Töchter zogen jedoch die Armut der Teilnahme an einer derart schamlosen Unternehmung vor. Schließlich stöberte Alfonso in einem geistlichen Stift Ferraras eine bescheidene und ergebene Maid auf, die sich bereit erklärte, neu eingekleidet und in Gesellschaft von vier Matronen und Wachen in ein Landhaus gebracht zu werden. Dort wartete sie denn mit ihrem Rosenkranz in der Hand der Dinge, die da kommen sollten.
Vincenzo traf in Ferrara ein. Es war indessen Karnevalszeit, und er stürzte sich zunächst in einen Wirbel von Tanzfesten und Maskenbällen. Er zeigte durchaus keine Neigung, sich dem Experiment zu unterziehen. Statt dessen stritt er mit den Abgesandten der Medici herum und reiste am Ende ab, ohne das Mädchen auch nur gesehen zu haben, das man diskret wieder in ihr geistliches Stift zurückschaffte. Nun wurde der Schauplatz der Ereignisse nach Venedig verlegt. Die Medici waren außer sich, daß ihr schöner Plan ins Wasser gefallen war. Jetzt suchten sie die Waisenhäuser von Florenz nach einer passenden Kandidatin ab. Sie fanden sie in der Person einer gutaussehenden Zwanzigjährigen namens Giulia, einer illegitimen Tochter aus guter Familie. Die Lächerlichkeit der ganzen Geschichte steigerte sich noch dadurch, daß man beschloß, Giulia in Gesellschaft des verkleideten großherzoglichen Kanzlers nach Venedig reisen zu lassen. Obwohl der Kanzler in allen Herbergen erkannt wurde, erzählte er den Leuten ein umständliches Märchen: Er bringe die Tochter eines alten Freundes, eines deutschen Hauptmanns, zu ihrem Vater. Wie müssen die Wirte über den vermummten Kanzler auf dieser höchst sonderba-

ren Expedition gelacht haben. Nach ihrer Ankunft in Venedig logierte man Giulia in einem Palast in der Nähe des Canale Grande ein, der dem Großherzog von Toskana gehörte, und während die Matronen sich um das schöne Kind bemühten und darauf achteten, daß sie auch hübsch gekleidet war und das Haar nach der letzten Mode trug, wurde die unschuldige Miene des Mädchens immer erwartungsvoller.
Kurz bevor der «Bräutigam» erschien, starb der Agent der Medici, der im Palazzo wohnte. Vermutlich fällte ihn aus lauter Aufregung ein Herzschlag. Sein Leichnam wurde in die nächste Kirche getragen und das Haus in Ordnung gebracht. Als der junge Prinz auf der Bildfläche erschien, war er in bester Stimmung: Er hatte nämlich allzu üppig getafelt. Lachend zog er sich für die Nacht zurück, und der Kanzler bezog an der Tür des Schlafzimmers Posten. Nach drei Stunden jedoch stürzte Vincenzo aus dem Gemach. Er krümmte sich vor Schmerzen und mußte schleunigst in sein eigenes Logis geführt werden. In Florenz fing man nun zu kichern an, und in Mantua war die Bestürzung groß: Man mußte nämlich feststellen, daß das Problem noch immer nicht aus der Welt geschafft war. Vincenzo kam jedoch zu einem späteren Zeitpunkt zurück, und dieses Mal bestätigte er sich so erfolgreich, daß der Heiratskontrakt unterzeichnet werden konnte. Noch im selben Jahr – 1584 – wurde er unter den üblichen prunkvollen Lustbarkeiten mit Leonora de'Medici getraut.
Diese Vorfälle werfen ein höchst merkwürdiges Licht auf die Moralanschauungen jener Zeit: Obwohl die Braut über all diese Geschehnisse durchaus im Bilde war, sah sie darin offenbar keinen Prestigeverlust ihres Mannes. Vielmehr verliebte sie sich in sein hübsches Gesicht und seine einnehmenden Manieren. Sie hatten Söhne und Töchter, und Vincenzo tat, was jedermann, der ihn kannte, hätte voraussagen können: Er stellte seine Männlichkeit in verschiedenen Richtungen unter Beweis, und zwar so lange, bis er starb. So endete eine Episode, die nach unseren Begriffen beschämend und überdies gänzlich unnötig war.
Die Ironie der Zeit wollte es, daß der Name, den Giulia später trug, Jahrhunderte danach besser bekannt sein sollte, als die einst so mächtigen Namen jener, die einmal in ihr demütiges Leben getreten waren. Kurz nach dem «Kongreß von Venedig» – wie die Affäre genannt wurde – gab man ihr eine schöne Aussteuer und verheiratete sie mit einem Musiker am Hof von Toskana, der Giulio Caccini hieß. Seine Leidenschaft war das Liederkomponieren, und er übte sich zusammen mit seinem Freund Jacopo Peri in einer neuen Musikform, die sich zur Oper entwickelte. Die Musikstudenten von heute werden ihn als Verfasser der Liedersammlung *«Le nuove musiche»* besser kennen als die Medici und die Gonzaga.
Der Niedergang der Gonzaga setzte mit den drei Söhnen Vincenzos und Leonoras ein, die einander als Herzöge von Mantua ablösten, und mit de-

nen die Dynastie erlosch. Als nächster kam Francesco 1613 an die Regierung, ein Mann von siebenundzwanzig Jahren, der einen kleinen Sohn hatte; zehn Monate später waren beide an den Blattern gestorben. Der ihm folgende Erbe war Kardinal Ferdinand, der auf die Nachricht vom Tode seines Bruders nach Mantua eilte und die Macht übernahm. Er gab seinen Kardinalshut zurück, und heute erinnern sich seiner nur noch Numismatiker, denn er ließ eine große Goldmünze schlagen, die bei Auktionen etwa sechshundert Pfund einbringt und als «Acht-Doppia-Stück» bekannt ist. Die Münze wurde bei seinem Regierungsantritt geprägt. Sie zeigt ihn mit der Biretta und der Herzogskette, und er sieht viel älter als sechsundzwanzigjährig aus. Ihm folgte sein Bruder Vincenzo II., und so wie jeder der frühen Gonzagas sein Teil zum Ruhm und zur Größe der Familie beigesteuert hatte, trugen diese beiden letzten das ihre zum Untergang des Hauses bei.

Beide verstießen ihre Frauen. Ferdinand ehelichte ein fünfzehnjähriges Mädchen namens Camilla, und Vincenzo heiratete eine Witwe, die viel älter war als er und bereits sieben Söhne hatte. Ferdinand hielt seine junge Frau unter Verschluß und vernichtete den Nachweis der Eheschließung, um eine Verbindung mit Caterina de'Medici, der Schwester von Cosimo II., einzugehen, die er politisch für lohnenswerter hielt. Indem er dies tat, enterbte er einen schönen kleinen Jungen, seinen Sohn, den er von Camilla hatte, der möglicherweise die Geschicke der Gonzaga noch hätte ändern können. Seine Ehe mit Caterina wurde unglücklich, und sie blieb kinderlos. Ferdinand verstrickte sich in den selbstgelegten Netzen seiner Verrätereien, während die Herzogin in eifersüchtiger Furcht vor ihrer verstoßenen Rivalin und deren Sohn lebte. Diese üble Situation änderte sich erst nach dem Tode Ferdinands, der in seinem neununddreißigsten Jahr erfolgte; zu dieser Zeit war er schon ein alter Mann. Vincenzo II. trat sein Erbe an und regierte nur zwölf Monate – sie waren gewissermaßen eine Verlängerung von Ferdinands Leben. Er hatte nicht mit einer unglücklichen jungen Frau Ärger, sondern mit einem wütenden alten Weib. Sie spendete ihm herzlich wenig Trost, denn sie konnte nicht vergessen, daß sie einst öffentlich geschmäht und der Hexerei bezichtigt worden war. Vincenzo versuchte, seine chaotischen Verhältnisse und seine steigende Schuldenlast bei ausgefallenen Maskenbällen zu vergessen. Er engagierte Komödianten und ließ (wieder die alte Besessenheit der Gonzaga) Zwerge kommen. Geradezu makaber, wenn man an die körperliche Mißbildung denkt, von der die Familie heimgesucht wurde, war die Vernarrtheit des letzten Herzogs von Mantua in eine Zwergin namens Crestina.

Vincenzo verkaufte einen großen Teil der berühmten Mantuaner Kunstsammlung an Karl I. von England. Vermittler war ein geschickter

Mensch, der Daniel Nys hieß. Er kaufte Gemälde von Mantegna, Tizian, Correggio, Raffael, Michelangelo, Andrea del Sarto, Tintoretto und andern für 10 500 Pfund. Karl I. fiel es im Jahr 1627 schwer, selbst diese Summe aufzutreiben, denn er hatte ebensolche finanziellen Schwierigkeiten wie der Herzog von Mantua. Irgendwie ließ sich das Geld aber doch beschaffen, und die Meisterwerke gesellten sich zu der wunderbaren Sammlung in Whitehall Palace, die der einzige königliche Kunstkenner der englischen Geschichte zusammengetragen hat. Die Sammlung umfaßte alle Bilder, die die Krone von den Plantagenets und den Tudors geerbt hatte. Welch ein Schatz wäre diese Sammlung, hätten die Puritaner nicht alle abergläubischen Darstellungen, alle Bildnisse von Heiligen und der Mutter Gottes verbrannt und die Reste durch öffentliche Auktion verkauft und damit in alle Welt verstreut.

Fast dreißig Jahre lang waren die hungrigen Augen der Franzosen und Spanier auf die leeren Wiegen Mantuas gerichtet. Internationale Rivalitäten und Familienfehden taten das ihre. Immer häufiger dachten sie an die freudige Aussicht, das reiche Herzogtum mit seinen wertvollen Kunstschätzen werde bald unbesetzt sein. Die Gonzagas hatten in viele königliche und fürstliche Familien Europas eingeheiratet, alle interessierten sich für das Problem der mantuanischen Erbfolge. Ihre Botschafter und Spitzel legten ein Netzwerk von Intrigen rund um das Schloß. Die Spanier und Österreicher unterstützten in ihrer Eifersucht auf Frankreich einen Kandidaten; Frankreich schlug einen jüngeren Sohn des Königshauses, den Prinzen von Nevers und Rethel, vor.

Während die Verschwörer ihre Komplotte schmiedeten, ließ sich der kranke Herzog durch die letzten Monate seines Lebens treiben. Gierig kaufte er orientalische Perlen und zerstampfte sie in seinen Arzneitränken. Er spielte mit seinen Zwergen, ersann neue Komödien und befragte die Astrologen um Rat – als ob diesem armen Mann auch nur ein einziger Stern des Glücks noch hätte leuchten können. Als er auf dem Sterbebett lag, wurde mitten in der Nacht ein junges Mädchen aus einem Kloster geholt und mit Carlo, dem Prinzen von Nevers, vermählt. Es war Maria Gonzaga, Vincenzos Nichte, die Tochter jenes Bruders, der vor fünfzehn Jahren an den Blattern gestorben war. So übernahm der französische Zweig der Familie das Herzogtum, als der letzte Herzog aus der mantuanischen Linie im Alter von dreißig Jahren an Wassersucht und einem krebsähnlichen Leiden starb. Mit dem Sieg des französischen Kandidaten bereiteten sich die spanischen und österreichischen Armeen auf den Einmarsch vor, und das Ende der Mantuaner Herzöge hatte die Plünderung der Stadt zur Folge. Die Spuren dieser Stürme sind heute noch an den Mauern des großen Schlossen zu sehen.

Etwa sechs Kilometer außerhalb Mantuas, am westlichen Rand der Lagunen, fand ich eine Kirche, in der jahrhundertelang eine merkwürdige Votivsammlung aufgehäuft war. Es ist das Heiligtum der Madonna delle Grazie. Sie war berühmt, weil sie am Unglück der Menschen Anteil nahm und ihnen half. Die Kirche selbst ist ein Dankopfer. Francesco Gonzaga ließ sie 1399 bauen, da die Muttergottes Mantua vor der Pest bewahrt habe. Etwas später wurde sie vergrößert, und heute ist sie die berühmteste Wallfahrtskirche Norditaliens.

Als ich eintrat, starrte ich überrascht auf eine Szene, die Ähnlichkeit mit dem Wachsfigurenkabinett der Madame Tussaud hatte. Der würdige Renaissancebau, der kein Seitenschiff hat, war von exotischen Dekorationen geradezu überschwemmt. Zwei Logenreihen zu beiden Seiten der Kirche lassen an ein Opernhaus denken. In jeder Loge steht eine lebensgroße Wachsfigur in staubigen Gewändern vergangener Zeiten. Nur durch ihren sterbensmatten Gesichtsausdruck und ihre ergebene Haltung unterscheiden sie sich von Theaterbesuchern. Der Pater, der sich meine Bemerkungen gutgelaunt anhörte, erzählte mir, im sechzehnten Jahrhundert (als die Franziskaner diese Kirche benützten) habe man einem gewissen Bruder Francesco d'Aquanegra, der Wachsfiguren formen konnte, freie Hand in der Anfertigung berühmter Gestalten gegeben, die der himmlischen Gnade teilhaftig wurden.

Zum Glück ließ der Eifer des Paters vor den Begräbniskapellen etwas nach. Neben verschiedenen Gonzagas fand ich das Grab des berühmten Schriftstellers, Diplomaten und Edelmannes der Renaissance, Baldassare Castiglione. Er gehört zur erlauchten Reihe jener, deren Ruhm auf einem einzigen Buch beruht. Obwohl mir bekannt war, daß er in Spanien starb, hatte ich nicht gewußt, daß er in Italien begraben ist.

Der Pater wollte mir einige Votivopfer zeigen, die einmalig seien. Er führte mich durch einen Flur, dessen Wände mit faszinierenden Katastrophen in Öl und Wasserfarbe bedeckt waren, aber er trieb mich schnell weiter – sie seien gar nichts im Vergleich zu dem, was er mir zeigen wolle. Ich warf demnach nur einen hastigen Blick auf die schrecklichen Unfälle und Totenbettszenen, die schön gerahmt sind und die Buchstaben P.G.R. tragen *(Pro Gratio Recepta* oder vielleicht *Per Grazia Ricevuta),* und wir betraten ein altes, verlassenes Franziskanerkloster. Hier hatten die Mönche einst in spartanisch kargen Zellen gehaust. Mein Führer öffnete die Tür zu einer Galerie und wies auf siebzehn Rüstungen.

Er sagte, bis vor etwa zwanzig Jahren seien siebzehn Wachsfiguren in Rüstungen die größte Sehenswürdigkeit der Kirche gewesen. Mitglieder der Gonzagafamilie, die heil aus einer Schlacht zurückgekehrt waren, hatten sie gestiftet. Es gab aber auch noch eine zweite Erklärung: Die Rüstungen seien zusammen mit den Kleiderpuppen, die sie umhüllten, das Werk des fleißigen Bruders d'Aquanegra gewesen. Im Jahre 1929 besuchte dann ein Engländer Mantua und stellte fest, daß die Rüstungen echt und von größtem Interesse waren. Der Besucher war Sir James Mann, der damalige Waffenmeister des Londoner Towers und Direktor der Wallace Collection. Ich lächelte bei dem Gedanken, wie wenig den Fachleuten doch entgeht.

Kurz vor seinem Tode fragte ich Sir James, wie er denn von diesen Rüstungen erfahren habe. 1926, als er sich in Florenz aufhielt, zeigte ihm Baron de Cosson eine Fotografie der Kirche und ihrer Wachsfiguren und erwähnte eine Legende, wonach einige der Rüstungen vom Schlachtfeld von Marignano aus dem Jahre 1515 stammten. Drei Jahre darauf reiste Sir James nach Mantua, und obwohl ihm die Ortsansässigen sagten, die Rüstungen beständen aus Pappmaché, borgte er sich eine Leiter und überzeugte sich davon, daß dies nicht der Fall war. 1930 hielt er einen öffentlichen Vortrag anhand von Notizen, die er sich auf der Leiter gemacht hatte, und nun wurde der Bischof von Mantua auf die Sache hingewiesen. Er ließ eine der Rüstungen auseinandernehmen. Unter dicken Farbschichten wurden verschiedene Signaturen von Waffenschmieden erkennbar. 1937 reiste Sir James auf Einladung des Bischofs nach Mantua und überwachte das Zerlegen der siebzehn Rüstungen.

Diese zerfetzte Schar bot einen phantastischen Anblick. Die Figuren standen aufgereiht an der Wand. Noch immer staken hölzerne Federn an ihren Helmen, und die Hände umklammerten die Schwerter. Jede Figur war vom Schmutz der Jahrhunderte überzogen. Im Hof des Klosters wurde ein Feuer angezündet, und man kochte die Rüstungen in einem riesigen Kessel. Dies ist laut Sir James das sauberste Verfahren, um starre Farbschichten zu entfernen. Manche Rüstung wurde dadurch beschädigt, daß man sie mit Säure behandelte. Einer der Brustharnische, der eine tiefe Delle hatte, trug eine Inschrift. Sie besagte, daß ihr Eigentümer von einer Kanonenkugel getroffen wurde, sein Leben sei jedoch von der Madonna delle Grazie gerettet worden.

Bevor ich den Bericht von Sir James Mann las, hatte ich nicht gewußt, daß weit mehr Brustharnische als Beinschienen erhalten geblieben sind. Der Brustharnisch war ein dekorativer Gegenstand, den man an jede Wand hängen konnte; Beinschienen dagegen verlangten eine lebensgroße Figur, und folglich wurden sie von der übrigen Rüstung getrennt und gingen meist verloren. Daß sechs Paar Beinschienen aus dem fünfzehnten Jahrhundert gerettet wurden, ist demnach ein Ereignis, das die Augen der Fachleute aufleuchten läßt. Es ist schade, daß diese Rüstungen jetzt in einem Hinterzimmer des Klosters versteckt werden. Der rechte Platz für sie wäre in einer Halle des Schlosses, wo die Gonzagas in ihnen einherklirrten und ihre wohlgerundeten Eisenwaden bewunderten.

Die Reiseführer nennen Sabbioneta eine «Geisterstadt» oder «ein Pompeji der Renaissance». Ich habe es mir angesehen und verstehe nicht, wieso es der Aufmerksamkeit der Romantiker entgangen ist: Es besitzt alles, was sie so sehr liebten. Es hat etwas Makabres, etwas Sündhaftes und vor allem viel aristokratische Schwermut. Shelley, Byron und Browning hätten dort manche Anregung gefunden.

Ich verließ Mantua am frühen Morgen, und nachdem ich etwa zwanzig Kilometer durch eine milde Landschaft gefahren war, kam ich zwischen Feldern mit Zuckerrüben und Mais, Rebengärten und Maulbeerbüschen zu einer befestigten Stadt. Eine Steinbrücke führte über einen ausgetrockneten Graben zu einem schönen klassischen Tor, auf dem ich den Namen «Vespasiano Dux» und die Jahreszahl 1579 las. Mit Ausnahme einer kleinen Stelle ist das Rund der Mauern unbeschädigt. Es sind ungewöhnliche Mauern. Die Stadt Sabbioneta liegt innerhalb einer großen sternförmigen Festung aus dem späten sechzehnten Jahrhundert. Ihre fünf Bastionen schieben mächtige steinerne Keile in die Weingärten. Während der zehn Minuten, die ich dort wartete, kamen kein Karren und kein Wagen durch den prächtigen Eingang. Ebensowenig vernahm ich die Geräusche der Stadt hinter den Wällen.

Ich überquerte die Brücke und betrat die eindrucksvollste architektonische Anlage, die ich jemals gesehen habe. Hier wurde das Ideal der Renaissance in schönen Straßen, Säulengängen, Palästen, Plätzen und Kirchen verwirklicht, aber kaum eine Menschenseele war zu sehen. Ich betrachtete die Paläste an der großen Piazza, und die einzigen Lebewesen waren eine Frau, die Bettzeug auf einem herrschaftlichen Balkon ausbreitete, und eine Katze, die unter einer Arkade schlief. Die Stille dieser Miniaturstadt war tief. Wie sonderbar ist es doch, heutzutage der einzige Besucher in einer italienischen Stadt zu sein. Ich stieg die Treppen des herzoglichen Palastes hinauf, in dem jetzt die Stadtverwaltung untergebracht ist, aber das Gebäude war verschlossen. Ich wartete, daß irgend jemand erscheine und setzte mich auf die Stufen, um mir alles ins Gedächtnis zurückzurufen, was ich über diesen Ort und seinen Begründer wußte.

Er hieß Vespasiano Gonzaga und gehörte dem jüngeren Zweig der Familie an. Er wurde 1531 geboren, und als er fünfzehn war, schickte man ihn zur Ausbildung nach Madrid an den Hof des spanischen Königs. Jahre später – nun Offizier des spanischen Heeres – verliebte er sich in Diana di Cordona, heiratete sie und kehrte mit ihr nach Italien zurück. In jenen Tagen bestand Sabbioneta aus einer uralten Burg, die sich am Rande eines stillstehenden Gewässers erhob, und einigen Bauernhäusern. Als er diese düstere Szenerie überschaute, beschloß Vespasiano, hier die vollkommene Stadt zu bauen: einen Ort, wo Künstler und Schriftsteller in Gemeinschaft mit einem großzügigen Gönner leben könnten. Italienische Für-

sten bauten seit hundert Jahren, aber keiner von ihnen hatte jemals eine völlig neue Stadt geschaffen. Vespasiano entwarf seine ersten Pläne, dann aber rief man ihn ab, damit er spanische Truppen in verschiedenen Gegenden Europas befehlige. Nach seiner Rückkehr mußte er feststellen, daß seine Frau ihm untreu geworden war. Als echter Italiener brachte er sie samt ihrem Liebhaber um. Das Volk munkelte, er habe die unselige Frau mit dem Leichnam ihres Geliebten in einem Gemach eingeschlossen und sei täglich mit einem Glas vergifteten Weins bei ihr erschienen, um ein einziges Wort zu sagen: «Trink.» Am Ende des dritten Tages habe Diana das Glas geleert. Tatsächlich hat Vespasiano, als er einem Verwandten ihren Tod beschrieb, die Bemerkung gemacht: «Gott rief meine Frau plötzlich zu sich, bevor sie ein Wort sagen konnte.»
Er ging wieder nach Spanien, um sein Unglück zu vergessen, und dort begegnete er Donna Aña de Aragon, einer Verwandten Philipps II., und heiratete sie. Sie gebar ihm eine Tochter und später einen Sohn. Eines Tages kehrte die Familie nach Sabbioneta zurück, das sich nun schon prächtig hinter den Gerüsten erhob. Vespasiano war so sehr von der Klassik besessen, daß er zu den Geburtstagsfeierlichkeiten seines Sohnes Possenreißer als heidnische Priester verkleiden ließ. Sie mußten Ochsen, die mit Efeu und Myrthen bekränzt waren, durch die Hauptstraße führen. Die Tiere wurden «geopfert», und das Volk feierte ein rauschendes Fest. Aber drei Jahre später schlug das Schicksal wieder zu. Vespasianos zweite Frau wurde unheilbar schwermütig. Sie schloß sich in der Einsamkeit ab, weigerte sich, ihren Mann und ihre beiden kleinen Kinder zu sehen, und nach etwa einem Jahr war sie tot. Abermals reiste Vespasiano nach Spanien, und Philipp II. ernannte ihn zum Vizekönig von Navarra, danach zum Vizekönig von Valencia. Hier nahm seine Bauleidenschaft militärische Formen an. Er schuf die Befestigungsanlagen von Cartagena und die an Sabbioneta erinnernden Bastionen, die noch heute Pamplona umgeben.
Im Alter von siebenundvierzig Jahren zog sich Vespasiano nach Sabbioneta zurück. Die Stadt war damals beinahe fertig. Man hatte die Bauern aus der Umgebung zusammengetrieben und gezwungen, innerhalb der Stadtmauern zu leben, was sie sehr verärgerte. Sie bekundeten wenig Interesse an Architraven und Pilastern; ihr Bedarf an antiken Gegenständen war mit ihren Gebräuchen und Sagen gedeckt. Nun, da die virgilischen Ochsenkarren jeden Abend durch das Portal rumpelten, schien der Traum des Bauherrn Wirklichkeit geworden zu sein. Das Schicksal schlug indessen zum drittenmal zu. Vespasianos Sohn und Erbe, Luigi, war fünfzehn Jahre alt. Eines Tages begegneten beide einander zu Pferde, und Vespasiano rügte den Jungen, weil er ihn nicht respektvoll gegrüßt habe. Luigi wurde frech, und Vespasiano gab ihm einen Schlag, der den Sohn in der Leistengegend traf. Die Verletzung verschlimmerte sich, und er starb.

Vespasiano fuhr fort, seine wachsenden Sorgen beim Bauen zu vergessen. Er heiratete ein drittesmal, und diesmal hielt – soweit wir wissen – das Schicksal die Hand über ihn. Philipp achtete Vespasiano so sehr, daß er ihm das «Goldene Vlies» verlieh. Seine letzten Lebensjahre verbrachte er auf Leitern und Gerüsten stehend. Er sprach mit Architekten, Malern, Druckern und Münzprägern. Als Sechzigjähriger mußte er sich einer Schädeloperation unterziehen. Eines Tages richtete er sich im Bett auf, sagte: «Ich bin geheilt» und fiel tot in die Kissen zurück.
Ein alter Mann tauchte aus einer Seitenstraße auf. Ich rief ihn an, er kam die Stufen herauf und begann mit der geballten Faust gegen die Tür des Rathauses zu hämmern. Endlich hörten wir ein Schlurfen, als nahe ein ehrwürdiger Elefant. Ein Greis in Filzschlappen öffnete die Tür einen Spalt breit. Als er uns zuerst bestürzt und dann mit Vergnügen musterte, hatte er etwas von einem betagten Diener an sich, der seit langem die Hoffnung auf die Rückkehr seines Herrn aufgegeben hat. Wir stiegen eine ausgetretene Marmortreppe hinauf. Die Szenerie war bedrückend. Vespasianos prächtiger Palast mit seinen vergoldeten Decken war in viele kleine Einzelräume aufgeteilt worden, und die Türen aus dunklem Eichenholz führten zu den Büros der Stadtverwaltung. Medaillons mit den Gesichtern der Herren von Sabbioneta und ihrer Frauen schauten auf Stromrechnungen und Rentenformulare herab. In einer der großen Hallen stehen vier schöne lebensgroße Holzstatuen (teilweise noch farbig und vergoldet) der Herzöge von Sabbioneta in Rüstungen auf ihren Pferden. Sie reiten stolz dahin, den Marschallstab in der Faust, als sei das Geratter der Olivetti-Schreibmaschinen der Beifall ihres Volkes. Einst gab es zwanzig dieser Kriegsherren. Die vier, die jetzt noch vorhanden sind, stellen Lodovico II. dar, den Gonzaga auf den Fresken in der *camera degli sposi;* seinen Sohn Gianfrancesco, den Ahnherrn des Sabbionetazweiges; Luigi, der dem Papst Clemens VII. während der Plünderung Roms zur Flucht verhalf, und Vespasiano, den Gründer Sabbionetas. Die Pferde der vier Reiter erinnern an jene, die Colleoni in Venedig und Gattamaleta in Padua reiten. Diese herrlichen Gonzagahengste gehören zu den weniger bekannten Schätzen der Lombardei. Ein Sekretariatsbeamter sagte mir, sie seien wahrscheinlich von einem venezianischen Bildhauer im Stil Lorenzo Bregnos modelliert. Ich blickte aus einem der Fenster des Palastes in den herzoglichen Garten. Das melonenförmige Becken eines ausgetrockneten Brunnens steht zwischen Unkraut und Büschen. Ein alter Mann saß in der Sonne, eine Frau legte Wäsche aus, ein Hund scharrte im Staub. Das ist vom Garten des hamletgleichen Vespasiano übriggeblieben, in dem er einst seinen schwermütigen Gedanken nachhing.
Man fragte mich, ob ich das Scamozzi-Theater sehen wolle, eine der Sehenswürdigkeiten Sabbionetas. Der alte Mann führte mich durch die

Straßen. Überall gibt es schöne Ausblicke, damit das Auge nicht ermüde, und ich konnte mir Vespasiano vorstellen, wie er zu seinen Architekten sagte: «Vielleicht eine Kirche ans Ende der Straße?» Das Theater steht an der Ecke der Via Vespasiano Gonzaga und der Via del Teatro, die auf den Hauptplatz führt. Die Bühne und das Proszenium wurden gerade neu hergerichtet; Backsteine, Sand, Zement und Gerüste waren dort aufgehäuft. Aber der schöne kleine Zuschauerraum ist fast unversehrt, und er stellt ein wahres Schmuckstück dar. Um das Parkett, das etwa hundert Personen Platz bietet, schließen sich im Halbkreis fünf Bankreihen. Darüber erheben sich zwölf korinthische Säulen mit zwölf Göttern und Göttinnen. Die Säulen folgen dem Bogen des Zuschauersaals und sind mit einer Balustrade verbunden. Die Wand dahinter wird von reizenden Fresken bedeckt. In Nischen sehen wir römische Kaiser. Außerdem ist die Figur eines aufmerksamen und kritischen Hundes vorhanden, der die Bühne mit höflichem Lächeln seit drei und einem halben Jahrhundert bewacht.
Dieses Theater ist ganz anders als das berühmte Schauspielhaus des Palladio in Vicenza, wo das ganze Interesse der Bühne mit ihren erstaunlichen Perspektiven gilt. In Sabbioneta wurde dem Zuschauerraum die besondere Aufmerksamkeit gewidmet. Ich fragte mich, ob es wohl noch ein zweites privates Theater aus jener Zeit geben mag, das sich in so gutem Zustand befindet. Ich fühlte mich den Zuschauern jener fernen Zeit nahe und stellte sie mir in ihren Brokatgewändern, die mit Perlen und gestärkten Krausen besetzt waren, vor: Sie begleiteten ihren Herzog in das kleine Theater, um zu lachen und zu schwatzen, wobei sie so taten, als kennten sie einander nicht – wie es die Leute in einer kleinen Garnisonstadt immer tun. Der alte Mann wußte nichts über die Geschichte des Hauses, aber er entsann sich, vor vielen Jahren hier einmal ein Stück gesehen zu haben. Ich konnte nur erfahren, daß es das letzte Geschenk Vespasianos an seine Stadt war. Als Scamozzi das *Teatro Olimpico* zu Vicenza nach dem Tode Palladios vollendet hatte, ging er auf Ersuchen des Herzogs nach Sabbioneta und begann 1588 mit dem Bau dieses Theaters; zwei Jahre darauf war es fertig.
Man zeigte mir auch das andere herzogliche Schloß, den Palazzo del Giardino. In der dortigen Galerie hatte Vespasiano seine Sammlung griechischer und römischer Antiquitäten untergebracht. An den Wänden sieht man noch, wie an den meisten Mauern Sabbionetas, die eisernen Fackelhalter. Das Innere des Palastes ist ziemlich beschädigt, aber die Decken sind noch großartig; die Fresken und Täfelungen zeigen auf Hunderten von Metern allegorische Darstellungen. Daphne, um deren Hals das Nachthemd weht, wird in einen Lorbeerbaum verwandelt; Ikarus macht seinen unheilvollen Sturz; Phaeton, der mit seinen Rossen nicht zurecht-

kommt, muß dem Gesetz der Schwerkraft gehorchen. Ein bezaubernder kleiner Raum ist den Aeniden gewidmet. Man sieht Laokoon, das Trojanische Pferd, die Flucht des Anchises und andere Episoden. Und im ganzen Palast ist kein anderer Laut zu hören als das Schlagen einer Tür oder das Huschen eines Vogels, der durch ein zerbrochenes Fenster hereingeflogen ist. Dieser kultivierte Bau wurde 1584 errichtet – zu einer Zeit, da in England Elisabeth seit sechsundzwanzig Jahren auf dem Thron saß, als Maria Stuart noch am Leben war, vier Jahre bevor die Armada nach Norden segelte, als von dem zwanzigjährigen Shakespeare noch niemand etwas wußte.

Schließlich gelangten wir zur Krönungskirche und zum Schönsten, das in Sabbioneta zu finden ist: dem Grabmal seines Begründers. Vespasianos Gebeine ruhen in einem Sarkophag aus geädertem Marmor in einer Nische. Der rechte Arm der Bronzefigur ist in einer herrischen Geste ausgestreckt, aber kein General hat wohl je mit so sorgenvoller und mitfühlender Miene Befehle erteilt. Es ist die gleiche Melancholie, die man im Gesicht der Reiterstatue im Herzogspalast erkennt. Aus seinen Zügen spricht das Erbarmen – fast scheint es, er wolle einen armen Sünder begnadigen. Niemand, der dieses unglückliche, gütige Antlitz sieht, kann Vespasiano für etwas anderes als ein Opfer des Schicksals halten. Diese Stadt ist aus der Schwermut ihres Gründers entstanden. Einmal sagte er zu einem Freund: «Mein einziges Vergnügen ist es, neue Mauern zu errichten und toten Stoff zum Leben zu erwecken – als Ausgleich zu meiner leeren Seele.» Dieses traurige Gesicht, das von Locken umgeben ist, erinnert ein wenig an Byron. Es ist merkwürdig, daß der Dichter – soweit ich weiß – niemals die Spur dieses Edelmanns gefunden hat, dessen brütende Melancholie seiner eigenen so sehr glich.

Ich sagte dem alten Mann Lebewohl und fuhr in der Abenddämmerung nach Mantua zurück. In der Nacht wachte ich auf und mußte an Sabbioneta und seinen seltsamen Gründer denken. Ich stellte ihn mir stolz und pathetisch in der Dunkelheit des alten Palastes auf seinem Pferde vor, und ich sah ihn in der Kirche sitzen, wo er im Finstern eine Gebärde der Nachsicht macht.

Die virgilische Landschaft dehnte sich nordwärts zum Gardasee in der tiefen Stille eines Sonntagmorgens. Nichts war von den Menschen zu sehen, die dieses Land bebauen, die es bewässern, die Weiden stutzen, die Deiche befestigen und die Hecken als Windbrecher pflanzen. Ich hörte die Kirchenglocken läuten, lange ehe ich in eine Stadt oder ein Dorf kam.

Virgil spricht von der «Heirat» zwischen dem Wein und der Ulme, und man fragt sich, was er damit meinte, solange man nicht diese ungewöhnliche Verbindung in der Landschaft rings um Mantua kennengelernt hat.

Da ich schon einmal in einer Weinbaugegend gelebt und selber Weingärten besessen habe, fand ich das System praktisch, trotz seiner Altertümlichkeit. In regelmäßigen Abständen werden kleine Ulmen und andere Bäume gepflanzt, die nicht zuviel Platz brauchen. Die Ranken der Reben werden dann von Baum zu Baum geknüpft. Etwas Fröhliches kommt dadurch in die Landschaft; es ist, als schritten geschmückte Pagen zu einem Fest oder Turnier. Im Sommer verleihen die herabhängenden Weinreben der Gegend ein charakteristisches Aussehen. Es ist merkwürdig, daß diese römische Art des Weinbaus alle Wandlungen in der Lombardei überlebt hat. Immer noch bearbeiten die Bauern ihr Land so, wie es ihre Ahnen in den Tagen Virgils getan haben.

Als ich in die kleine Stadt Rovabella kam, die von Pfirsich- und Birnenbäumen umgeben ist, hielt mich ein Verkehrsschutzmann an, aber seine Verbeugung und sein Lächeln ließen keinerlei Befürchtungen in mir aufkommen. Er zeigte auf eine Tafel in englischer, französischer und deutscher Sprache, die alle ausländischen Gäste aufforderte, während der Dauer von Rovabellas Pfirsichwoche kurz anzuhalten, um einen Korb mit Pfirsichen und den besten Empfehlungen der Stadt als Geschenk entgegenzunehmen. Die Hauptstraße war festlich geschmückt. Mädchen liefen mit Früchtekörben zu parkenden Wagen. Eine hübsche junge Frau kam auf mich zu und reichte mir mit anmutiger Geste ein Körbchen. Als sie mich als Engländer erkannte, bat sie mich, doch einen Augenblick zu warten. Sie ging zu einem Obststand an der Kreuzung und kehrte mit einem etwa zehnjährigen Mädchen zurück. Die Kleine erzählte mir, sie heiße Hazel und stamme aus Leytonstone. Sie war das Kind eines englischen Soldaten und einer italienischen Mutter und verbrachte die Ferien bei ihren Großeltern. Daß Hazel jemand getroffen hatte, der Leytonstone kannte und sogar einmal dort gewesen war, begeisterte die fröhlichen Rovabellaner. Es hatte zur Folge, daß ich Hazels Großmutter vorgestellt wurde, die mich dem Chef der Polizei vorstellte, und der wiederum stellte mich dem Bürgermeister vor, der mich zu einer Weinprobe einlud.

Rund um einen Tisch voller Gläser standen Obstbauern und Landwirte aus der Nachbarschaft und prosteten einander mit Wermut oder Campari-Soda zu. Sie waren das moderne Gegenstück zu den römischen Schäfern, Bauern und Bienenzüchtern. Sie trugen die dunklen Anzüge, die man zu Hochzeiten, Beerdigungen und zum Hochamt an kirchlichen Feiertagen anzieht. Stadt und Land liegen in der Po-Ebene dicht beieinander, und es gibt mit Ausnahme der sonnenverbrannten Haut wenig, was den Bauern vom Stadtbewohner unterscheidet. Sie waren anders als die Weinbauern und Olivenpflanzer irgendwo in Spanien, etwa in Martos oder Jaén, die man sich bei ähnlichen Anlässen vor einer mittelalterlichen Kulisse vorstellen kann.

Ich plauderte mit einigen der Leute. Sie sprachen über die Unbilden des vergangenen Winters im Tone alter Veteranen, die sich bei einem Regimentstreffen über ihre früheren Taten unterhalten. Einer wandte sich mir zu und meinte, daß Leute (solche wie ich anscheinend), die im Sommer nach Italien kämen, keine Ahnung davon hätten, was die Italiener im Winter mitmachten. Ich lauschte voller Mitgefühl ihren Geschichten über alle möglichen klimatischen Katastrophen: die Überflutungen, eiergroße Hagelschlossen, plötzliche Fröste, die gerade dann einsetzen, wenn die Pfirsichbäume zu blühen beginnen; und was den Wein anging, so redeten sie über ihn wie Ärzte, denen es gelungen ist, einen Patienten auf der Schwelle des Todes ins Leben zurückzureißen. Schließlich tauschten wir noch unsere Ansichten über den Mehltau, die Schädlingsplage und Zerstäubungsmittel aus.
Der Bürgermeister geleitete mich zu einem Parkschuppen, in dem hochmütig aussehende dunkeläugige Mädchen mit ihren Müttern (die – obwohl erst vierzig – schon alt und runzlig waren) fleißig Früchte wogen und verpackten. Das Obst wurde dann in eisgekühlte Güterwagen gebracht und nach Deutschland verschickt. Ich machte mich auf den Weg nach Sirmione.
Der Mincio war hinter Seitenstraßen und Weinbergen versteckt, und erst bei Valeggio sah ich ihn so, wie ihn Milton gesehen hat: «ruhig gleitend» und grün. Ich fuhr auf einer schönen alten Brücke über den Fluß und erblickte ein erfreuliches Bild: Speisetische, auf denen Steine aus dem Bett des Mincio lagen, damit der Wind die Decken nicht davontrug, standen am Ufer im Schatten von Linden. Kübel mit Hibiskusbäumen, Oleander und Hortensien rahmten das kleine Restaurant ein. Weiter hinten sah ich ein verwittertes altes Gebäude, das den Eindruck machte, als sei darin vor Jahrhunderten manches Komplott geschmiedet und mancher eigentümliche Fremdling nach Einbruch der Dunkelheit empfangen worden. An diesem lichten Sonntag hallte die «Locanda Mincio» (wie das Lokal sich nannte) vom Schwatzen und Debattieren der Frauen wider. Aus der offenen Tür schossen von Zeit zu Zeit junge Mädchen in dunklen Kleidern und Schürzen, die dampfende Gerichte vor sich hertrugen. Es war, als habe man sie von der stürmischen Sitzung eines weiblichen Parlaments ausgeschlossen. Unter den Linden saß die übliche italienische Sonntagsmorgenmenge im Feiertagsstaat, die Mädchen in hübschen Röcken, die Buben in Matrosenanzügen. Ein ansehnlicher Pekinese erregte viel Spaß, als er herumspazierte und größere Hunde in die Flucht schlug. Hin und wieder kündigte das Knallen einer Vespa oder Lambretta junge Männer mit ihren weiblichen Soziusbegleitern an, und ich grübelte über die Freiheiten nach, die diese Erfindung den jungen Italienern geschenkt hat. Sie jagen auf ihren Maschinen dahin, als galoppierten sie auf edlen Rössern.

Ich bestellte gegrillte Forelle. Während sie zubereitet wurde, saß ich im Schatten und schaute in den weißen Hitzeschleier über den hügeligen Weingärten jenseits des Mincio. Ab und zu glitt eine elektrische Bahn in Richtung Mantua so sanft dahin wie der Fluß.
Zu meiner Überraschung – denn die Mittagssonne war hell und das Wasser glasklar – erschien ein Angler auf dem gegenüberliegenden Ufer und begann seinen Haken auszuwerfen. Noch überraschter war ich, als er schon gleich darauf die Angel mit einer Beute wieder an Land zog. Der Fang mochte ein halbes Pfund wiegen. Er tat dies sechs- oder siebenmal, und zwar so schnell hintereinander, als fische er an einer seichten Stelle nach Barschen. Die Kellnerin sagte mir, diese Fische hießen *cavazzini*, und man fange sie leicht mit Brot.
Ich setzte meine Fahrt durch die idyllische Gegend fort. Der Mincio war wieder hinter den Waldungen zu meiner Linken verschwunden. Schließlich erreichte ich die Südspitze des Gardasees, wo der Fluß den See verläßt, um seine gewundene Reise nach Mantua und zum Po anzutreten. Hier, nahe Peschiera, soll sich eines der dramatischsten Treffen der Geschichte zugetragen haben. Im Jahre 452 n. Chr. kampierte Attila mit seinen Hunnen am Mincio, nachdem sie die Stadt Aquileia vernichtet hatten (deren Bewohner nach den Lagunen flüchteten und Venedig gründeten) und beratschlagte über die Plünderung Roms. Die gleiche Panik wie zweiundvierzig Jahre zuvor, als Alarich mit seinen Goten die Stadt stürmte, griff auch diesmal um sich. Papst Leo I. begab sich an der Spitze einer Abordnung zu den Barbaren. Der Hunnenkönig war ein arroganter Tyrann. Er war klein, breitschultrig, hatte eine flache Mongolennase und einen dünnen Bart. Man erzählte sich damals, er trete so stolz und hochmütig auf, als gehöre die Erde ihm allein. Was Leo ihm sagte, wird wohl nie bekannt werden. Daß die «Geißel Gottes» sich von Rom abwandte, ist eines der Geheimnisse der Geschichte. Vielleicht hatte Leo ihn an Alarichs Schicksal gemahnt, der im Jahre 410, ein paar Wochen nach der Plünderung Roms, plötzlich auf geheimnisvolle Weise gestorben war.
Ich hatte mir immer vorgestellt, dieses berühmte Gespräch müsse wohl in einem Wald oder im Gebirge stattgefunden haben. Es ist indessen eine friedliche Gegend von großer Schönheit. Der klare Fluß, der aus dem südlichen Ende des Sees tritt, schneidet sich seinen Weg durch Hügel und Weingärten. In der Nähe liegt Garda. Es war still und blau, als ich es an diesem windstillen Sommernachmittag sah. Die Berge ringsum erheben sich bis zu den Gipfeln der österreichischen Alpen. Es ist nicht ganz leicht, sich in dieser paradiesischen Landschaft die kleinen Hunnen auszumalen, die ihre zottigen Pferde tränkten, oder die stattliche Erscheinung Leos, der mit seinen weißgekleideten römischen Abgesandten dem Zelt der wüsten Fremdlinge nahte.

Sirmione ragt auf einem dünnen Streifen Land unter den erloschenen Augen eines alten Schlosses in den Gardasee hinein. Die Scaliger aus Verona haben dieses Kastell im Mittelalter gebaut. Im Sommer wehen alle Winde um die schmale Halbinsel, und es herrscht allerorten eine angenehme Kühle. Im Winter aber muß es Tage geben, da sie nahezu unbewohnbar ist. An diesem heißen Sommernachmittag waren die Hotels und Badestrände überfüllt. Junge Frauen in Bikinis und großen Strohhüten lagen oder spazierten am Ufer und in den schattigen Kiefernwäldern nahe der Küste. Der Ort hatte ein wenig von jenen allegorischen Gemälden an sich, die in der Renaissance so geschätzt waren.

Diese sommerliche Stille des Sees muß Catull geliebt haben. Seine Villa ist eine riesige, formlose, römische Steinbruchruine. Man sieht zusammengebrochene Torbögen und Hallen ohne Dach. Ein Haus steht an einer Stelle, von der aus man den See gut überschauen kann, aber es kann unmöglich der Bau sein, der es sein soll. Es ist dafür nicht alt genug. Die Tradition indessen, die den Dichter mit diesem Teil des Sees in Verbindung bringt, hat ihren Grund: Irgendwo hier in der Nähe muß er mit seinem Segelboot gelebt haben, das er in Kleinasien gekauft hatte und mit dem er entlang der griechischen Inseln nach Hause gefahren war. Der alte Pförtner in der Villa des Catull war empört, als ich sagte, die Ruinen wären vielleicht die eines großen römischen Hotels, in dem man Wasserkuren vornahm. Für ihn und jedermann in Sirmione ist es seit Jahrhunderten die Villa des Catull, und wer etwas anderes zu behaupten wagt, begeht Ketzerei.

Ein Bootsführer winkte mir, und ich stieg von den Ruinen über die Felsen hinab zum Ufer. Er streckte seine braune Hand aus und half mir an Bord. Ich ließ mich in dem willkommenen Schatten eines gestreiften Schirms nieder, und er setzte den kleinen Außenbordmotor in Gang. Wir tuckerten über den See, und er erzählte mir die Geschichten, die seit Generationen hier schon von Mund zu Mund weitergehen: Eine versunkene Stadt sei unter Wasser zu sehen, und Garda werde niemals seine Toten hergeben. Ich machte eine Bemerkung über die Stille des Wassers. Er zuckte die Schultern und meinte, ich sollte mir einmal den See anschauen, wenn die Winterstürme durch die Schluchten fegen.

«Fluctibus et fremitu . . .», sagte ich.

Er sah überrascht auf, aber dann sagte er bereitwillig, wie es die Art der Italiener ist: *«Si, si»* und drehte sich mit seinen braunen Fingern eine Zigarette.

Die großen italienischen Familien

Die Visconti

Sie gelangten 1262 als Erzbischöfe von Mailand an die Macht. Als der Erzbischof Giovanni 1364 starb, wurde der Staat zwischen seinen drei Neffen aufgeteilt: Matteo (gestorben 1355), Bernabò (gestorben 1385), verheiratet mit Regina della Scala, und Galeazzo (gestorben 1378). Galeazzos Sohn, Gian Galeazzo, wurde der erste Herzog von Mailand. Er gilt als der mächtigste Visconti und traf bereits Anstalten, sich zum König von Italien zu machen, als ihn die Pest dahinraffte (1402).
Die Dynastie endete mit zwei unwürdigen Söhnen: Giovanni Maria, dem zweiten Herzog von Mailand, der 1412 ermordet wurde, und Filippo Maria, dem dritten Herzog, der 1447 starb und eine illegitime Tochter hinterließ. Bianca Maria heiratete den General ihres Vaters, Francesco Sforza (1401–1466).

Die Sforza

Francesco Sforza bemächtigte sich der Stadt und machte sich selbst zum vierten Herzog von Mailand. Sein Sohn Galeazzo Maria Sforza (ermordet 1476) wurde der fünfte Herzog. Sein Erbe, Gian Galeazzo, war sieben Jahre alt. Er wurde der sechste Herzog, obwohl das Herzogtum von seinem Onkel Lodovico il Moro (1451 bis 1508) verwaltet wurde, der Mailand einer großen Blütezeit entgegenführte. Er heiratete Beatrice d'Este (1475–1497) und zog Leonardo da Vinci an seinen Hof. Nach Gian Galeazzos frühzeitigem Tod – er war fünfundzwanzig Jahre alt – wurde Lodovico siebenter Herzog von Mailand. Als die Franzosen in Italien eindrangen, wurde er gestürzt. Sein Leben endete in französischer Gefangenschaft.
Der französische Anspruch auf Mailand gründete sich auf der Verheiratung Valentina Viscontis (Tochter Gian Galeazzo Viscontis, des ersten Herzogs) mit Louis, dem Herzog von Orleans. Beider Enkel, Ludwig XII., betrachtete sich als den rechtmäßigen Herzog von Mailand und hielt die Sforza für Usurpatoren. Die französischen Ansprüche auf Mailand und Neapel führten zu einem Krieg zwischen Frankreich und Spanien auf italienischem Boden.

Die Gonzaga

Diese brillante Soldatenfamilie wurde mit dem Rang Oberster Heerführer im Jahre 1328 Herr von Mantua. Dem ersten Marquis, Gianfrancesco (1395–1444) folgte Lodovico als zweiter (1414 bis 1478), dessen Sohn Federigo (1442–1484) als dritter. Sowohl Lodovico als auch Federigo heirateten deutsche Frauen.

Der vierte Marquis, Francesco (1466–1519), heiratete Isabella d'Este (gestorben 1539). Ihr Sohn Federigo (1500–1540) wurde der erste Herzog von Mantua. Die beiden Söhne Francesco (1533 bis 1550) und Guglielmo (1539–1587) folgten als zweiter beziehungsweise als dritter Herzog von Mantua. Der vierte Herzog war Guglielmos Sohn Vincenzo (1562–1612). Der fünfte, sechste und siebte Herzog waren Söhne Vincenzos: Francesco (1586–1612), Ferdinand (1587–1626) und Vincenzo II. (1594–1627). Mit dem zweiten Vincenzo endete die direkte Linie. Er war der Herzog, der König Karl I. von England die Mantuaner Kunstsammlung verkaufte.

Die Herzogswürde ging über auf Charles von Nevers (1580 bis 1637) und seine Nachkommen. Der letzte und zehnte Herzog von Mantua war Ferdinand Karl, der 1708 starb.

Die Estensi

Die älteste und aristokratischste Herrscherfamilie in Norditalien, die ihre Ahnen von Karl dem Großen herleitet. Azzo VI. (1170–1220) war der von den Bürgern gewählte Herrscher Ferraras. Durch Welf IV., der 1070 das Herzogtum Bayern erhielt, wurden die Estensi mit den Fürstenhäusern Braunschweig und Hannover verbunden, aus denen sich das englische Königshaus Windsor ableitet.

Nikolas III. (1384–1441) folgten drei Söhne: Lionello (1407 bis 1450), einer der großen Kunstmäzene der Renaissance, Borso (1413–1471) und Ercole I. (1431–1505), dem Vater der Isabella und der Beatrice d'Este. Sein Sohn und Nachfolger, Alfonso I. (1486 bis 1534) heiratete als seine zweite Frau Lucrezia Borgia.

Ihrem Sohn, Ercole II. (1508–1558), folgte dessen Sohn Alfonso II. (1533–1592). Mit ihm endete die Hauptlinie der Este. Nach seinem Tod übernahm der erzbischöfliche Stuhl die Verwaltung Ferraras, und die Familie, die sich in den Nachkömmlingen eines Vetters fortsetzte, herrschte

weiter über das Herzogtum Modena. Alfonso IV. (1634–1662) war der Vater der Maria von Modena, Gemahlin Jakobs II. von England.
Mit Ercole III. (1727–1803) endete die Linie der Estensi von Modena. Ihre Erbin, Maria Beatrice (gestorben 1829), heiratete den Erzherzog Ferdinand, Sohn Kaiser Franz' I. Bis 1860, als Modena Italien einverleibt wurde, blieb der Titel bei den österreichischen Erzherzögen.

Die Scaliger

Begründer der Familie war Mastino della Scala (gestorben 1277), Sohn eines Webers oder, wie andere behaupten, Hersteller von Leitern (Scala, d. i. Leiter). Die Bürger machten ihn 1262 zum Herrn von Verona. Seine mildherzige Herrschaft endete mit seiner Ermordung. Ihm folgte sein Bruder Alberto I. (gestorben 1301), der, wie ein Zeitgenosse behauptet, «seelisches Feingefühl und vollkommene Lebensart» hatte. Ihm folgten seine drei Söhne:

1. Bartolomeo della Scala. Er regierte weniger als drei Jahre. Er war der erste Scaliger, der Dante in Verona willkommen hieß.
2. Alboino (gestorben 1311);
3. Cangrande I. (gestorben 1329), bedeutendster der Scaligeri, dem Dante seine «Divina Commedia» widmete. Ihm folgten seine beiden Neffen:

1. Mastino II. (gestorben 1351), Vater der Regina della Scala, (Gattin Bernabò Viscontis, die dem Grund und Boden, auf dem das Scala-Opernhaus in Mailand gebaut wurde, ihren Namen gab).
2. Alberto II. (gestorben 1352).

Ihm folgten zwei Söhne von Mastino II. und Cangrande II. (gestorben 1359) sowie Cansignorio (gestorben 1375), unter deren Nachkommen die Dynastie dahinschwand.
Gian Galeazzo Visconti bemächtigte sich Veronas. Nach seinem Tod, 1402, wurde es auf friedlichem Wege der Republik Venedig einverleibt.

Die Medici

Diese Familie internationaler Bankiers verwaltete Florenz von 1434 bis 1737, zunächst als Bürger, später als Großherzöge. Der erste große Medici war Cosimo der Ältere (1389–1464). Er und sein Sohn Piero der Gichtige

(1416–1469) und Pieros Sohn, Lorenzo der Prächtige (1449–1492), waren durch ein vererbtes Gebrechen, das sie Gicht nannten, behindert. Unter Lorenzos Söhnen waren auch Piero der Unglückliche (1471–1503) und Giovanni (1475–1521), der spätere Papst Leo X. Die Medici flüchteten während der französischen Invasion aus Florenz (1494), kehrten aber 1512 zurück. Die Hauptlinie starb 1537 mit einem illegitimen Medici, der ermordet wurde. Der jüngere Zweig kam dann als Großherzöge von Toskana zur Macht: Cosimo I. (1519–1574) und seine Söhne Franz I. (1541–1587), Ferdinand I. (1549–1609). Nun folgte ein Sohn dem Vater: Cosimo II. (1590–1621), Ferdinand II (1610–1670), Cosimo III. (1642–1723) und Gian Gastone (1671–1737), der letzte Großherzog der Toskana der Medici.

Die Borgia

Die spanische Familie der Borgia oder Borja stammte aus Jativa, südlich von Valencia. Acht Borjas – jeder von ihnen trug den berühmten Schild mit dem roten Bullen auf Goldgrund – waren dabei, als Valencia von den Moslems erobert wurde. Alfonso Borja, Bischof von Valencia, nahm mit Alfonso I. an der Eroberung von Neapel 1444 teil. Im Jahr darauf wählte man ihn als Calixtus III. zum Papst.
Das Interesse gilt besonders Rodrigo Borgia (1431–1503), Papst Alexander VI., seinem Sohn Cesare Borgia (1476–1507) und seiner Tochter Lucrezia (1480–1519). Sie heiratete als ihren dritten Mann Alfonso d'Este, den Bruder von Isabella und Beatrice d'Este. So wurde sie Herzogin von Ferrara.
Der Charakter des Borgia-Papstes stand im Gegensatz zu der Heiligkeit eines späteren Familienmitglieds, San Francisco Borgia (1510–1572), Herzog von Gandia, der dritter Jesuitengeneral und im Jahre 1671 heiliggesprochen wurde.